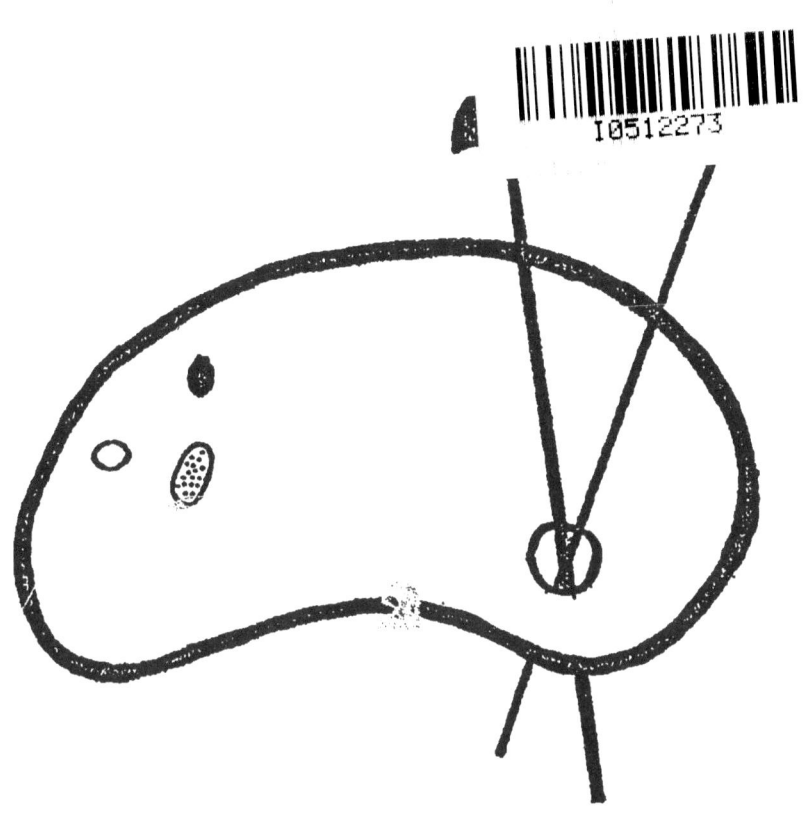

DEBUT D'UNE SERIE DE DOCUMENTS
EN COULEUR

4010

(Conservate coverture)

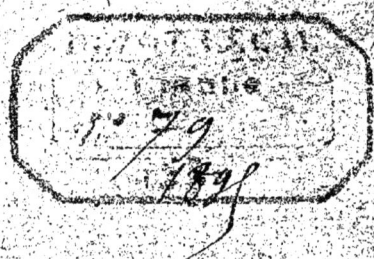

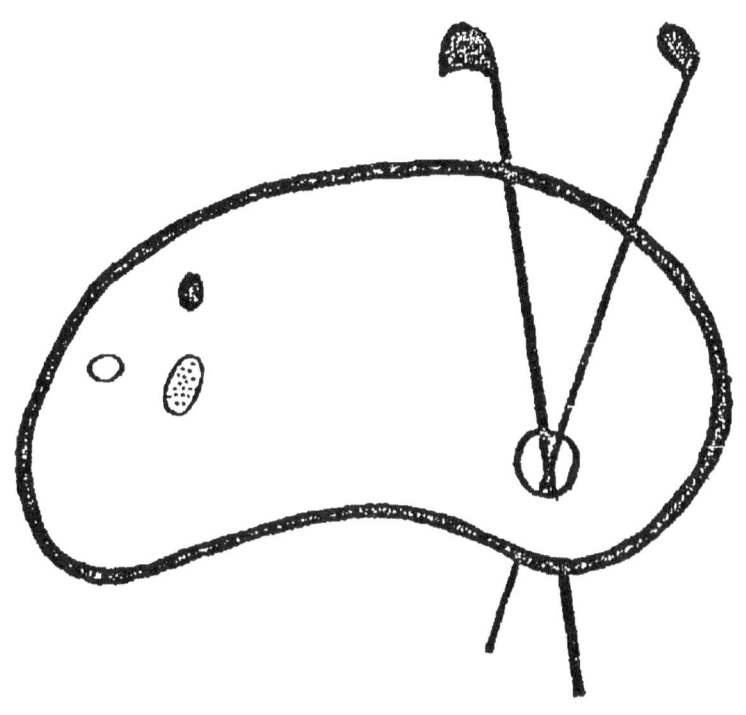

FIN D'UNE SERIE DE DOCUMENTS
EN COULEUR

CONFIDENCES D'UN PANORAMISTE

CONFIDENCES

D'UN

PANORAMISTE

AVENTURES ET SOUVENIRS

PAR

CH. CASTELLANI

PEINTRE

PARIS
MAURICE DREYFOUS ET M. D'ALSACE
ÉDITEURS
20, RUE DE TOURNON, 20

JE DÉDIE CE LIVRE

A MADAME LA COMTESSE DE MARTEL

EN SOUVENIR

De la bienveillante amitié

QU'ELLE A BIEN VOULU MÉ GARDER

Envers et contre tous

Charles CASTELLANI

LES
CONFIDENCES D'UN PANORAMISTE

CHAPITRE PREMIER

On peut, je crois, sans avoir la prétention d'être un écrivain, narrer sa propre histoire, et, en relatant simplement les faits tels qu'il ont été, on doit arriver à intéresser le lecteur qui cherche dans les souvenirs du passé un enseignement et une philosophie.

Ces mémoires, je ne vois pas la necessité de le cacher, sont ceux de l'auteur.

L'idée de les écrire lui a été suggérée par Mme L... (la comtesse Lœtitia) qui, en dehors de son remarquable talent d'écrivain, est une des femmes les plus méritantes et les plus distinguées que j'aie rencontrées.

Le côté varié, mouvementé, heurté de mon existence entière, les relations que j'ai pu avoir avec les hommes en vue de mon temps ; la tournure un peu aventureuse de mon caractère, le sentiment de révolte et de lutte que j'ai, inné, contre les injustices et les infamies inhérentes, hélas ! à toute société humaine ; tout dans cette vie, parsemée d'aventures et d'anecdotes, où l'imagination n'a rien eu à trouver, a paru à Mme L.. devoir mériter l'attention de ceux qui pensent et aiment à suivre le spectacle des choses de la vie.

J'ai donc, sur les conseils de *cet ami*, abordé sans hésiter et avec la résolution qui m'est naturelle une œuvre entièrement neuve pour moi, car ne suis pas écrivain ; me promettant, si c'est possible, de considérer cette histoire de mon existence et de l'écrire comme s'il s'agissait de celle d'un étranger, en curieux et en désintéressé.

Je commence :

Parlerai-je de ma naissance ? Oui. Il y a dans ce fait, en lui-même peu intéressant, des circonstances qui n'étant pas tout à fait ordinaires à notre époque, serviront à expliquer certains incidents survenus plus tard dans ma vie.

Mon père, né à Pérouse (états du Pape), mais d'origine corse, était entré tout jeune dans les ordres, sans conviction, sans vocation, comme cela se faisait communément en Italie encore à cette époque. Il était au fond par tempérament beaucoup plus condottière ou artiste que prêtre. Il devait forcément être un singulier moine. Mêlé aux événements politiques de cette époque (1830), carbonaro, compromis, condamné à mort, échappé par miracle et réfugié à Ancône sur un bâtiment français, il avait été débarqué à Marseille, et là, il avait fondé un établissement quelconque. Puis, étant venu plus tard se fixer à Reims, il avait épousé ma mère, orpheline et sous la tutelle de l'abbé Fournier, curé de la cathédrale. Cette union ne fut pas heureuse : mon père, inapte aux affaires, dissipa rapidement la dot de sa femme et, en désespoir de cause, disparut, la laissant avec deux enfants, ma sœur et moi. Ma mère qui était une femme de tête et de courage, une Gauloise de race, s'en tira héroïquement : il y a des grands et des petits héroïsmes. La pauvre femme put me faire donner une éducation à peu près normale. Je rendais du reste, je dois l'avouer, sa tâche assez difficile par le côté indiscipliné et insoumis de mon caractère. Je n'ai, hélas! pu qu'imparfaitement plus tard lui faire oublier ces mauvais moments. Je fus renvoyé d'abord du lycée Louis-le-Grand, puis du lycée Charlemagne, avec toutefois la possibilité de rentrer dans un autre collège (mes fautes n'avaient été en somme que des escapades amenées par l'idée fixe de faire des voyages).

Voici l'histoire d'une de ces fugues de mon extrême jeunesse. J'avais quinze ans, et je suivais, en qualité d'*externe surveillé*, les cours de Charlemagne. A la suite d'un petit scandale produit à l'étude par un dessin trop risqué, j'avais été envoyé au censeur Broca, qui m'avait fortement tancé et infligé je ne me rappelle plus quelle punition. (J'avais eu souvent maille à partir avec ce censeur.) Je résolus d'en finir et de mettre immédiatement à exécution un projet de voyage, caressé depuis longtemps et combiné avec un certain Henry, Anglais d'origine, plus tard professeur à l'école normale et, si je ne me trompe, avec Victorin de Joncières, le musicien connu. L'affaire devait avoir lieu aux vacances et nous faisions notre bourse à cet effet. Henry refusa de me suivre dans ma hâtive expédition (en sa qualité d'Anglo-Saxon, il était plus pratique que moi). Je partis seul, après avoir tout vendu : bouquins, dictionnaires, livres de prix, une partie de ma garde-robe. Tout y passa. Avec mes déjeuners économisés depuis six mois, je me trouvais à la tête de 80 francs; c'était de quoi faire le tour du monde. Je laissai une longue lettre à ma mère pour la rassurer, lui promettant, ce que je fis, du reste, de lui donner de mes nouvelles, et je partis, à pied bien entendu.

Mon objectif était l'Italie, Rome. L'idée vague d'y retrouver mon père, mais surtout, avouons-le, l'envie folle de voir la ville éternelle me poussaient de ce côté. Je me souviens que je sortis par la barrière Fontainebleau, dite aussi barrière d'Italie, située alors presque au milieu des champs. Je ne sais pourquoi j'ai conservé une impression lugubre des environs de Paris de cette époque. Je marchai une journée entière sans m'arrêter. J'arrivai sur le soir harassé à un petit pays dont je ne me rappelle plus le nom et j'entrai dans une auberge où se trouvait un détachement de soldats, se rendant par étape à Marseille, à destination d'Alger; ces hommes, conduits par un vieux sergent, venaient de la prison de Saint-Germain et étaient destinés aux compagnies de discipline, pour méfaits quelconques.

J'ai toujours eu pour les soldats une grande sympathie. Je me liai immédiatement avec eux et *inter pocula* je racontai mon histoire ; ça les amusa tous, moins le vieux sergent qui fronça les sourcils et un jeune homme blond et pâle qui essaya doucement de me donner quelques bons conseils, auxquels je ne voulus pas mordre. Il n'insista pas, du reste, et il fut convenu que je ferais route avec eux. Pour dépister la police, qui pouvait être à mes trousses, on me donna un képi, des guêtres et une veste : j'étais ravi. Nous partîmes le lendemain à quatre heures du matin. Mes nouveaux compagnons, qui, autant que je me rappelle, étaient, en moyenne, plus intelligents et plutôt mieux élevés que la plupart des petits tourlourous que j'ai souvent rencontrés depuis 70, ne me donnèrent guère de mauvais exemples ; c'était surtout des cerveaux brûlés ; et à part un qui avait été condamné pour vol, et avait fait sa peine, tous les autres étaient des honnêtes gens. Le petit blond était de beaucoup le plus compromis, au point de vue du code militaire. Il me conta tristement son cas. Il avait fendu d'un coup de sabre la tête de son caporal, qui, paraît-il, l'avait insulté ; condamné à mort pour ce fait, le pauvre diable avait eu la chance, au dernier moment, de voir commuer sa peine. Sa mère, qui avait eu dix-neuf enfants, dont cinq sous les drapeaux, avait pu faire passer une supplique à l'Empereur. Le digne et brave garçon prit à cœur de me surveiller en route, et quand nous arrivâmes à Lyon on ne m'ôtera jamais de l'idée que c'est à lui ou au vieux caporal que je fus redevable d'une petite trahison que je leur pardonne aujourd'hui bien volontiers. Un soir déjà, en arrivant à Pont-sur-Yonne, un commissaire m'avait mis le grappin dessus, et m'avait, de l'auberge où nous étions, emmené chez lui. Comme il faisait très nuit, j'étais parvenu à m'échapper à travers champs, et avais rejoint le lendemain mes compagnons; de grand matin j'avais pris de l'avance sur la route de l'étape. Après les avoir soupçonnés un instant, j'appris que je devais cette première arrestation à la femme de l'auberge que ma jeunesse avait frappée et qui avait fini, en écoutant la conversation, par savoir que je n'étais pas soldat; elle était allée immédiatement prévenir le commissaire. A partir de cet accident, j'ouvris l'œil et fus très prudent de langage. Mais arrivé à Lyon je fus parfaitement pris et cette fois réexpédié à Paris sous bonne garde. En quittant mes bons amis, qui riaient sous cape, j'avais promis à l'honnête meurtrier de porter des nouvelles à sa mère qui était blanchisseuse à Plaisance. Je ne manquai pas de m'acquitter de ma promesse. Je causai sans le vouloir une grande douleur à la pauvre femme. Elle avait, peu de jours auparavant, appris la mort d'un autre fils dans l'extrême Orient. Et quand je lui annonçai des nouvelles, elle crut qu'il s'agissait de celui-là et se raccrocha un instant à l'idée que peut-être son malheureux enfant était encore de ce monde. Son illusion avait été de courte durée, et je la vis fondre en larmes. A la suite de cette expédition ratée, le proviseur M. Nouseilles me donna mon congé, après m'avoir interrogé et s'être bien rendu compte qu'il n'y avait dans ma disparition rien d'*immoral*. Il fut presque paternel avec moi et me donna une recommandation pour un autre lycée. Mon renvoi ne fut donc pas officiel ; pas plus qu'il ne l'avait été à Louis-le-Grand, dont j'avais été expulsé, après avoir, dans les mêmes conditions à peu près, été repris au Havre, au moment où je cherchais à embarquer pour l'Amérique, histoire d'y aller chasser des chevelures.

Je terminai ou plutôt je ne terminai pas mes études au lycée Bonaparte. J'en avais assez et je voulais, avec l'idée arrêtée de me faire peintre, secouer tout joug et aborder à tout prix l'existence libre. Cette soif enragée d'indépendance a toujours fait le fond de mon caractère et aujourd'hui encore je ne saurais dire si ça a été heureux ou malheureux pour moi. C'est au lycée Bonaparte que j'ai rencontré le premier homme parmi ceux que j'ai connus devant faire plus tard un certain bruit dans le monde ; je veux parler de Charles de Lesseps, avec lequel je m'étais lié et auquel je contais mes projets fantastiques et mes espérances d'avenir. Je me rappelle ses yeux limpides et doux pendant qu'il écoutait mes extravagances. Je l'ai revu beaucoup plus tard. Il avait conservé le même air candide et je suis persuadé que c'est toujours un parfait honnête homme, ce qui par le temps qui court n'est pas un mince éloge. Échappé définivement du collège, je me précipitai sur les grands chemins. Ma première expédition fut mon voyage à Rome que je vais vous narrer dans un instant.

Entre temps et avant ce voyage j'étais entré chez le peintre Sébastien Cornu, où j'étudiai durant plusieurs mois, en compagnie de M. Monchablon, qui était un peu plus âgé que moi et fut plus tard prix de Rome ; puis je continuai mes études à l'atelier de M. Gleyre, où je restai quelque temps seulement. Le jour même de mon entrée dans cet atelier, je fis connaissance avec une individualité qui devait être plus tard sinon un homme d'État du moins un politicien des plus connus : je veux parler d'Édouard Lockroy. Arrivés ensemble et *nouveaux* tous les deux, nous eûmes à essuyer en même temps les brimades et les charges encore en usage. Peu habitué à ce genre de plaisanteries, qui étaient quelquefois cruelles, je proposai à Lockroy de résister *unguibus et rostro;* lui, qui d'ailleurs n'était pas timide, mais plus expérimenté et plus diplomate que moi, se chargea de calmer les tourmenteurs. Ses discours, moitié sérieux, moitié comiques, pleins d'entrain et de drôlerie, ses chants et ses déclamations, débitées d'une voix formidable et surprenante chez un homme d'apparence plutôt frêle, eurent certes sur eux un meilleur et plus sûr effet que les coups de poing que je proposais. Il en vint à amuser et calmer complètement ces enragés; et, avec une *tournée* chez le marchand de vin voisin, on devint les meilleurs amis du monde. Lockroy était né pour parler au peuple. Joli garçon, petit, brun, bon enfant et même *rigolo*, il arpentait joyeusement les rues de la capitale, riant de tout, agaçant les blanchisseuses en course, *engueulant* les cochers et les bourgeois; il portait sur le coin de l'oreille un petit chapeau de forme inénarrable.

Nous poursuivions ensemble le rêve de gagner de l'argent avec notre peinture. Nous pondîmes même en collaboration, il m'en souvient, un certain Ponce-Pilate que je composai et dessinai, et qu'il peignit, sous prétexte qu'il était plus coloriste que moi. Je donnerais quelque chose pour revoir cette élucubration. Le Ponce-Pilate fut porté encore frais chez tous les marchands de chemins de croix de la rue Saint-Sulpice, qui le repoussèrent avec une unanimité parfaite.

Nous nous consolâmes en les traitant entre nous de crétins, d'ânes bâtés, de moules, etc., et d'autres noms que la bienséance m'oblige à taire.

Lockroy eut même en cette circonstance une surabondance d'épithètes qui me charmèrent par leur richesse et leur à-propos. Repoussés par les marchands d'objets pieux, nous tentâmes de nous rabattre sur le profane. Lockroy eut l'idée géniale d'aller nous présenter à Montparnasse à M. Larochelle père, directeur de ce petit théâtre. Celui-ci nous reçut gentiment, mais s'esclaffa quand nous lui fîmes part de notre idée de gagner de l'argent en jouant la comédie ; néanmoins, après examen de nos personnes et de nos moyens, il nous proposa 15 francs par mois ; et, séance tenante, nous donna à chacun un bout de rôle pour le lendemain. Le théâtre m'avait paru si sordide à l'intérieur et les cabotins de l'endroit si dépenaillés que je refusai d'y retourner, malgré les instances de Lockroy, qui se sentait, disait-il, de la vocation pour les planches. Peu après nous disparûmes chacun de notre côté, restant des années sans nous voir. Pour vous donner une idée des bons termes dans lesquels nous sommes à l'heure actuelle avec ce vieux camarade, veuillez lire une lettre que je lui ai adressée il y a peu de temps ; lettre restée sans réponse. Lockroy est très négligent.

Mon cher Lockroy,

« Sans le mouvement grandiose dont tu viens d'être l'inspirateur, je me serais bien gardé de troubler tes graves occupations avec ma prose.

« Permets donc, pour une fois, comme disent les Belges, permets à un vieux camarade de te complimenter sur ta nouvelle incarnation. J'ai été, moi qui ne m'occupe plus de politique, absolument émerveillé de ta rentrée en scène. Ça n'est pas pour dire, mais tu vas bien ; et sous peu, ou je me trompe fort, nous allons, grâce à toi, être dotés d'une marine qui ne sera pas piquée des mites.

« Souviens-toi que je te l'avais prédit, quand nous louvoyions ensemble à travers les écueils de la mer parisienne, si dangereuse pour nos tendres âges :

« Lockroy, tu seras roi ! »

« Ça y est, mon vieux, et tu viens de mettre dans le *mille*.

« C'est la perfide Albion qui va la trouver amère. Moi, à ta place, je n'hésiterais plus : à la première occase (nouveau style), j'empoignerais le portefeuille de la marine, y compris naturellement celui de la guerre, et je leur f...lanquerais (aux Anglais) une de ces descentes bien autrement sérieuse que celle de Boulogne, qu'avait voulu tenter *l'autre*, qui n'a jamais rien entendu à la marine, lui, et qui s'est fait bêtement rouler par ces empaillés d'Anglais, lesquels, comme tu me le répétais si souvent, sont bien plus une quantité négligeable qu'on ne saurait se l'imaginer. Je ne veux pas, du reste, te donner de conseils ; tu connais ton affaire et, certes, si quelqu'un n'est pas *fumiste*, c'est toi ; ce qui ne t'empêche pas d'aimer la *rigolade*, de temps en temps, à tes heures, comme on dit ; entre parenthèse, nous en sommes-nous flanqué de ces *bitures!* Brigand, va! Je ne m'en repens pas, et j'espère bien recommencer, quand tu seras bien installé au pouvoir ; car tu n'oublies pas les amis, toi, au moins ; ça n'est pas comme cet affreux Constans, dont l'ingratitude a été si noire envers moi.

« Dis-moi donc, mon vieux gabier, moi aussi j'ai trouvé quelque chose d'énorme, quelque chose qui va avoir un de ces succès à faire trembler, dans leurs tombes, tous les vieux maîtres, sans compter Carolus, le père Puvis et Forain lui-même. Voici la chose en deux mots : il s'agit de panorama, affaire dont, quoi qu'en dise Poilpot, je pince pas trop mal, comme qui dirait toi de la marine ; il n'y a pas à faire de fausse modestie, ça nous est naturel, comme la beauté, le génie et un tas d'autres qualités dont le destin a été si prodigue envers nous deux.

« Bref, passons et causons du *rama* en question : Mon public est placé sur la *dunette* du Magenta. Je choisis le moment où l'amiral, le chapeau à la main, et un peu interloqué, répond d'une façon timide et évasive à tes *fameuses questions*. D'un geste, tu exprimes ton mécontentement ; toutes les physionomies de l'état-major, après un court moment de stupeur, rayonnent d'intelligence et de satisfaction ; on est dompté ; on t'a compris : les hourras partent des vergues, le tambour bat aux champs, et tu te diriges en masse vers la salle à manger, où un somptueux *colletin* [nouveau style] t'attend ; où insensiblement, grâce aux vins généreux, grâce surtout à ton fond bon enfant, la glace est rompue entre toi et l'amiral, et la gaieté, cette vieille gaieté française, reprend ses vieux droits : on trinque, on rit et, je vois ça d'ici, ça se termine par un chahut dans le genre de celui que nous menions si bien au *Salon de Mars*, au grand scandale des *cipaux*.

« Pour en revenir à mon projet, tu comprends qu'il s'agit de quelque chose de colossal, genre Vengeur, mais plus puissant, plus dramatique. Ce Panorama serait accompagné de dioramas représentant diverses scènes : celle de l'entrepont, par exemple, moins le chambard final, qui ne serait pas compris des bourgeois. Il y aurait encore la scène du pont, où, d'un coup de porte-voix et d'un geste rapide, tu ordonnes de *larguer le grand cacatois*, *d'abaisser la brigantine* et de faire les préparations nécessaires à l'érection du beaupré. Enfin le grand *branle-bas de combat* au son de « la Marche des Français » que m'a si bien orchestrée Mayeur. J'abrège. Je compte faire cinq éditions de ces toiles, une pour chaque grand port militaire; il faut éviter les jalousies, les rivaltés; c'est ce qui a perdu la France, comme la Pologne, du reste. Chaque port aura son Rama.

« Je ne verrais même pas d'inconvénients, que dis-je, je considère comme *indispensable* que tu me charges, pour toutes les petites localités maritimes, de dioramas relatant les faits et gestes de mon glorieux camarade Édouard Lockroy, le Nelson français, le Napoléon des mers. Voilà mon projet en gros; reste le côté financier; ça serait une affaire entre toi et les contribuables; ma situation d'artiste ne me permet guère d'entrer dans ces détails.

« Je ne commettrai pas l'indélicatesse de t'offrir un pot-de-vin; nous laissons cela aux parlementaires décadents, à la racaille.

« Au revoir, mon vieux, et surtout fais vite, *vade fortiter*, ce qui signifie en latin, qu'il ne faut pas te gêner.

« Ton compagnon de gloire et de fortune,

« Charles Castellani, *peintre*. »

« *P.-S.* — N'oublie pas que le terme du papa C... s'avance; ouvre l'œil.   C. C... »

Mais revenons à mon voyage à Rome.

CHAPITRE II

J'avais dix-huit ans ; ma mère, qui, depuis quatorze ans avait vainement fait des recherches pour retrouver les traces de mon père, s'était, en désespoir de cause adressée aux autorités françaises. Elle avait renoncé à toute espérance d'avoir jamais des nouvelles de son mari, quand elle fut avisée de la préfecture de police qu'il était à l'heure actuelle sous-prieur du couvent de Bracciano, où il s'était réfugié après avoir bénéficié de l'amnistie, accordée par Pie IX à tous les émigrés des Etats Pontificaux.

Le moyen de m'empêcher de partir ? Il ne fallait pas y songer. Je serais allé en Italie même à pied. Ma mère me mit entre les mains une petite somme qui me mena jusqu'à Rome, où j'arrivai le soir, nanti de *deux francs* et de mon petit bagage encore complet, c'est-à-dire de la malle contenant mes effets et mon linge. Je descendis à *l'hôtel de la Minerve*, en compagnie des voyageurs qu'avait amenés la patache de la Civita-Vecchia. Le lendemain je me levai de grand matin; j'étais impatient de voir la Ville Eternelle, dont mon imagination d'adolescent avait, la veille au soir, grandi démesurément les proportions monumentales, et qui, grâce aux masses sombres et aux grandes silhouettes produites par une demi-obscurité, m'était apparue comme une ville de géants ; je me souviens qu'une quantité prodigieuse de lucioles et d'insectes lumineux remplissait l'atmosphère du faubourg par où nous entrâmes ; cette illumination minuscule augmentait l'impression étrange et fantastique que j'éprouvai en ce moment. Les quartiers et les rues que j'avais traversés, juché sur l'impériale de la diligence, étant totalement privés de lumière, je n'avais absolument rien pu voir. Jugez de ma stupéfaction, quand mes premiers regards, jetés par la petite fenêtre de ma chambre qui donnait place du Panthéon, tombèrent sur le sale marché qui se tenait sur cette place. C'était pittoresque peut-être, mais ce n'était pas splendide, ni grandiose du tout. Ça a été ma première désillusion ; et j'ai eu beau depuis revenir à d'autres idées sur Rome et sur ses monuments, cette impression première restera gravée ineffaçable dans ma mémoire.

J'avais, pendant le trajet de la Civita-Vecchia, lié conversation avec un jeune touriste espagnol, auquel j'avais conté mon histoire, sans lui parler toutefois du peu de ressources dont je disposais pour mener à bien une entreprise dont le but était de vivre et en même temps de faire mes études à Rome, comptant du reste pour cela sur les étrangers, Anglais ou Américains, qui, disait on, achetaient beaucoup aux artistes. On en est bien revenu sur l'Anglais et l'Américain, et on a reconnu depuis que c'étaient assurément les deux peuples les plus vaniteux, mais en même temps les plus pingres de la création. Beaucoup d'ostentation à la clef, mais peu ou point de générosité. Comme vous pouvez juger, au point de vue des illusions, à cette époque, j'étais complet. Mon Espagnol, qui était pratique, quoique jeune et riche, ne parut pas partager beaucoup mes espérances, et il me conseilla avant tout de partir pour Bracciano où je pensais trouver mon père, qui dans tous les cas, disait-il, pourrait m'aider à revenir en France. Sans envisager aussi sombrement les choses, je suivis son conseil. J'y étais du reste poussé, et par la nécessité, et par l'idée même que j'avais, en dehors de tout intérêt personnel, de retrouver l'auteur de mes jours.

Pressé de voir Rome et de m'occuper de mes petites affaires, je déjeunai rapidement et quittai l'hôtel, y laissant ma malle en gage. Sur la place même, en face, on m'indiqua le couvent de la Minerve, pour le supérieur duquel, le révérend père prince de Hohenlohe, j'avais une lettre de recommandation. Je me présentai immédiatement et fus reçu presque paternellement par le supérieur en question dont l'aspect était des plus distingués et des plus vénérables. J'ai rarement vu une figure aussi noble et aussi sympathique que celle de ce religieux. Une heure après, grâce à une lettre d'introduction qu'il me donna, j'étais au Vatican en face du fameux cardinal Antonelli.

J'avais entre temps beaucoup regardé autour de moi et j'étais peu à peu revenu sur ma première impression qui avait été si défavorable. Je ne vous ferai pas la description de la Rome d'il y a vingt-cinq ans. Qu'il vous suffise de savoir qu'en dehors de ses vieux monuments et de ses splendides ruines, elle avait encore à cette époque un côté pittoresque et moyen-âge qu'elle a complètement perdu depuis. Rien de commun avec celle d'aujourd'hui, dont les maisons sont modernes, les rues droites et les magasins à l'instar de toutes les grandes villes d'Europe. Depuis l'apparition des chemins de fer, la couleur locale a entièrement disparu de Rome comme aussi ses costumes nationaux et les mœurs naïves et un peu sauvages de ses habitants. Il est même incroyable que pareille métamorphose ait pu s'accomplir en si peu d'années.

Mais revenons au cardinal Antonelli, devant lequel je me trouve presque magiquement introduit. Il avait une très belle figure, était d'une taille élevée et droite, avec la peau basanée et des yeux noirs cerclés de bistro; la tête haute et le regard assuré d'un homme de guerre. Pas l'air tendre Son Éminence, quoique gracieuse avec moi. Le cardinal me fait asseoir, il m'examine et m'écoute avec bienveillance : il me demande si je suis Français, si j'ai des appuis à Rome, soit auprès de l'ambassade, soit auprès du général comte de Goyon qui commande la division française d'occupation. Prudemment et de parti pris, je réponds affirmativement à toutes ses questions. Il me déconseille toute démarche auprès de mon père, dont il a, dit-il, ouï parler et qui selon lui n'est plus à Bracciano ; je feins d'accepter l'avis. Il termine en m'offrant de me faire admettre au séminaire de Saint-Pierre, où les enfants seuls de la grande noblesse romaine ont le droit d'entrer. Comme je ris à cette proposition: — « Savez-vous, me dit-il, qu'en sortant de ce séminaire vous pouvez devenir cardinal, même pape. » Je le remercie et lui déclare délibérément que sa proposition ne me tente pas, que je n'ai aucune vocation pour l'état ecclésiastique; je suis artiste, j'ai d'autres idées sur la vie.

« Au fait vous avez peut-être raison, me réplique-t-il en riant; votre physionomie et tout l'aspect de votre personne décèlent des habitudes et des goûts d'indépendance qui ne sauraient cadrer avec notre discipline et la sévérité de nos institutions. Vous paraissez intelligent et audacieux; mais souvenez-vous, mon jeune ami, qu'il faut savoir dans toutes carrières possibles, même dans celle des beaux-arts, se plier et se soumettre à propos. La réussite n'est qu'à ce prix... » Je me retire, reconduit par le grand ministre, qui, en me quittant, me donne gracieusement sa main à baiser; peu au courant des usages, je secoue cette main et, après avoir salué respectueusement, je descends les grands escaliers de marbre, escorté par des valets à livrée extraordinaire.

Hors du Vatican, je me fais indiquer l'Académie Française, où j'espère trouver M. Sellier, un grand-prix de Rome, auquel j'ai à remettre une lettre, dans laquelle un de ses amis me présente et me recommande chaudement à lui. J'ai la chance de trouver cet homme charmant qui m'accueille de suite, comme un ami, un frère. Il m'a raconté depuis, à propos de cette première entrevue, qu'il avait été poussé vers moi par un mouvement de sympathie auquel il n'avait pas cherché une seconde à résister; c'est du reste, je le dis sans modestie, une des bonnes chances que j'ai eues dans ma jeunesse : je plaisais aux gens qui me voyaient pour la première fois. D'emblée Sellier me fait asseoir à son foyer et me force à partager le déjeuner qu'il fait venir de la Villa Médicis dans son atelier, situé au bout du merveilleux jardin du Pincio. Il me fait raconter mon histoire, mes projets, mes espérances et s'offre à me servir de guide et de patron. Sellier pouvait avoir une trentaine d'années, une figure fine, encadrée d'une longue barbe couleur d'ébène et des yeux à longs cils retournés qui prenaient les expressions les plus câlines quand ils regardaient les femmes. Il avait, quoi qu'on ait pu dire, un véritable talent, un peu mystique et vaporeux, qui décelait une âme de poète et de rêveur. On n'aurait pu lui reprocher qu'un défaut, dont lui seul du reste eut à souffrir : il était trop doux, trop bon. Du reste il avait la lèvre épaisse et l'ensemble du corps un peu rond. Enhardi par son accueil si cordial, je lui avoue tout ; jusqu'à l'embarras inévitable pour moi, si je ne rencontrais pas mon père à Bracciano, où je compte aller en le quittant. Il m'offre alors carrément l'hospitalité et le gîte à mon retour, dans le cas où je n'aurais pas réussi. Bref, grâce à lui, je suis sauvé. Je refuse néanmoins l'argent qu'il met de suite à ma disposition : j'ai encore, lui dis-je, de quoi faire face au moment présent; je songe toujours à ma pièce de deux francs encore vierge. Bref, je pars joyeusement pour Bracciano, comptant bien y aller à pied. Il y a une dizaine de lieues entre Rome et cette petite localité. En marchant ferme j'espérais arriver avant la tombée de la nuit. Aussitôt séparé de mon nouvel ami, je m'acheminai vers la piazza del Popolo, par où je sortis de la ville, allant dans la direction de Ponte-Mole. Il faisait une chaleur torride. J'arpentais bravement la route nue et blanche de poudre, sous un soleil de feu, soutenu par une ardeur de dix-huit ans, et en possession d'une vitalité que je n'ai jamais rencontrée chez aucun de mes compagnons de jeunesse : c'est le seul héritage dont je bénéficie encore aujourd'hui et qui me met en possession d'une véritable jeunesse à un âge où beaucoup de mes compagnons de route faiblissent et ont besoin de repos. En dehors d'une rencontre de buffles qui aurait pu m'être désagréable, alors que je n'étais pas au courant des mœurs brutales et presque féroces de ces animaux, j'accomplis à peu près les deux tiers de la route sans incident à noter. Au moment où, comme dit le poète Virgile, les ombres des montagnes commençaient à s'allonger dans la plaine, et où la chaleur semblait perdre de son intensité, je fus dépassé par un brave homme en carriole, auquel je demandai si j'étais loin de Bracciano. Il m'offrit obligeamment de me mener près de ce village qu'il connaissait parfaitement et dont deux lieues nous séparaient encore. J'acceptai l'offre, me hissai dans la voiture et nous partîmes au trop de son petit bidet. Nous causâmes tant bien que mal ; je parlais un peu l'italien et mon compagnon de route entendait quelques mots de français. Il élevait, paraît-il, des vers à soie et courait la campagne pour acheter des cocons aux paysans. Comme le pays devenait accidenté et que j'avais entendu dire à M. Sellier que le brigandage s'exerçait encore jusqu'aux portes de Rome, je demandai à mon compagnon s'il avait jamais vu ces fameux brigands. Il se mit à rire et m'affirma qu'il connaissait plusieurs chefs de petites bandes ; qu'il n'y avait pour lui personnellement aucun danger à les rencontrer, ni en général pour les habitants du pays : « Tenez, me dit-il, en me désignant du fouet une petite maison à mi-côte, voici une auberge où le bandit Piccio, assez renommé dans les environs vient quelquefois se rafraîchir avec ses hommes, etc., etc... » Il me donna sur les mœurs des brigands et leur façon d'opérer des détails curieux. Ces gens, paraît-il, qui avaient souvent avec les dragons du pape des rencontres meurtrières, étaient armés de fusils, de poignards et de pistolets, et portaient ostensiblement une espèce de costume traditionnel qui ne laissait aucun doute sur leur estimable profession. Ils n'exerçaient en général aucune violence sur les paysans de la contrée, lesquels, du reste, en cas de besoin, leur fournissaient vivres et asile, et se gardaient bien de les dénoncer aux autorités, ce qui eût certainement attiré sur eux et leurs biens des représailles terribles ; ces messieurs se contentaient simplement d'arrêter et de rançonner les voyageurs cossus. Mais ce qui m'étonnait le plus c'était leur habitude de porter un costume spécial. Les Italiens, je l'ai reconnu depuis, éprouvent irrésistiblement le besoin de faire de l'opéra-comique jusque dans le crime ; ils ont, même les plus inoffensifs, la manie de passer pour terribles, matamores, croquemitaines. A tout propos, sans motif sérieux, ils vous atteignent des *eustaches* d'un pied de long et munis de lames extravagantes et effroyables. Ils aiment à parler de leurs brigands et se glorifient volontiers d'en avoir dans leur famille. Enfin ils font tout pour vous démontrer qu'ils sont eux-mêmes très capables de s'adonner au brigandage. Je suis au fond parfaitement convaincu que dans le peuple, au milieu duquel j'ai un peu vécu, la moitié des meurtres résultent d'un amour-propre et d'une pose poussés à leurs dernières limites et cultivés dès l'enfance avec un soin jaloux. C'est certes bien en Italie que sont nés les capitaines Fracasse, le bandit Fra-Diavolo et les bravi de toute espèce. N'empêche que j'ai rencontré dans cette merveilleuse contrée de bien braves gens et des gens bien braves ; comme partout ailleurs du reste. Tous les peuples se valent, en moyenne, et les haines de races sont absolument idiotes.

Mon compagnon de route connaissait très bien les habitants du couvent de Bracciano, y compris le sous-prieur dont je lui parlai, sans lui révéler bien entendu mon degré de parenté avec lui. J'avais donc dès lors la presque certitude d'y rencontrer mon père au monastère. Mon conducteur me laissa à deux kilomètres environ de ma destination, sur les bords d'un petit lac tout bleu, situé dans les montagnes où se trouvent le village et le couvent que j'apercevais perchés assez haut et encore dorés par les derniers rayons du soleil couchant. Sur les indications de mon guide, je longeai le lac, faisant lever au bruit de mes pas sur le sable des milliers de couleuvres et de petits serpents qui sortaient des broussailles et se précipitaient dans l'eau. Ce trajet, court heureusement, me fut particulièrement désagréable et m'empêcha de jouir du merveilleux spectacle que j'avais sous les yeux; je ne courais à la vérité aucun danger, mais j'ai toujours eu l'horreur des reptiles de toute espèce. Enfin j'atteignis un petit chemin montant sur la gauche; ce chemin menait au couvent, où j'arrivai avant la tombée complète de la nuit. Je sonnai à la grille; un frère lai vint m'ouvrir et j'entrai.

Je demandai le sous-prieur: il est absent, me dit le frère, mais il va rentrer pour le souper; il est en ce moment chez les Augustines dont il est le confesseur. Je me promenai en attendant sous les arcades du couvent, construit un peu comme tous les monastères d'Italie, avec une vaste cour intérieure et une grande fontaine au milieu; je voyais, allant et venant, des religieux vêtus de blanc avec un scapulaire noir par-dessus la robe: c'étaient des Augustins. Parmi eux étaient de très jeunes gens, aux allures libres mais décentes; rien de l'attitude cafarde de nos séminaristes. Tous en passant me regardaient discrètement, mais avec une certaine curiosité; ma tournure étrangère semblait les intriguer. J'ai appris ensuite que ces jeunes gens, tous de bonne famille, formaient une espèce de petit collège tenu par les pères, et se destinaient pour la plupart à entrer dans les ordres, la seule carrière à peu près ouverte encore, dans les États Pontificaux, aux intelligents et aux ambitieux.

Pendant que je réfléchissais et attendais avec une certaine impatience, les yeux tournés du côté de la porte d'entrée, cette porte s'ouvrit et je vis apparaître un religieux d'une soixantaine d'années : cheveux blancs, taille moyenne, plutôt trapu et robuste que gros; le frère lai qui était à la porte lui parla en se tournant de mon côté. Je devinai mon père et m'avançai à sa rencontre avec une certaine émotion que je refoulai; lu aussi m'avait deviné et se dirigeait vers moi. Arrivés l'un en face de l'autre, je m'inclinai et lui dis : — Mon père (ce titre était tout simple, puisque je m'adressais à un religieux), je vous apporte des nouvelles de France...

Il m'interrompit vivement.

—Vous êtes Charles, me dit-il, je reconnais votre mère; vous êtes son vivant portrait... Quelle chose étrange que la destinée! Mais venez; nous ne sommes pas bien ici pour nous entretenir.

Je le suivis. Le pauvre homme était visiblement troublé, mais au fond paraissait heureux de ma venue. Je gravis derrière lui, au bout de la galerie, des degrés en pierre et nous arrivâmes à sa cellule située au milieu d'un long corridor. Il ouvrit la porte, me fit entrer et la referma à clef derrière nous.

Après avoir allumé une petite lampe, il me demanda la permission de m'embrasser et me fit asseoir.—J'ai été bien coupable envers vous, mon pauvre enfant, débuta-t-il, et vous devez... Je l'interrompis : — Ne parlez pas ainsi, mon père, lui dis-je ; ma mère vous a pardonné depuis longtemps et m'a toujours élevé dans le respect de votre souvenir...

J'avais perdu toute espèce de contrainte, et je l'examinais, comme vous pensez, avec un certain intérêt : le front était élevé, les yeux doux, un peu tristes ; la figure, quoique jeune encore d'aspect, était profondément ravagée. A défaut d'affection à son égard, je me sentais pris d'un grand sentiment de pitié. De son côté, il me regardait attentivement et me communiquait ses impressions sur ma propre personne : il me trouvait, disait-il, une physionomie intelligente et ouverte, comme celle de ma mère, et en plus une allure décidée et bien française. Mais la conversation, qui était des plus cordiales, fut interrompue par la cloche qui appelait au réfectoire. Nous descendîmes au rez-de-chaussée dans une grande salle, au plafond orné de fresques. Mon père me présenta au supérieur, comme le fils du *meilleur de ses amis*, venu à Rome pour étudier la peinture ; en somme, il disait la vérité : on n'a pas de meilleur ami que soi-même. Le supérieur, que je jugeai de suite un homme bien élevé et une nature distinguée, me reçut très courtoisement ; il parlait assez bien le français. Il me présenta aux pères et même aux jeunes novices, qui m'entourèrent familièrement et parurent heureux d'avoir un nouveau compagnon. En somme tout ce monde était vis-à-vis de moi bienveillant et discret, et ces moines, contre lesquels j'avais eu dès l'abord une certaine prévention, se montrèrent pleins de convenances, quoique gais. Je dois déclarer que je n'ai jamais vu dans ce couvent, où je passai une quinzaine, rien que de très correct et de patriarcal. J'y eus une liberté complète; j'en usai et en abusai en devenant durant ces quelques jours le boute-en-train de tous ces jeunes moinillons qui ne demandaient qu'à rire et à cabrioler. Je me souviens même d'avoir donné des leçons de savate à l'un d'eux, qui avait pour ce genre d'exercice beaucoup plus de goût que pour l'oratoire et les exercices religieux.

Après le repas, qui était bon, mais en somme très frugal, je sortis avec mon père, qui me conduisit à une osteria du village, où il me fit préparer une chambre. Je le reconduisis assez tard au couvent et nous nous souhaitâmes une bonne nuit. Dans l'entretien que nous avions eu au clair de lune, mon père avait été mis au courant de mes petites affaires et de l'état de mes finances. Il m'avait promis de m'aider de tout son pouvoir. Malheureusement, il n'était pas riche; tant s'en fallait; et toutes ses maigres ressources réunies ne le mettaient guère en mesure de me fournir une pension qui dépassât soixante francs par mois; et encore suis-je aujourd'hui bien sûr que ce sacrifice était au-dessus de ses moyens. Ça n'était pas beaucoup pour se nourrir, s'entretenir et se loger; néanmoins j'acceptai son offre avec reconnaissance et ne doutai pas une minute que j'allais me tirer d'affaire avec ce modeste revenu.

Il m'avait en outre promis une lettre pour un de ses vieux amis qui habitait Rome, le comte de Marciano, lequel, m'affirma-t-il, pourrait m'être très utile, quoiqu'il fût pauvre. Nous reparlerons plus tard de ce brave, de cet excellent homme, plein de cœur et de délicatesse. Mon père, qui aurait préféré me garder auprès de lui, me faisait entrevoir l'existence paisible et tranquille de la vie monastique; mais comme vous pensez bien, son offre ne me séduisait pas plus, encore moins même que celle du cardinal Antonelli.

Je m'envolai au bout d'une quinzaine, déjà fatigué de cette vie oisive et sans but. Dans le temps que je passai au couvent, un soupçon de la vérité, à propos de ma naissance, s'était sûrement glissé parmi les pères, malgré ma discrétion absolue et celle de mon père à ce sujet : Un jour que nous étions, moi et un jeune novice très espiègle que j'avais pris en amitié, accoudés sur l'appui d'une fenêtre donnant au dehors sur un chemin par où montaient de jolies paysannes avec des amphores sur leur tête, mon compagnon me dit : *l'avete lasciata l'amante?*...

(vous avez laissé votre amie?); puis il ajouta un peu après avec un air malicieux : *avete gli occhi del padre Leonzi* (c'était le nom qu'on donnait à mon père), traduction : vous avez les yeux du père Léonce. Mon père, à qui j'avais raconté la chose, ne s'en était que médiocrement ému et m'avait répondu assez délibérément par ces mots un peu risqués dans sa bouche : les chiens ne font pas des chats.

CHAPITRE III

Quand je quittai le couvent pour retourner à Rome, je ne devais plus malheureusement revoir mon père. Soit qu'on l'eût envoyé dans un autre monastère, soit qu'il fût mort, comme on me le fit dire et confirmer ensuite par un acte de décès en règle, je n'entendis plus parler de lui. Je dus me résoudre à voler de mes propres ailes. Ma situation devint très difficile. J'avais heureusement en moi et en l'avenir une foi difficile à ébranler. Je me cramponnai à la Ville Éternelle, ne voulant plus à aucun prix imposer de sacrifices à ma mère. Je lui fis toujours accroire que tout allait pour le mieux, et elle ne connut jamais qu'une partie de la vérité. Le bon Sellier me rendit d'abord la situation très supportable : durant plusieurs mois je couchai au Pincio dans son atelier et pris mes repas avec lui ; je travaillai avec une grande ardeur sous sa direction et ses excellents conseils. C'était un homme illettré, mais il avait une grande élévation d'idées et de cœur et travaillait du reste à se donner l'instruction qui lui manquait. Edmond About, qui, retour d'Athènes, restait alors à la Villa Médicis, s'était lié avec Sellier qu'il aimait beaucoup, et par ricochet un peu avec moi. Il parle de nous quelque part dans un de ses écrits sur l'Italie. Je me rappelle encore textuellement ces lignes : « M. Sellier, un jour, me présenta son compagnon, un tout jeune homme, petit, mais bien pris dans sa petite taille : l'œil était vif et résolu, la physionomie intelligente et sympathique, etc... » Je vous fais grâce du reste ; c'est de ma personne qu'il s'agissait et, comme vous pouvez juger par ce début, le grand écrivain m'avait vu avec des yeux très favorables.

Edmond About, qui avait environ trente-cinq ans à cette époque, était déjà en pleine célébrité : gai comme un pinson, plein d'entrain et de vivacité, railleur et même un peu sceptique ; ayant la manie toute française de faire des mots sur n'importe qui et sur n'importe quoi ; grand *prometteur* de bonne foi et *oublieur* naturellement ; en somme, séduisant et charmant. Je le vois encore vêtu de coutil blanc, coiffé d'un chapeau mou, perché à califourchon sur l'une des balustrades en pierre qui sont à droite et à gauche de l'escalier de la villa. Il était entouré de pensionnaires de l'Académie : « Je suis en train, clamait-il, à très haute voix, d'écrire un traité sur l'art d'*aimer* à *brides* abattues. » Je suis forcé d'atténuer les expressions qui étaient vraiment par trop rabelaisiennes ; et tous ces jeunes fous de se tordre. Moins les costumes et l'endroit, la scène, par les allures et les physionomies de l'auditoire, m'est restée comme une vision d'écoliers français du temps de Louis XI. Pauvre About, il m'a laissé une impression qui cadre mal avec sa fin tragique. C'est le cas de s'écrier : *sic eunt res mundi !*

J'accompagnais souvent mon ami dans ses courses aux environs de Rome : j'étais heureux, vivant et plein de courage. Sellier, qui était doux et un brin mélancolique, aimait fort ma compagnie et m'avouait qu'il n'avait jamais tant travaillé qu'avec moi. Nous nous faisions rire jusqu'aux larmes. Il avait le sens critique et comique. Quelquefois aussi je lui procurais des émotions, par les petites aventures où je l'engageais un peu étourdiment, malgré lui! Ça n'était pas toujours drôle.

Un jour entre autres nous faillîmes nous faire écharper dans une auberge du Transtevère, pour un mot dit en français, mot qui m'échappa et fut compris, paraît-il, des hôtes de l'endroit. Le mot était un peu gaulois : « Je me f... pas mal de ces *coglioni* d'Italiens. » Je répondais à l'avis que me donnait Sellier de ne pas trop rire avec l'hôtesse qui était une jolie transteverine. En entendant ma phrase, un jeune homme tout pâle se leva brusquement et, sortant un couteau de sa poche, s'avança menaçant sur moi. Je me jetai dehors et l'attendis résolûment avec mon bâton armé d'une pointe de fer ; nous fûmes entourés en un instant et les cris : *a morte i Francesi!* retentirent à nos oreilles ; ils furent immédiatement suivis d'un autre cri poussé par une femme : *Eccole carabinieri!* (voilà les gendarmes!) L'effet fut magique : en un clin d'œil tout le monde prit la fuite et nous laissa maîtres du terrain. Nous en profitâmes pour déguerpir en hâte par une petite ruelle. Il ne faut pas oublier que cette scène se passait à la fin de l'occupation française ; les Italiens avaient des raisons pour ne pas nous aimer.

Une autre fois, j'incitai Sellier, lui plutôt bon et timide, à s'insurger à propos d'un tour qu'un de ses collègues, le peintre Delaunay, qui fut, plus tard Membre de l'Institut, lui avait joué sournoisement. Voici l'histoire exacte, histoire qui n'a rien de dramatique du reste : Delaunay avait demandé comme service à mon ami de lui prêter son atelier, qui était plus grand et mieux éclairé que le sien. Il s'agissait, disait-il, d'y faire un travail décoratif, qui devait durer un mois au plus. Sellier, qui était la complaisance même, lui laissa emménager meubles et bibelots et, pour éviter l'encombrement, fit transporter ses propres affaires dans l'atelier de Delaunay. Ce dernier, une fois bien installé, n'avait plus voulu déguerpir et avait fini par prendre possession du logis de son camarade. Sellier, las de réclamer inutilement son bien, et, ayant par tempérament l'horreur de toute lutte, avait fini par le laisser jouir paisiblement de son usurpation. Il ne m'avait jamais parlé de cet incident, et même, quand nous rencontrions le spoliateur, il ne lui faisait pas trop mauvaise mine. Un jour que je lui manifestais mon peu de sympathie pour ce peintre de style, il me confia ses griefs. Je m'indignai pour lui et fis tant qu'il prit à mon instigation un parti héroïque. C'était le soir ; nous allâmes séance tenante chez le concierge de la villa, où les pensionnaires accrochaient les clefs de leurs ateliers, et, après nous être emparés de celle de Delaunay, nous passâmes la nuit tout entière, avec une ardeur fébrile, à opérer un double emménagement et déménagement. Le matin, l'aurore étonnée, comme dans le Lutrin de Boileau, put voir nos mines harassées mais satisfaites : c'était réussi comme un changement de décor au Châtelet. Nous fîmes toilette et nous allâmes, pour nous remettre, avaler dans un petit bouchon connu, deux ou trois fiasquettes de petit vin blanc d'Orvieto. Ce matin-là, je l'avoue, Sellier et moi, qui étions des gens très sobres, nous nous grisâmes consciencieusement. Nous avions avalé tant de poussière ! Mon compagnon, rendu hardi par ces libations, remit à Delaunay, qu'il rencontra sur le grand escalier de la place d'Espagne, son ancienne clef. Sa désinvolture et son effronterie me stupéfièrent. Le futur académicien sourit très jaune, mais ne souffla mot. C'était un petit esprit, plein de bile et de rancune ; il ne pardonna jamais à Sellier ce bon tour qui égaya fortement les pensionnaires et le directeur lui-même, M. Schnetz. Tout le monde connaissait l'histoire de l'atelier et personne n'aimait Delaunay qui passait à bon droit pour un affreux *jésuite*. Plus tard, l'ayant rencontré à Paris, lorsqu'il était dans les honneurs, je lui rappelai gaiement l'aventure, en l'édifiant sur le rôle important que j'y avais joué : il eut le même sourire jaune et me prouva peu après qu'il n'avait ni oublié ni pardonné.

Le bon Sellier, dont je mouvementais ainsi l'existence, dut quitter Rome pour faire un voyage de trois mois du côté de Naples. Ce fut, hélas ! le commencement de mes misères. J'avais gardé à peu près intacte la seule petite somme qu'en le quittant m'avait remis mon père, environ soixante-dix francs. Mon ami, qui me croyait à la tête d'un capital plus considérable, m'avait néanmoins fortement engagé à ne pas dépenser un sou et il y tenait la main quand nous sortions. Un peu avant son départ, j'avais loué, moyennant dix francs par mois, une petite chambre chez l'ancien ami de mon père, le comte Marciano, avec qui j'avais lié connaissance et chez lequel j'avais mené Sellier. Ce gentilhomme, complètement ruiné, après avoir eu de la fortune, avait les allures et le cœur d'un grand seigneur d'autrefois. Il nous accompagnait souvent dans nos excursions et venait quelquefois déjeuner à la Villa ; en revanche, il nous invitait de temps à autre à sa table. Il était très connu des gens du peuple qui l'aimaient à cause de sa bonhomie, et nous étions sûrs en sa compagnie de n'éprouver aucun désagrément ; il nous menait faire des études dans les marchés, sur les bords du Tibre et dans les endroits les plus mal habités. D'autre part, ses relations dans le haut clergé et la bourgeoisie romaine le mettaient à même de nous conduire dans tous les milieux. Ce patricien, intelligent et d'excellentes manières, prenait plaisir à faire la cuisine. Nous nous amusions beaucoup avec Sellier à l'examiner, quand, en compagnie d'un gros capucin, le père Allegro, il confectionnait quelque plat préféré : il riboulait des yeux terribles en fixant le fond de ses casseroles ; et on aurait pu, sur sa mine, prêter à cet excellent homme les desseins les plus sinistres. Ces types-là ne sont pas rares en Italie et dans tout le midi, à l'encontre de certaines physionomies du Nord, dont l'aspect placide, doux et quasi angélique, peut cacher les pensées les plus criminelles. Ce que je dis là n'a rien de général, et je crois que le plus souvent on a la tête et la face de son âme.

Il avait un sang-froid qui allait jusqu'au comique. Je me rappelle qu'il nous avait menés le jour de la Saint-Pierre voir la grande cérémonie de la basilique. C'était tout à fait imposant ; séparé de nous par le remous de la foule, il s'était hissé sur un pilier latéral et nous donnait par gestes à distance, une explication des détails de la cérémonie, sans souci de la foule qui grouillait à ses pieds et qu'il égayait fortement par sa mimique. Au moment où les chantres de la chapelle Sixtine élevèrent dans les airs leurs voix dites célestes et un peu grêles, il appela brusquement notre attention par des psit! psit! et avec le coupant de la main nous fit un geste qu'il accompagna d'autres tellement imagés et expressifs que la foule entière fut prise d'un accès d'hilarité parfaitement déplacé en un tel lieu et tel que le pauvre comte, tout à sa pantomime, étonné de son succès, se laissa vivement glisser de son pilier et se perdit dans la cohue.

Le comte Marciano habitait un logement de la via Marforio, avec sa seconde femme et son fils d'un premier lit, un petit abbé tout frêle et timide comme une jeune personne; il tirait profit de quelques chambres meublées qu'il louait. Il m'accueillit à sa modeste table, moyennant le prix dérisoire de un franc par jour et me traita comme un enfant de la maison. La comtesse qui était une femme du peuple d'un caractère emporté et violent, était au fond une excellente créature, d'une droiture et d'une franchise extraordinaires. Elle me rappelait, en regard du comte, dont les façons étaient tout aristocratiques, les femmes de nos maréchaux de l'empire qui égayèrent tant la cour de Napoléon Ier.

Elle avait dû être très belle et avait l'esprit primesautier des Romains ; son air était dur et un peu brutal. Elle avait de son côté un fils d'un premier mariage, un grand et vigoureux type de Romain, qui me faisait penser à Brutus. Les deux frères se détestaient cordialement et j'assistais souvent à des scènes qui menacèrent plus d'une fois de tourner au tragique. Chose bizarre, ils avaient pour moi une égale sympathie et me prenaient comme arbitre de leurs querelles.

A propos de querelles, je fus un jour, dans la maison que nous occupions, témoin d'un véritable drame. Un pauvre diable de cordonnier qu'on appelait *il gobbo* (le bossu), simplement parce qu'il était voûté, avait reçu dans l'aisne, à la suite d'une rixe, un coup mortel. Il s'agissait naturellement d'une femme et je dois dire que le duel avait été loyal; rien d'un assassinat comme cela se voit le plus souvent là-bas. Nous allâmes en compagnie du comte Marciano voir la victime qu'on avait transportée à l'hôpital. Nous trouvâmes le malheureux mourant étendu sur le dos, avec un visage couleur de cire. Son meurtrier, accroupi et la tête appuyée sur le bord du lit, tenait sa main gauche entre les siennes et pleurait à chaudes larmes. Ces scènes de meurtre étaient à cette époque si communes qu'on n'avait même pas songé à arrêter cet homme. Aussitôt après le coup, il s'était réfugié dans un couvent où il se savait à l'abri de toute poursuite,

— le droit d'asile existant encore dans les églises et les; monastères — puis, la rumeur passée, il était sorti tranquillement pour venir demander pardon à son adversaire, s'il était encore vivant. Nous assistions à cette scène étrange. Détail typique et bien caractéristique des mœurs des gens du peuple à cette époque : le moribond voulait bien, sur les instances d'un prêtre, pardonner à Raphaël (c'était le nom de son rival), mais dans le cas où il mourrait seulement. « Si j'en reviens, ajoutait-il, et ses yeux éteints s'allumèrent un instant, si j'en reviens, jamais ! » Ce fut le seul drame que j'aie vu de mes yeux à Rome.

Je vous ai dit que je payais à la comtesse un loyer et une pension des plus minimes et, malgré le bon marché des vivres dans la Rome de ce temps, je sentais bien que je ne pouvais être qu'une charge pour ces pauvres gens ; j'en étais mal à l'aise et j'en souffrais. Je pus pendant trois mois acquitter la note de mon loyer et de ma nourriture, aidé que je fus par la vente d'une copie de Madone que le comte m'avait fait acheter par un de ses amis ; et puis ce fut tout. Me sentant à bout de ressources je vendis ma garde-robe aux juifs du Ghetto, qui existait encore à cette époque, non plus barricadé et fermé le soir comme autrefois, mais ouvert et laissant la circulation libre à ses habitants même la nuit. Une ordonnance de Pie IX avait affranchi les Israélites de cette servitude et leur avait accordé la faculté d'habiter où ils voulaient, à la condition toutefois d'occuper une maison entière. Les plus riches avaient profité de cette latitude, mais tous les autres restaient forcés de vivre dans leur infect quartier, qui pouvait, en plein dix-neuvième siècle, donner l'idée parfaite d'une cour des miracles au treizième. C'était immonde et tout à fait repoussant. Les Romains y pénétraient rarement, retenus non pas par la crainte, mais par le dégoût. Quand je mis les pieds dans ce cloaque, suivi d'un commissionnaire qui portait ma malle, je fus entouré de types sordides qui se disputèrent l'achat de mes nippes avec des cris assourdissants et des contorsions démoniaques. J'en avisai un vieux qui avait l'air assez vénérable et me parut plus persuasif que les autres ; je lui fis un signe et je le suivis dans son chenil. Il m'offrit, naturellement, en échange de ma défroque une somme dérisoire que j'acceptai sans discuter, malgré les efforts de mon commissionnaire, qui me tirait de côté et m'arracha presque le coude de mon paletot, pour m'empêcher de traiter. L'Hébreu me paya en gros sous que l'on appelait baïocchi qui devaient peser au moins le poids de quatre de nos pièces de dix centimes actuelles.

Pendant que je faisais marché avec mon Israélite, j'avais été fortement distrait par un spectacle inattendu et merveilleux : dans le fond de ce bouge, éclairé par la porte et une toute petite fenêtre, était accroupie comme une idole indienne une jeune femme d'une splendide beauté ; je n'ai jamais vu rien de pareil. Il paraît, comme me le dit ensuite mon commissionnaire, que c'était la fille de ce vieux grigou. Je quittai le Ghetto emportant tout mon cuivre et je rentrai chez moi. Je tins bon pendant une quinzaine encore, attendant toujours le retour de Sellier ; mais au bout de ce temps, désespéré et n'ayant plus d'argent pour payer mon loyer et ma nourriture et, d'autre part, n'osant avouer la vérité à mes hôtes, je leur laissai une lettre explicative et je quittai le logis, ayant à peine quelques sous en poche.

Si les pauvres gens avaient pu se douter de l'état exact de ma situation, ils m'auraient certainement retenu de vive force ; mais je leur avais toujours dissimulé avec soin ce que je n'aurais pas hésité à avouer à mon compatriote Sellier. Celui-ci, me dit-on à la Villa, était attendu de jour en jour. C'était ma dernière planche de salut. J'errai dans Rome plusieurs jours, couchant avec les vagabonds sur les marches du temple de la Paix, au Campo Vaccino ; j'avais dépensé jusqu'à mon dernier sou ; durant quarante-huit heures je demeurai sans prendre aucune nourriture. Enfin, n'en pouvant plus, je me présentai une dernière fois à la Villa ; là, ayant constaté que mon ami n'était pas encore arrivé, je pris une résolution subite.

Mais voici tout d'abord un détail peu important en soi, mais qui en donnant une idée de certaines particularités de mon caractère expliquera le sens de la conduite que je crus devoir tenir en cette lamentable occurrence... En me rendant ce matin-là à l'Académie j'avais rencontré Bizet le musicien, qui m'avait offert une tasse de café au lait, proposition que je m'étais empressé de refuser, tremblant qu'il pût soupçonner ma détresse; bien plus, la veille au soir j'avais été invité par un sous-officier français à dîner à la cantine de la caserne de *l'Ave Maria* en compagnie de ses camarades que je connaissais tous; j'avais également rejeté l'offre. Il me semblait que tout le monde lisait ma misère sur ma figure. Ça n'est donc qu'acculé par une nécessité implacable que je pris mon élan et que, marchant sur toute espèce de fausse honte, croyant même user au fond d'une espèce de droit, je me rendis à l'hôtel du comte de Goyon que je ne connaissais aucunement. Je demandai à voir le général : je fus reçu immédiatement ; et, sans hésiter, je lui narrai toute mon histoire, sans omettre un seul détail. J'ai su depuis lors que j'avais produit sur lui une excellente impression... Il était père de famille et un brave homme; il s'émut à mon récit, et se levant brusquement :

« Mais vous devez crever de faim? » s'écria-t-il, et sans attendre de réponse, il appela un domestique et me fit donner à manger. Inutile de vous dire que, malgré tous les efforts que je fis pour garder ma dignité, je dévorai avec un appétit de dogue, à la stupéfaction du laquais qui ne comprenait rien à la scène. Le général riait et était attendri à la fois. Quand ma fringale fut un peu calmée :

« Voyons, me dit-il, mon cher enfant, il s'agit de vous tirer de là ; que comptez-vous faire ? Je suis prêt à vous aider.

— Mon général, lui dis-je, je désire simplement être rapatrié ; faites-moi obtenir un passage sur le bateau qui fait le service de la Civita-Vecchia à Marseille, et je me charge du reste.

— Eh bien, continua t-il, présentez-vous à deux heures au Consulat ; tout sera prêt et on vous remettra le passage en question. Maintenant voici soixante francs qui vous aideront à faire la route jusqu'à Paris. Excusez-moi si je suis obligé de vous quitter ; je vous souhaite un bon voyage. »

Je le remerciai de mon mieux. Il m'embrassa cordialement, me recommanda de rester travailleur et honnête homme, et je sortis plein de reconnaissance. J'ai correspondu plus tard avec lui. Il est mort depuis et m'a laissé le souvenir du plus beau type d'officier français que j'aie jamais rencontré, d'un modèle de distinction, de cœur et de sentiments chevaleresques. En sortant de chez le général de Goyon, je courus chez mes hôtes qui m'embrassèrent les larmes aux yeux et m'accablèrent de reproches. Le comte avait battu toute la ville pour me retrouver. On voulait me retenir à tout prix à Rome; mais c'était bien fini; j'avais pris le pays en dégoût et je n'avais plus qu'une idée fixe : revoir la France, Paris et les miens.

J'embarquai le lendemain, sans avoir pu serrer la main de Sellier.

CHAPITRE IV

Après un voyage peu accidenté, j'arrivai à la gare de Lyon à quatre heures du matin. Je dansai de joie en face Mazas; j'avais retrouvé mon vieux Paris, la ville unique au monde ; j'avais envie d'embrasser les éteigneurs de becs de gaz, les maraîchers, les voyous, etc.

Je courus chez ma mère qui fut stupéfaite en m'apercevant ; elle était loin de m'attendre ; mes lettres ne lui ayant jamais parlé que de mes réussites. Il ne s'agissait plus de courir les aventures ; la pauvre femme n'avait pas vu sa situation s'améliorer et bien loin de pouvoir m'entretenir désormais, c'était moi maintenant qui devais lui venir en aide; ses ressources, réduites à une petite rente viagère, lui laissaient à peine de quoi subsister. Je pris mon courage à deux mains. Deux jours après j'étais attaché comme courtier en vins à la maison Finet et Matelin de Bercy. Et je battais le pavé de la capitale offrant ma marchandise sur échantillon. Quel métier ! et comme il m'a fallu du courage pour en vivre un temps. Je m'en tirai pourtant à peu près; mais j'en avais gros sur le cœur et je rongeais mon frein. Pendant cette période, qui dura peu heureusement, je continuais mes études le soir, ne lâchant pas l'espoir de vivre tôt ou tard de mon crayon ou de mon pinceau ; je fis à temps perdu quelques en-tête de musique et quelques illustrations ; mais j'étais encore trop inexpérimenté pour pouvoir gagner ma vie en dessinant, et je dus continuer à monter les escaliers et à tirer les sonnettes. Je ne pouvais m'habituer à être mal reçu ou même flanqué à la porte. Pendant mes courses je fis la connaissance du vieux romancier Paul de Kock : il habitait un petit logement près du théâtre de la porte Saint Martin, à l'entre-sol. J'allai le voir dans l'intention de lui faire mes offres de service. Je sonnai ; une petite soubrette très gentille vint m'ouvrir et m'introduisit près du vieil écrivain; je le trouvai assis près d'un feu, les jambes emmaillotées dans des couvertures, l'air maussade et grognon; il avait la goutte. Aux premiers mots de mon boniment il m'arrêta: « Oui, je la connais, me dit-il, vous vendez de mauvais vins sur bons échantillons ; je me récriai : la maison Finet-Matelin était honnête ; je ne me prêterais jamais à une filouterie... etc. Allons, me dit-il, avec une bonhomie goguenarde, il ne doit pas y avoir longtemps que vous faites ce métier, et vous êtes sincère, j'en suis sûr; ne vous éreintez donc pas à vous justifier. Que gagnez-vous là dedans, continua-t-il ? Je lui expliquai que j'avais une commission sur la vente et que je pouvais en vivre assez largement ; mais aussi que j'étais peintre et que je prétendais en même temps terminer mes études. « Ah ! nous y voilà, fit-il, je me doutais que vous étiez un courtier d'occasion. » Nous causâmes ; il était bavard et je l'étais aussi. Pourriez-vous me faire des croquis, me dit-il tout à coup ? je ne suis pas content de mes illustrations et, si vous faites mon affaire, nous pourrons peut-être nous entendre. Je le quittai ravi et plein de beaux rêves. Je continuai le courtage durant quelque temps. L'affaire Paul de Kock n'ayant pas eu de suite, ce fut une histoire dramatico-comique qui mit fin à mes exploits dans les liquides. Un jour, je m'en rappellerai longtemps, je montais au premier étage de la rue de la Perle n°1, chez un cordonnier alsacien auquel j'avais vendu une pièce d'abondance ; j'allais lui demander des nouvelles de la livraison et tâcher d'apprivoiser en même temps une autre commande. Le cordonnier était assis derrière une sorte de comptoir ; il avait des cheveux gris en désordre, hérissés ou plutôt tortillés comme des flammes et ressemblait à un personnage d'Hoffmann ou plutôt d'Edgard Poë. Il me regarda avec des petits yeux perçants et, avant que j'eusse ouvert la bouche, il m'apostropha en ces termes : Ah ! vous voilà, espèce de filou ! avec un accent à la Henner. Je n'en entendis pas davantage, et sans parlementer, je lui octroyai par-dessus son comptoir un coup de poing en pleine physionomie.

L'Alsacien était solide et rageur : franchissant l'obstacle qui nous séparait, il me poussa violemment sur le palier, par la porte restée ouverte derrière moi ; là se passa une scène de pugilat où bon nombre de horions furent échangés entre nous avec le même cœur. Des voisins intervinrent et arrêtèrent le combat. Je dégringolai les escaliers sans demander mon reste et quittai la maison exaspéré et dégoûté à jamais de la profession de courtier.

Je m'en revenais tristement par la rue Saint-Antoine, songeant à me trouver quelque autre moyen d'existence, quand je rencontrai un peintre verrier nommé Martin Quesnoux, garçon de grand talent, auquel je confiai mes déboires.

« Mais, me dit-il, lâchez-moi ça, j'ai à vous proposer quelque chose qui fera mieux votre affaire : un fabricant de vitraux de Beauvais m'a fait demander si je pouvais lui procurer un dessinateur de cartons ; je compte qu'avec votre habileté vous devez réussir là dedans du premier coup. » Je le remerciai avec enthousiasme et le soir même je partis pour Beauvais, où d'emblée je fus admis dans la maison de M. Lévêque et où je commençai à gagner assez largement ma vie, avec un métier a peu près de mon goût. Je pus même dès ce jour venir efficacement en aide à ma mère, qui avait à peine le nécessaire.

Beauvais marque une étape importante dans

mon existence ; c'est dans cette ville que je fis la rencontre de celle qui devait être la compagne de ma bonne et de ma mauvaise fortune.

Pauline était presque une enfant, seize ans à peine, petite, brune, d'une physionomie agréable ; économe et laborieuse, mais voyant les choses un peu en triste ; elle était pauvre comme moi, et je ne dus pas, surtout dans les commencements, lui rendre l'existence très heureuse. En général, il faut dire que la femme n'est pas faite pour la lutte ; et dans certaines professions l'homme ne devrait pas se marier avant d'être sûr de pouvoir assurer à sa compagne le repos et la tranquillité d'esprit. Je vous dirai en passant que je ne compte comme femmes (je parle de celles qu'on épouse) que les femmes d'intérieur ; les autres peuvent être charmantes, amusantes, drôles, avoir du génie si vous voulez, mais ne sont pas faites pour le mariage. D'autre part, la femme d'intérieur ne saurait se plier à une existence tourmentée et fiévreuse ; elle est toujours un peu bourgeoise par tempérament ; et au point de vue étroitement positif elle a peut-être raison.

Mais ne remuons pas ces idées quasi-philosophiques ; elles nous entraîneraient trop loin et nous pousseraient à chercher la solution de certains problèmes que personne n'a encore résolus et qu'on ne résoudra jamais. Qu'il vous suffise de savoir que j'aimai ma chère Pauline, et que de son côté, je pense, elle a toujours eu de l'affection pour moi. Je n'en demande pas davantage et je lui pardonne bien volontiers ce qu'il m'a plu de considérer comme ses travers ; et je suppose qu'elle doit faire de même pour les miens.

Je demeurai environ une année à Beauvais, apprenant mon métier de verrier, mais m'encroûtant un peu dans cet art, forcément industriel à notre époque, parce qu'il est traité industriellement, et a le plus souvent comme directeurs des gens absolument incompétents en la matière. Je dirai plus tard et en son temps mon opinion tout entière sur cette branche d'art que j'ai pu étudier à fond et dans laquelle les Jean Cousin et autres artistes de la Renaissance nous ont légué de si grands chefs-d'œuvre.

Après un an de séjour à Beauvais, je rentrai à Paris et me mis en relations avec un peintre sur verre qui, celui-là, par instinct et par goût, était un artiste, quoiqu'il ne pratiquât que peu par lui-même ; je veux parler de M. Eugène Oudinot, qui avait une grande maison de vitraux rue Campagne-Première. Non seulement je fus chez lui traité en artiste et largement rétribué, mais j'eus une indépendance complète et j'y trouvai la possibilité de poursuivre ma carrière de peintre ; je trouvai chez Oudinot, qui m'aimait beaucoup, une chose inappréciable : je pus, grâce à lui, tout en vivant dans un milieu semi-ouvrier, entrer en relations avec un monde intellectuellement plus élevé. Je rencontrai là M. Steinheil, le premier artiste verrier de l'époque, le restaurateur des vitraux de la Sainte-Chapelle; je l'aidai dans ce travail, et exécutai complètement sous sa direction deux verrières qu'on peut voir dans la nouvelle tour de Saint-Germain-l'Auxerrois : la « Résurrection de Lazare » et le « Repas du mauvais riche ». Ces deux verrières passent pour les deux morceaux les plus complets qu'on ait produits depuis la Renaissance. Les cartons et l'exécution furent entièrement de ma main; je n'ai reçu de MM. Steinheil et Oudinot que des conseils excellents, mais absolument verbaux. Quantité de verrières à Paris et ailleurs furent dessinées et peintes par moi pour tous les peintres verriers en nom; entre autres encore, toutes les compositions de Notre-Dame d'Auray en Bretagne sont miennes. M. Steinheil était le beau-frère de Meissonnier, avec lequel il avait passé toute sa jeunesse; il me présenta un jour à ce maître du genre microscopique. J'avais mis en train, dans un atelier que M. Steinheil m'avait obligeamment prêté, une gigantesque composition représentant les Huns et le char de Mérovée; je m'escrimais devant cette composition sans doute un peu jeune, quand M. Steinheil entra accompagné de son beau-frère. Celui-ci regarda longtemps mon œuvre avec un sourire légèrement moqueur qu'il avait toujours; puis il inclina légèrement la tête et se retira en adressant ces paroles à Steinheil : « C'est égal, ils ont plus de toupet que nous. » Ça n'était pas tout à fait encourageant. Du reste, Meissonnier était assez dur pour des peintres autrement autorisés que moi, et mon amour-propre de débutant ne pouvait être froissé par sa réflexion ; je ne fus pas désarçonné pour si peu. C'est vers cette époque environ que j'entrai en relation avec Yvon, le peintre des gloires du second Empire. Je m'étais emballé à propos de sa retraite de Russie, aujourd'hui au musée de Versailles, cette page magistrale qui non seulement n'a pas perdu, mais qui gagnera toujours et restera digne des Gros et de Géricault. Peu comprise en ce temps de *petitiers*, elle demeurera quand même, robuste et puissante, à moins que les mirmidons de la génération actuelle n'aient la fantaisie, comme cela s'est déjà vu, de la faire disparaître pour la remplacer par un de leurs produits anémiques et plâtreux. En ce temps de médiocrités syndiquées on peut s'attendre à tout. Non seulement le peintre Yvon mon maître fut un grand peintre, mais aussi un esprit de la plus large envergure, un homme, un mâle dans toute l'acception du terme. Les leçons qu'il me donna, en dehors du côté art, resteront fortement gravées dans mon cerveau et pourront me servir de guide dans la seconde période de mon existence où je vais tenter, si la fatalité ne s'en mêle, de dérouler ma vie plus méthodiquement et sans jeter mes forces à tous les vents. La vie, me répétait cet honnête homme, est surtout un composé de devoirs; nous ne devons jamais lâcher la bride à la fantaisie ou à l'imagination. M. Yvon avait non seulement pour moi une grande affection, mais il m'a toujours fait l'honneur, malgré mes irrégularités et mes frasques de jeunesse, de me témoigner la plus grande estime. J'en suis d'autant plus fier qu'il professait pour les hommes en général un certain mépris ou, tout au moins, avait-il pour l'espèce humaine des jugements durs. C'est même cette rudesse qui lui aliéna beaucoup de confrères. Il ne savait pas dissimuler la vérité. Physiquement et moralement c'est le plus beau type d'homme que j'aie rencontré. Dans les derniers moments de sa vie, quand il sentait ses forces l'abandonner, il ressemblait à un vieux lion qui s'éteint : pas une plainte, pas un murmure.

Et dire que cet homme n'a pas de statue; dire qu'il ne fut jamais de l'Institut, lui, dont la seule faiblesse était de considérer ça comme un honneur. Ça n'est, après tout, qu'une preuve montrant une fois de plus que la vraie grandeur effraie les jaloux et les esprits mesquins.

Quand j'allai me proposer à M. Yvon pour travailler dans son atelier, il quittait une maison qu'il habitait à Auteuil, pour emménager dans l'hôtel qu'il occupa toujours depuis, rue de la

Tour, à Passy. Le jour où j'étais allé me proposer à lui comme élève — j'avais à cette époque vingt-cinq ans, — j'avais apporté, roulée sous mon bras, une toile représentant en grand une charge de cavalerie quelconque que je destinais au salon : il me fit dérouler la toile sur le parquet.

Il y a là dedans, me dit-il, des choses complètement inutiles à l'intérêt : il n'y a pas de raison pour que vous n'ayez pas poussé votre composition indéfiniment à droite et à gauche. Vous allez vous-en assurer... Prenez un rasoir dans ce meuble. J'obéis.

Maintenant, coupez-moi environ un mètre cinquante par ici. Très bien ! Faites la même opération de l'autre côté. Parfait ! Comme vous pouvez voir vous-même, ça a beaucoup gagné. A présent voulez-vous mon opinion complète?

— Je ne suis venu que pour cela, répondis-je un peu interloqué, mais sans broncher toutefois.

— Eh bien alors, cher ami, roulez-moi le morceau qui reste et mettez-le dans l'armoire qui est au fond de l'atelier.

Je fis ce qu'il me disait.

— Ainsi, Monsieur, lui dis-je en revenant vers lui, il n'y avait rien d'intéressant dans ce travail qui m'a coûté tant de peine.

— Si fait, me dit-il, il y a de l'audace.

— C'est peu, repris-je.

— Pardon, ajouta-t-il, c'est tout. Vous m'allez

parfaitement, et je vous prends avec moi dans mon atelier. Venez demain matin.

Voilà quelle fut ma première entrevue avec Yvon. J'avais à cette époque à peu près vingt-cinq ans, et j'étonnais mon maître par une activité et un côté vivant qu'il comparait aux mouvements d'un poulain échappé. Je ne pouvais lui donner que mes matinées; car durant les après-midi j'allais à mes vitraux. M. Yvon, comme vous avez pu voir, était très autoritaire; et le stoïcisme dont j'avais fait preuve dans notre première rencontre lui avait d'emblée donné pour moi une vraie sympathie, car, il me l'a souvent raconté, je lui avais dès l'abord fait l'effet d'un garçon pas mal déterminé et peu facile à guider.

Il éprouva probablement la satisfaction du dompteur qui par son ascendant mate un animal sauvage. Ça n'alla pas toujours aussi facilement et plusieurs fois mon maître se heurta à des résistances qui tendirent nos relations, au point de nous séparer un temps; mais je suis toujours revenu à lui, et il m'a toujours accueilli avec la même figure bienveillante et la même bonne volonté.

C'est pendant une de ces fugues, qui dura plusieurs mois, que je perdis ma mère. Ce douloureux accident, joint à plusieurs autres événements malheureux, firent de cette période de ma vie un véritable enfer. J'ose à peine après des années écoulées, l'envisager de sang-froid. Pourtant je ne m'abattis pas et, les dures épreuves passées, je repris la lutte pour la vie; un peu meurtri, comme un homme qui aurait subi la question, mais pas disloqué : je crois vous avoir dit que j'avais une carcasse de fer. J'eus vers cette époque un duel avec un artiste connu, duel que je ne raconterai pas parce que toutes les circonstances qui entourèrent ce petit épisode furent, comme cela arrive le plus souvent, parfaitement grotesques. Le duel, à moins qu'on y tue son adversaire, est un sport ridicule, une de ces blagues qu'on devrait cacher soigneusement. J'ai assisté avant et depuis cette affaire à d'autres rencontres et mon opinion là dessus n'a pas varié. Si j'ai jamais la faiblesse de retourner sur le terrain (on ne peut jurer de rien), je désire avant tout que la chose reste secrète. Ma théorie là dessus a peut-être un inconvénient, c'est qu'elle peut faire le bonheur des couards et embêter les vaniteux; aussi je ne tiens en aucune façon à l'imposer.

J'ai eu dans ma vie une marotte qui m'a coûté très cher, marotte qui a consisté à prendre part aux luttes politiques qui désolent périodiquement notre beau pays et en font un champ de bataille perpétuel, où les citoyens se rencontrent, s'injurient, se maltraitent et quelquefois se tuent. A moins d'être chevalier errant de profession, comme Rochefort; condottière commme Cassagnac; aventurier, comme Constans, ou général, comme Boulanger, je ne vois pas bien à l'heure qu'il est ce qu'on peut aller faire dans ces bagarres, où l'on n'attrape que des coups et des injures, même de ceux dont on croit défendre les intérêts; où la victoire et le triomphe échoient généralement aux plus coquins ou aux plus nuls; à ceux qui étranglent tout le monde, ou à ceux dont la fausse humilité ne paraît gêner personne; aux bandits ou aux tartufes. Quel fumier que cette politique! et comme je la hais, après l'avoir fréquentée, comme on fréquenterait une prostituée. La première incursion que je fis sur ce terrain date de la grande Exposition de 67, et c'est à propos de cette exposition même que je m'embarquai dans cette galère en combattant volontaire et désintéressé. Je rêvai de tout rénover, de supprimer l'injustice et réparer les torts; et je crus,—parole d'honneur,—à la possibilité d'un retour à l'âge d'or; je m'attelai, bête microscopique, à la destruction d'un monstre gros comme le léviathan. J'avais pris de la notoriété, comme peintre verrier, et je puis dire sans exagération que j'étais, en dehors naturellement des patrons ou directeurs des maisons de vitraux, considéré par mes compagnons comme le premier d'entre eux : à preuve c'est qu'ils me désignèrent comme délégué devant les représenter à la grande Exposition de 1867 auprès de la commission présidée par M. Devinck, lequel avait été chargé par l'empereur Napoléon III de réunir en un vaste ouvrage l'historique de toutes les grandes industries. Pour remplir ce but, M. Devinck s'était adressé aux grandes corporations; et chez nous, c'est moi qu'on avait désigné à l'unanimité pour faire un rapport sur l'art du verrier. Ce rapport eut un grand succès auprès de la commission: M. Devinck me fit appeler au Champ-de-Mars et me félicita chaleureusement.

« Mais, vous êtes lettré, me dit-il, et votre rapport est un petit chef-d'œuvre. En voici d'autres très intéressants, mais moins réussis. » On avait craint que ces rapports d'ouvriers ne fussent enfantins ou par trop incorrects. M. Devinck le chocolatier était un peu naïf. « Je n'ai qu'un reproche à vous faire, continua-t-il : il y a dans ce rapport, parfait pour le côté historique et technique, des vérités trop dures à l'endroit de vos patrons et du jury officiel; retranchez ces brutalités inutiles et vous serez content de moi ; l'empereur m'a promis cinq croix pour les délégués ouvriers et je vous avertis d'avance que vous serez le premier désigné sur ma liste ».

Je le remerciai, mais je regimbai ; et, dans une grande assemblée générale, j'appelai toutes les autres corporations à la révolte. Si le mouvement avait été lancé plus tôt, c'était presque une petite révolution qui s'accomplissait dans l'industrie. Voici ce qui s'était passé chez les verriers grâce à ma seule initiative. Après examen de la composition du jury officiel qu'on nous avait donné, nous proclamâmes hautement par voie de Presse l'incompétence de ce Jury ; nous annulâmes par avance ses décisions et nous élûmes parmi nous, gens du métier, un jury qui en réalité était plus sérieux ; je fus désigné comme président, et ce jury, en somme légitime, entra en fonctions séance tenante, fit son rapport et donna plusieurs médailles d'honneur qui furent et resteront plus appréciées que toutes les récompenses officielles. C'étaient les artistes et non les patrons que nous récompensions. Le brevet et la médaille portaient cette mention : hommage de la corporation des verriers de Paris à M. A... ou B..., leur collègue et leur camarade. Je reçus des délégués de l'Académie de Berlin, de Londres, de Paris, etc. Si ce mouvement tenté et réussi chez nous avait été imité par toutes les corporations, c'eût été à l'Exposition universelle de 1867 un véritable coup d'état ; malheureusement notre décision, soumise trop tard à l'assemblée générale des délégués, fut seulement appliquée chez nous.

Ce triomphe partiel me coûta cher. C'est de ce jour que date ma première mauvaise note en haut lieu. Les patrons verriers, que j'avais si fort malmenés, me coupèrent les vivres. Ma signature seule figurait comme délégué et comme président au bas du rapport et sur les brevets ; tous mes confrères du jury avaient décliné le dangereux honneur de signer leurs décisions. Je ne me relevai pas du coup ; et je dus à peu près abandonner les vitraux. J'avais pourtant combattu pour le bon droit et la justice. Personne ne vint à mon secours ; pas une voix ne s'éleva pour me défendre. Je me trompe : plus tard j'eus encore l'occasion de faire quelques travaux pour un patron, M. L. Gsell, qui, lui, était un artiste de talent, pratiquant lui-même, et par conséquent moins atteint que ses confrères par mon rapport et les décisions qui en découlèrent. Néanmoins c'était fini et je dus à peu près dire adieu à cet art du verrier pour lequel j'ai conservé une grande tendresse et qui n'est pas prêt de se relever, étant donnés la routine et le côté commercial qui l'enserrent. Je donnerais beaucoup pour être chargé de l'exécution d'un grand travail en ce genre avec les moyens et la liberté d'action. Malheureusement nous ne sommes plus à une époque où les belles et grandes idées en art peuvent se réaliser. Tout est tourné au commerce et à l'industrie. *Les Dieux s'en vont.*

Malgré la bonne volonté de M. Gsell, je dus renoncer et dire adieu aux vitraux. Pourtant je me souviens d'un carton de Sainte Thérèse, exécuté par moi dans une masure de Bobigny, où nous étions campés au commencement du siège. J'allai même en uniforme porter ce dessin chez M. Gsell.

Après ma malheureuse expédition de 1867, je rentrai chez M. Yvon, qui me donna d'excellents et sages avis, que je ne suivis pas naturellement, étant donné que l'expérience que nous offrent les autres ne nous sert jamais à rien. Je vécus pendant deux ans surtout de décorations murales, de portraits et un peu de tableaux. Le travail le plus important que j'eus à exécuter à cette époque fut la décoration du Cirque de Reims. Je l'avais faite àpeu près pour rien, dans le but d'avoir celle du théâtre ; mais ce travail me fut ravi assez sournoisement par un décorateur nommé Bin, plus tard maire de Montmartre et boulangiste par intérêt.

J'assistai aux dernières bagarres montées contre le régime de celui qu'on a appelé *le tyran* Napoléon III. Hélas ! depuis, nous en avons vu bien d'autres ; mais ne faisons pas de politique ; je reçus même quelques horions en compagnie du farouche Vallès, de Lançon etc., dans les derniers jours de l'Empire.

Puisque j'ai nommé Lançon, je profite de l'occasion pour en dire quelques mots, avant d'arriver à une série d'événements graves ou tragiques. Le peintre animalier Lançon était un artiste de grande valeur (tout le monde connaît ses eaux-fortes originales si puissantes) ; il était malheureusement féru de politique, et avait pris part positivement à la Commune. Il est mort d'avoir échoué au Conseil municipal. Il avait également une plus innocente toquade, celle de la force physique. En outre, il adorait les animaux qu'il dessinait de main de maître. Il m'emmenait souvent au Jardin des plantes et dans les ménageries dont il connaissait tous les patrons ; ni Bidel ni Pezon n'avaient de secrets pour lui. Un jour, ou plutôt un soir, nous nous arrêtâmes à la foire de Montrouge devant une baraque où l'on montrait un ours lutteur ; le barnum promettait une prime à l'amateur qui se chargerait de renverser la bête. Lançon se proposa et j'assistai dans l'intérieur de la baraque à une scène comico-tragique que je n'oublierai pas. L'ours était muselé et avait dans le nez un anneau où s'attachait une corde que le maître tenait toujours à la main afin de maîtriser l'animal en cas de révolte. Les deux adversaires s'empoignèrent, et Lançon tenta vainement de décaler la bête, dont la peau, qu'il serrait à pleines mains par les poils, tournait comme un manchon et déjouait tous les efforts.

Lançon s'avisa d'un truc et procéda par secousses d'avant en arrière ; l'ours, surpris, perdit un instant l'équilibre, et les deux champions roulèrent ensemble, sur l'arène, renversant une table sur laquelle étaient posées deux chandelles qui éclairaient la scène ; il y eut un instant de tumulte dans l'obscurité ; la corde de l'anneau avait échappé au patron et pendant qu'on cherchait des allumettes : Dépêchez-vous, hurlait Lançon ; j'étouffe ! et la bête de gronder. Cela cessait d'être comique. Heureusement, la lumière se fit, la corde fut ressaisie.

Lançon, débarrassé, se releva hérissé et abruti en s'écriant. « Nom de Dieu, que cette bête là pue de la gueule ! »

Une autre fois, il paria avec un sculpteur nommé Julien qu'il descendrait dans la fosse aux ours. Il s'était préalablement entendu avec Bocquet, le gardien du Jardin des plantes. Celui-ci devait au matin le prendre avec lui pour rouler la brouette aux viandes, quand il irait faire la distribution et balayer la cour des animaux. Bocquet avait affirmé que dans ces conditions Lançon ne courrait aucun danger. Au jour dit, j'assistai avec Julien à l'épreuve, appuyés tous deux sur la balustrade en fer qui domine la cour. La grille qui ferme l'entrée de la fosse fut soulevée à l'aide de son treuil et nous vîmes Lançon coiffé d'une casquette, vêtu d'une blouse et d'un tablier, entrer dans la fosse poussant devant lui la brouette chargée. Les deux ours attendaient leur pitance en reniflant. Lançon blanc comme un linge, entra suivi de Bocquet qui écarta les ours à coups de balai. J'étais mal à l'aise pour mon pauvre camarade, d'autant plus qu'un des ours se mit à le suivre systématiquement, lui soufflant bruyamment plus bas que le bas du dos. Ce nouveau venu semblait intriguer l'animal ; pendant ce temps Julien se tordait. « Dis donc, Lançon ? » clamait-il. Le pauvre ami ne répondait pas.

« Dis donc, Lançon ! insistait Julien, te rappelles-tu le dernier que nous avons été voir guillotiner ?... eh bien ! il avait une tête comme toi ».

Lançon ne soufflait toujours pas. Quand enfin la séance fut terminée, nous pûmes tranquillement nous moquer de notre ami et de sa tête. Décidément, Lançon avait l'ours malheureux. Il se vengea du reste peu après de nos quolibets et ce fut moi qui payai les frais de sa revanche. Il me proposa malicieusement d'aller un jour visiter, à l'hippodrome, la ménagerie d'un dompteur connu qu'il avait élevé à la hauteur d'un ami. Il me vanta particulièrement un singe ou plutôt une guenon extraordinaire, qui à elle seule valait le dérangement. Empêché de partir en même temps que lui, nous nous donnâmes rendez-vous pour l'après-dîner et quand j'arrivai là-bas je le trouvai dans une grande galerie avec plusieurs copains et le dompteur, faisant demi-cercle autour d'un tonneau échancré par le haut ; de l'échancrure émergeait une tête de singe tout à fait formidable. La bête était accroupie au fond du tonneau ; elle devait debout mesurer au moins 1 m. 60. Elle était hideuse, mais n'avait pas l'air méchant. Je m'approchai d'elle et tirai doucement une espèce de couverture qui lui cachait le corps. Elle me regarda avec curiosité, en ramenant pudiquement la couverture. Nous nous entretînmes un instant de cette jolie personne et Lançon, qui était très gaulois, se livra à des plaisanteries et à des suppositions de fort mauvais goût à propos de moi et de la guenon. S'interrompant tout d'un coup, il s'écria : « Tu es fort, n'est-ce pas, toi ? eh bien ! je te parie que tu ne parviens pas à soulever cette bête-là ? Je viens d'essayer vainement et je n'ai pas pu en venir à bout. — Allons donc ! repris-je, piqué ».

« Il n'y a pas de danger ? fis-je en me tournant du côté du patron. — Absolument aucun, répondit celui-ci ; elle est douce comme un agneau. »

J'écartai la couverture et passant mes bras sous les aisselles de la jeune personne qui me laissa faire tranquillement, je parvins avec peu d'efforts à la mettre debout. Sors-la du tonneau, me dit Lançon, c'est là le difficile. J'attirai la guenon à moi et la sortis de son logis, sans grande difficulté ; je dois dire qu'elle y avait mis une certaine complaisance. « Oh ! s'écria Lançon, ça n'est pas de jeu, elle s'y prête ; tu es à son goût : *elle te gobe.* — Oui, oui, s'écrièrent-ils tous en chœur : elle le gobe ; ça se voit. » Je voulais m'en tenir à ce succès et j'essayai de replacer la bête dans sa boîte ; mais je rencontrai de sa part une résistance sérieuse ; elle ne voulait plus me lâcher, ses mains étaient passées autour de mon cou et quand je voulus la soulever elle m'empoigna avec ses pieds par le bas des jambes ; j'essayai de la secouer ; mais ce fut elle qui me secoua à son tour et sa face violette se mit à grimacer, me montrant des crocs formidables ; j'étais à deux pouces de cette horrible face. J'entendais tout le monde rire et j'étais furieux. « Je vais l'étrangler, m'écriai-je avec colère ; — C'est inutile, dit doucement le patron, vous n'y arriveriez pas ; embrassez-la plutôt sur le museau et elle vous lâchera d'elle-même. » Après des hésitations j'allongeai les lèvres et je baisai l'affreux museau. La bête ôta tranquillement ses pattes et réintégra lestement son domicile. Elle était dressée à cet exercice. Je me retournai exaspéré. Le patron avait disparu et j'aperçus Lançon qui fuyait à toutes jambes vers le fond de la galerie, où je faillis l'atteindre ; mais il ouvrit une porte qu'il eut le temps de fermer et verrouiller. On parlementa quelque temps et il ne sortit que quand il comprit que j'étais complètement calmé.

En somme, il avait pris une revanche légitime et désormais je ne lui parlai plus des ours.

CHAPITRE V

La guerre était déclarée ; et la glorieuse défaite de Wissembourg était venue jeter le trouble et l'effroi dans Paris. Je crus que la France allait, dans un élan formidable, pulvériser ses envahisseurs et je pensai de bonne foi que pas un Allemand ne repasserait le Rhin. Hélas ! un vent d'avachissement avait soufflé sur la vieille terre des Gaulois ; et la défense, héroïque sur certains points, fut le plus souvent paralysée par le scepticisme, l'égoïsme et la lâcheté d'un grand nombre. Bien plus on se moqua presque de ceux qui, sans y être obligés, prirent part à la défense du grand foyer. Quelle douloureuse époque ! Pendant que les uns tombaient sous les balles de l'ennemi, ou faisaient pour arrêter les envahisseurs des efforts désespérés, d'autres, fuyards ou déserteurs, s'empressaient de déguerpir chez nos voisins, surpris de rencontrer en bandes si nombreuses les fils de ceux qui avaient fait trembler l'Europe. Parmi les Français qui jetaient comme à plaisir le désordre et la démoralisation dans nos rangs, on rencontrait des hommes de valeur, des intelligences, des gens ayant réussi de toutes manières et devant tout à la patrie française. Quel fut le châtiment de ces misérables, dont le nom eût dû être à jamais flétri ? Aucun. Ils rentrèrent la tête haute, regardant d'un air narquois les imbéciles estropiés qui avaient couru à la bataille, recueillant plus tard, comme si de rien n'était, des lauriers et des insignes d'honneur qu'ils étalent cyniquement sur leurs poitrines de couards. J'étais libre de tout service militaire ; mais je serais mort de honte si j'avais dû assister paisible à la lutte formidable qui était engagée. Après avoir vainement essayé de me faire admettre dans la garde nationale, j'allai pour m'enrôler à tout hasard derrière le théâtre des Italiens, où se recrutait, sous la direction de MM. Lafond et Mocquart, deux anciens officiers de l'armée impériale, un bataillon qui paya généreusement son tribut à la patrie française (beaucoup sont morts des pauvres Lafond-Mocquart). Il y avait là quantité de vieux troupiers, des africains et de tout jeunes gens ; tout cela manœuvrant à qui mieux mieux, pivotant, faisant des conversions et autres mouvements auxquels je ne comprenais rien. On nous avait dirigés tous vers la rue Turbigo, à l'École municipale, pour régulariser notre enrôlement ; jusque-là nous avions, sans plus de formalités, donné nos noms et qualités ; il nous restait à signer l'engagement. Dans les rues où nous marchions avec fierté, la foule, étonnée de la tenue militaire de ces nouvelles recrues, nous applaudissait.

Je fus particulièrement frappé de l'aspect de mes nouveaux camarades ; presque tous portaient la blouse, il se trouvait parmi eux fort peu de gens dits *comme il faut;* on n'y rencontrait pas de bourgeois (gens qui ne marchent guère que quand ils sont forcés); à part quelques ivrognes, la grande majorité se composait de gens à la physionomie brave et énergique. Je me dis après tout que c'étaient des patriotes et je les trouvai beaux. Je cheminais entre un saltimbanque et un terrassier, deux anciens soldats. Le peu de mots échangés en route n'était pas encourageant : « Quèque tu fais, toi, t'as l'air rupin ? — Je suis peintre. — Ah ! t'es peintre ! C'est un sale fourbit et j'aime encore mieux ma pioche. — Mais pas peintre en bâtiment, interrompit mon camarade de droite ; c'est un artisse, j'vois ça à sa tête ; y ressemble à Jésus-Christ ; iz ont tous des barbes comme ça. Et se tournant vers moi : — Moi aussi j'suis artisse dans mon genre... etc. » Je vous laisse à deviner le reste. Ça n'était pas absolument drôle ; et la gloire se présentait à moi sous un aspect assez minable. Mais bah ! j'aurais marché avec le diable ; mes camarades comme moi nous ne demandions qu'une chose : voir l'ennemi. Pour résumer la vérité, on peut dire qu'il y a eu des bonnes volontés. S'il s'est trouvé en France quelques traîtres et quelques lâches, nous avons bien réparé ces hontes ; et si tout fut perdu, du moins l'honneur fut sauf.

Arrivés dans la cour de l'école Turgot, on rompit les rangs et on attendit l'appel nominal pour aller signer l'engagement. Pendant que j'examinais autour de moi, appuyé contre la grille, un monsieur d'un certain âge, décoré, ayant l'allure d'un officier, s'approcha le chapeau à la main : « Monsieur, me dit-il, vous allez signer un engagement pour la guerre? » Sur ma réponse affirmative, il continua : « Nous organisons en ce moment aux Ternes un bataillon de volontaires que nous recrutons soigneusement ; nous ne voulons chez nous que des gens convenables et au moins à peu près bien élevés. Si vous désirez être des nôtres, veuillez m'accompagner un instant et je vous donnerai toutes les explications désirables, vous n'êtes pas ici dans votre milieu et en somme c'est quelque chose que de vivre avec ses pareils. » Je n'avais pas de raison pour repousser cette offre, et je suivis mon nouvel enrôleur. Il me conduisit aux Ternes, rue Demours, où déjà un certain nombre de gens, d'aspect moins sauvage que mes premiers compagnons, signaient des engagements pour la durée de la guerre. On devait autant que possible fournir son uniforme et s'équiper à ses frais, ce qui écartait une catégorie de besoigneux et de gens sans aveu. Ces conditions une fois remplies, j'appartins au bataillon dit « des francs-tireurs des Ternes, ou francs-tireurs à la branche de houx, » qui se distingua pendant le siège de Paris.

Me voici donc enrôlé. Le jour où j'endossai pour la première fois mon uniforme de franc-tireur, je sortais par la porte Maillot, assez fier, je l'avoue, de la tenue que je portais, quand j'aperçus tout à coup mon ami Jules C..., dessinateur bien connu, en compagnie de Mr G..., le premier mari de la deuxième femme de Jules. Ils étaient en train de fréter un fiacre et se disposaient à filer sur Londres. La frousse commençait à se répandre dans la capitale. Mr G..., qui était un vieux révolutionnaire de 1848, un pur, un farouche, me voyant en uniforme, me blagua fortement. « Comment ! vous, un garçon intelligent, avez-vous pu commettre une pareille bourde ? Souvenez-vous de ma prédiction : les Prussiens entreront dans Paris comme un fer rouge dans une motte de beurre. » (Il se trompait légèrement.)

« Je suis entier, ajouta-t-il, avec un clignement d'yeux des plus malins, et comme je n'ai qu'une peau, je ne tiens pas du tout à la risquer dans cette aventure ; j'emmène ma petite femme et l'ami Jules qui lui aussi tient à rester entier. » Je dois avouer que Jules n'avait pas l'air fier : il avait à cette époque trente-cinq ans environ et était bâti de manière à faire un beau défenseur de la patrie ; comme ses frères du reste, Joseph et Étienne, qui tous deux, surtout le dernier, firent bravement leur devoir. Ces deux héros ne pouvaient me convaincre me souhaitèrent bonne chance et nous nous quittâmes.

Six mois après, la guerre terminée, M. G.... rentra à Paris ; il se croyait à l'abri du danger, c'était un peu trop tôt. La Commune ayant éclaté, il fut littéralement coupé en morceaux par un obus versaillais, à l'endroit juste où je l'avais rencontré, fuyant les hasards de la guerre.

Jules seul bénéficia de l'aventure : il hérita de la charmante petite femme, à laquelle, il le dit lui-même, il dut en partie sa fortune et sa gloire. Il eut en outre la croix de la Légion d'honneur ; tant il est vrai que la vertu est toujours récompensée.

Mais revenons au bataillon des tirailleurs des Ternes ; ma compagnie, après avoir servi comme éclaireurs sous Paris, fut attachée au secteur de l'amiral Saisset, puis au régiment de marche du lieutenant-colonel Louis Noir, et enfin placée sous les ordres d'Ulric de Fonvielle, commandant le 114me de marche.

Je n'ai pas de choses héroïques à vous raconter ; je veux simplement vous donner mes impressions sur les événements que j'eus sous les yeux et les actions auxquelles je pris part, actions dans lesquelles je me comportai simplement en homme résolu à faire son devoir.

C'est à Saint-Denis, en avant du fort de la Double-Couronne, que nous eûmes pour la première fois à essuyer le feu de l'ennemi. Le commandant de la place dont je ne me rappelle plus le nom chargea notre chef, le capitaine Roze, l'oncle de la fameuse cantatrice Marie Rose, de s'assurer si l'ennemi construisait une batterie derrière un rideau de grands arbres qu'on apercevait sur la butte Pinson; et, dans le cas où des travaux seraient commencés, de transmettre de sa part au commandant d'artillerie l'ordre d'ouvrir le feu avec ses pièces sur les ouvrages en question. Nous sortîmes par la poterne et suivîmes la route qui était en avant du fort, route protégée par des abattis d'arbres. Arrivés au pont du chemin de fer qui coupe cette route à angle droit, nous descendîmes sur la voie ferrée, qui est en contrebas, et là on se concerta sur les moyens les plus pratiques pour arriver à la ligne ennemie, en nous découvrant le moins possible. Sur l'avis d'un vieux garde-chasse, ancien légionnaire, nous disposâmes des tireurs le long du talus de la voie, à droite et à gauche du pont, à peu près tous les hommes de la compagnie, au lieu de nous déployer ostensiblement en tirailleurs, comme cela se fait habituellement et à tort dans les reconnaissances. Le capitaine Roze désigna le vieux garde, seul, d'une part, d'autre part mon ami Rajon, l'aquafortiste, et moi, *ensemble;* le garde à droite et nous à gauche pour longer la route vers la butte Pinson, en nous dissimulant dans les champs d'asperges qui coupaient la plaine. Le garde disparut, et de notre côté nous nous mîmes à ramper dans la direction assignée. Nous cheminions ainsi, lentement et avec précaution, depuis quelques minutes ; il faisait un temps magnifique ; on n'entendait que le cri des cigales et le bourdonnement des mouches ; tout à coup Rajon, qui était à quelques mètres de moi, poussa une légère exclamation ; je tournai la tête de son côté et je le vis un peu ému : un mort ! me dit-il ; je le rejoignis et me trouvai en effet en face d'un homme tué par une balle en plein front ; il était couché sur le dos, la face gonflée et, détail à la Zola, avait des mouches qui voletaient autour de sa blessure, dont le sang était noir et déjà décomposé. Il faisait très chaud, c'était dans les premiers jours du siège. L'homme entièrement vêtu en bleu clair était un Bavarois ; il n'avait ni casque, ni fusil ni sabre, et devait être là depuis la veille. C'était la première fois que je voyais un homme mort de mort violente. C'est horrible, me dit Rajon ! Nous éprouvâmes tous les deux une émotion bien naturelle, mais elle fut de courte durée. Nous reprîmes notre course à genoux, sans souffler mot, jusqu'à une propriété enclose de murs et fermée par une grille ; là nous fûmes rejoints par deux grands diables de mobiles, deux Parisiens qui avaient profité de notre sortie pour s'échapper du fort ; eux venaient en amateurs et je les trouvai gênants. Nous leur recommandâmes le silence, et nous nous mîmes à tourner autour de l'enclos, toujours à quatre pattes. Rajon avait une jumelle qu'il me passait de temps en temps, et avec laquelle j'explorais les alentours : rien ne bougeait, ni dans la plaine, ni du côté de la butte Pinson. Mon camarade m'affirmait bien qu'il lui semblait voir remuer au pied de la ligne d'arbres; mais tout cela était peu précis. « Si on entrait dans la propriété? me dit Rajon; en montant par le mur qui regarde le fort, l'ennemi ne peut nous voir; nous serons masqués par la baraque qui est au fond; et, des fenêtres de cette baraque nous pourrons ensuite avec notre lorgnette examiner tranquillement la position. J'avais un vague pressentiment de danger. Les deux grands voyous de mobiles escaladèrent le mur. Je me hissai à mon tour sur la crête : et, comme je me baissais pour prendre les carabines que Rajon me tendait, je vis une rangée de planches s'abattre brusquement au fond de l'enclos, à côté de la maison; ce fut comme un éclair : j'eus subitement sur les yeux l'impression d'une rangée d'habits bleus et j'entendis en même temps un *chant* de projectiles et une détonation à mes oreilles.

Je me précipitai en bas du mur, je pris mon arme des mains de Rajon et nous détalâmes à toutes jambes, suivis des deux mobiles qui miraculeusement avaient repassé le mur sains et saufs et ne cessaient de répéter en courant la même exclamation : ah! m... alors !

La fusillade s'était étendue sur toute la plaine et quand nous arrivâmes derrière le talus du chemin de fer nous respirâmes seulement. Nos hommes disposés à droite et à gauche du pont, ne prenant plus de souci du garde, qui du reste nous rejoignit un instant après sans la moindre égratignure, ripostèrent au feu de l'ennemi dont les balles nous accompagnèrent jusqu'au fort. Pendant le trajet du pont à la poterne, grâce aux arbres abattus en zig-zag, nous n'eûmes qu'un homme de blessé. Notre brave garde-chasse avait parfaitement vu les travailleurs ennemis. Il paraît qu'après nous avoir quittés il avait lâché son fusil et tout son fourniment qu'il avait déposés à l'entrée du premier champ d'asperges qu'il avait rencontré ; et puis avec une prudence et un flair de limier s'était avancé jusqu'à une ligne d'hommes, accroupis, qu'il avait aperçus, disposés en avant des travaux commencés ; là il avait été forcé de s'arrêter ; mais il s'était trouvé assez près des travailleurs pour les voir. Quand les tirailleurs bavarois avaient ouvert leur feu, en se rabattant rapidement sur nous, il avait dû opérer sa retraite en courant les plus grands dangers. Il avait repris ses armes et son manteau ainsi que son chapeau et nous avait rejoints en pleine retraite, un peu en arrière du pont. L'artillerie de la place, prévenue par notre capitaine, ouvrit immédiatement son feu. Notre blessé, qui avait reçu une balle au talon, avait dû être ramené par deux camarades, assez lentement et sous un feu de tirailleurs très nourri ; il fut conduit à l'hôpital ; c'était un jeune homme de seize ans. J'ai toujours considéré comme un acte de courage ce simple fait de ces deux hommes, *debout forcément*, ramenant au pas leur camarade blessé, durant une retraite précipitée et servant pendant plusieurs minutes de cible aux feux de l'ennemi. La vie militaire est pleine de petits faits de ce genre. C'est là son noble côté.

Je ne sais si nous fîmes beaucoup de mal aux Allemands avec notre feu inexpérimenté et précipité, mais ce que je puis assurer c'est que le garde qui, après nous avoir rejoints, ne brûla qu'une seule cartouche, atteignit un homme qui franchissait le mur de notre fameux enclos, et ce à plus de deux cents mètres ; je vis l'homme ouvrir les bras et dégringoler du mur. Cinq ou six farceurs voulurent s'attribuer l'honneur du coup de fusil ; mais j'étais près du vieux troupier quand il m'annonça le coup en me disant : tiens ! Il venait justement de me recommander de ne pas tirer si vite. En somme, dans cette escarmouche le but avait été atteint, c'est-à-dire le renseignement demandé obtenu, sans grand dommage de notre côté. Je me trompe ; nous apprîmes en rentrant qu'un zouave avait été tué sur le rempart ; ce qui prouve que le feu ennemi avait dû nous passer assez haut par-dessus la tête. Nous allâmes dès notre retour nous promener dans Saint-Denis, tout fiers de notre petit combat.

Dans la soirée, il m'arriva une aventure assez ennuyeuse, mais qui n'eut pas de suites graves. Figurez-vous que pendant la guerre on croyait voir des espions partout ; et en fait la France en était couverte : lesquels espions du reste se firent pincer très rarement ; c'était toujours sur des gens parfaitement inoffensifs que la population exerçait son intelligente surveillance. Jules m'a raconté lui-même qu'avant sa fuite en Angleterre, alors que Paris n'était pas encore investi, il sauva presque la vie à un Américain que la foule voulait lyncher. La scène se passait à la porte Maillot, près du restaurant Gilet ; le malheureux Yankee ne parlait pas un mot de français et faisait des gestes désespérés, poussant en anglais des exclamations qui ne faisaient qu'exaspérer les gens, lesquels hurlaient en chœur : vous voyez bien que c'est un Allemand. Jules, qui parle l'Anglais comme père et mère et est anglomane au point d'avoir fait des Anglais de ses fils, reconnut facilement la méprise, et, s'adressant à des gardes nationaux, leur fit comprendre que l'Allemand en question était un Américain, et que la langue qu'il parlait était l'anglais. Les gardes nationaux firent monter l'étranger dans les salons de Gilet au premier. Le pauvre Américain, paraît-il, se montra sérieusement reconnaissant : ayant demandé à Jules ce qu'il pourrait faire pour lui être agréable, celui-ci à tout hasard lui parla d'un débiteur qu'il avait au Kentucky, patrie de notre homme; l'Américain prit soigneusement tous les renseignements concernant l'affaire, et trois ans plus tard Jules eut la satisfaction de rentrer dans sa créance qui était assez considérable. Il a plus de veine qu'un homme courageux, ce franc-fileur de Jules.

Moi aussi je fus à Saint-Denis le héros d'une histoire parente de celle-ci. Je vous ai dit que nous nous étions répandus dans la ville; à la tombée de la nuit, je flânais seul dans une rue dont j'ignore le nom; il me prit fantaisie d'entrer dans un débit de tabac pour acheter un cigare; je posai ma carabine en dehors contre la boutique et après avoir allumé mon cigare, je voulus reprendre mon arme; mais elle avait disparu et je me trouvai entouré par des gardes-nationaux qui me mirent la main au collet. On me suivait, paraît-il, depuis quelque temps; on m'avait trouvé des allures suspectes; j'avais la barbe blonde, les yeux bleus, etc.; ça suffisait : j'étais un espion allemand. Il est vrai que je parlais français; mais raison de plus : tous les espions parlent français, encore mieux qu'un Français. Sans écouter mes raisons on m'emmena à la *place*, qui heureusement était dans le voisinage, ce qui m'empêcha d'être trop injurié par les passants qui s'ameutèrent rapidement. On me fit monter auprès du commandant, lequel me reconnut immédiatement ; c'était à moi-même dans la matinée qu'il avait donné les instructions que j'avais transmises ensuite à notre capitaine, à propos de la reconnaissance à faire. « Qu'est-ce que cela signifie ? me dit-il ; — mais, mon colonel, je n'y comprends rien non plus, ou plutôt si : ces imbéciles m'ont pris pour un espion allemand et m'ont arrêté comme tel. » Les gardes nationaux assez penauds ne purent donner que des explications ridicules et redescendirent silencieusement les escaliers, non sans avoir essuyé du colonel une verte réprimande. J'avais salué, repris ma carabine et emboîté le pas aux gardes. Je trouvai en bas, à la grille, plusieurs camarades qui avaient été avisés par des passants qu'un espion portant leur uniforme venait d'être arrêté ; quand ils m'eurent reconnu, la foule hua les gardes nationaux et me fit presque une ovation ; après avoir voulu dix minutes auparavant me mettre en charpie. Il nous fallut de vive force entrer chez tous les *mastroquets* et cafés borgnes où on fit circuler le récit de l'affaire du matin, revu, amplifié et augmenté au point que la bataille d'Austerlitz nous parut fade à côté de cet exploit.

De caporal que j'étais je passai au grade sergent. Vous saurez que chez nous les grades se donnaient à l'élection, comme dans la garde mobile.

Quelque temps après l'affaire de Saint-Denis, notre compagnie s'était augmentée d'une trentaine de recrues, venues toutes du bataillon des Ternes; parmi ces recrues se trouvait un Polonais, le sergent Junoza, garçon très intelligent et très énergique. Nous fûmes reçus au fort de Montrouge par le commandant de ce fort. Il nous utilisa de suite pour une reconnaissance sur Bagneux, qui était occupé par les Bavarois, lesquels toutes les nuits poussaient leurs incursions jusqu'aux carrières et même jusqu'à une ferme située à deux cents mètres au plus du fort. Nous fûmes de grand matin chargés, après une nuit passée dans les casemates, de déblayer le terrain jusqu'aux murs crénelés et percés de meurtrières d'une espèce de parc qu'on apercevait à gauche du village. La nuit, qui s'écoula assez joyeusement au milieu des matelots, me mit à même d'étudier ces braves et solides *mathurins*, dont la conduite sous Paris est restée légendaire même en Prusse. Rien de discipliné, de gai, de courageux comme ces hommes; rien de poli, de distingué comme leurs officiers; ces derniers nous traitèrent avec des égards et une certaine courtoisie, qu'ils nous crurent en droit de mériter comme volontaires. Avec de tels gens, il n'y avait pas moyen de bouder. A l'aube nous sortimes du fort, et le commandant, monté sur le glacis, dirigea le commencement de l'opération. Il s'agissait de fouiller la ferme d'abord. Nous avançâmes sur deux lignes parallèles, et à la file. En tête de la première file, chargé de contourner la ferme, le long des murs de gauche, se trouvait un vieux lascar d'Afrique ; en tête de la 2⁰ file le sergent Castellani, votre serviteur, avec mission d'entrer dans la ferme par une espèce de ruelle entre murs, aboutissant à la grande porte. Nous marchions avec précaution, la main sur la gâchette, bayonnette au canon, les yeux fixés sur la grande entrée et les lucarnes d'une petite construction à gauche de la dite entrée. En arrivant à la petite maison je vis une porte entr'ouverte, que je poussai avec ma bayonnette, et je me trouvai en face d'un escalier de meunier d'une vingtaine de marches. Je montai avec précaution, suivi de plusieurs camarades ; et, au moment où, avec une émotion assez légitime, je poussais brusquement cette deuxième porte qui s'ouvrait sur une espèce de grenier obscur, je perçus nettement un mouvement suivi d'un bruit assez fort, et... avec la rapidité d'un éclair, un chat affolé s'échappa entre mes jambes ; quelques secondes écoulées, tout le monde éclata de rire. Le grenier était vide et sans issue ; nous redescendîmes l'escalier. Le tribut à l'émotion était payé : on pénétra hardiment dans la ferme et le jardin, qui étaient également déserts ; ce n'était pourtant pas le cas de dire que nous n'avions pas rencontré un chat ; mais enfin aucun casque à chenille. D'autre part, nous entendîmes la fusillade qui s'engageait entre notre première file, qui avait contourné la ferme, et les Bavarois qui occupaient la première carrière. Nous soutînmes le feu de nos camarades, en tirant de la crête du mur de l'enclos ; je me souviens qu'on avait roulé des tonneaux et divers objets contre ce mur, afin de nous hausser et de nous permettre d'appuyer nos fusils. J'avais une bonne barrique sous les pieds, et l'ami Rajon me passait tour à tour mon arme et la sienne toutes chargées : je n'avais qu'à épauler et à tirer. J'en abusai moins qu'à Saint-Denis ; je prenais de l'expérience ; je ne lâchais mon coup de fusil qu'après avoir visé pas mal au-dessous du point que je mirais ; il faut vous dire qu'on n'apercevait guère que les casques de l'ennemi et très rarement les épaules ; le tout disparaissait aussitôt le coup tiré ; ce qui me donne à penser que les troisquarts des balles devaient filer en l'air ; c'est ce qui constitue la différence du tir à la cible, où les effets sont si effrayants, et de celui du tir à la guerre, tir qui, heureusement, donne beaucoup moins de résultats, étant donné que les hommes abrités osent à peine hasarder la tête au-dessus de l'abri, tant qu'ils entendent la musique des projectiles ennemis. Un de nos hommes fut blessé à la tête dans le jardin même ; ceux du dehors n'eurent aucun accident ; on nous rappela du fort.

Le commandant nous félicita pour notre bonne tenue. « Allons, mes enfants, nous dit-il, ça n'est pas mal ; nous allons essayer ça plus sérieusement. »

On fit sortir avec nous une compagnie de marins, avec une petite pièce de canon ; un officier de marine commanda toute la troupe et l'on recommença le déploiement en tirailleurs ; je me tins avec les marins, près de l'officier, tant que dura le feu à cet endroit, où toute notre ligne se trouvait protégée par un accident de terrain. La fusillade était assez nourrie des deux parts ; mais je constatai toujours le même défaut ; les marins eux-mêmes, qui sont de merveilleux soldats, tiraient trop vite et sortaient à peine les épaules au-dessus de leurs abris. J'en fis la remarque à l'officier, qui me répondit : « Vous n'empêcherez jamais ça. L'homme abrité sera toujours en moyenne plus prudent et plus timide que celui qui marche à découvert. » Cet argument tendrait à donner raison au *feu en courant* du commandant Buisson, feu qui permet à l'homme d'aller au pas de course à l'ennemi en le couvrant de balles. « Cette question, m'a dit plus tard le général Boulanger, *a été mal examinée*, et je suis maintenant convaincu que ce système, bien organisé, permettrait l'offensive énergique sur un point de la ligne ennemie, et pourrait, dans une action interminable de feux, amener un mouvement en arrière chez l'adversaire ainsi abordé et brisé sur un point. » Je suis, moi, convaincu qu'on a pas examiné *du tout* l'affaire du commandant Buisson et que tôt ou tard son idée sera mise à exécution autre part que chez nous. Mais passons. « Pourquoi ne tirez-vous pas? » me dit l'officier. « Mon capitaine, lui répondis-je, j'ai perdu toutes mes cartouches. » Nous avions de mauvaises cartouchières en basane et, en me jetant à terre probablement, j'avais fait sauter toute ma provision. « Empruntez des cartouches à un matelot, poursuivit l'officier. — Impossible, j'ai un autre système d'arme, un *snider*. Alors couchez-vous complètement ; il est inutile de vous exposer, et, si vous le désirez, je vais vous faire une cigarette. » J'obéis et me mis sur le dos, la face tournée du côté du ciel. Nous continuâmes la conversation, moi assez nerveux et lui parfaitement de sang-froid. Il jetait, tout en parlant, un coup d'œil tantôt sur la ligne ennemie, tantôt sur la nôtre. Il y avait au-dessus de notre tête une musique de balles qui *chantaient* absolument comme des diapasons de violons (ces petits instruments en fer, à deux branches, qu'on frappe contre un objet et qu'on porte ensuite à son oreille); c'était presque harmonieux. « C'est effrayant, comme il en passe, lui dis-je. — Oh, reprit-il, ils tirent trop haut; et il

ajouta : c'était bien autre chose à Sébastopol... »
En ce moment, plusieurs projectiles vinrent frapper la terre près de nous en produisant un bruit mat. « Eh ! eh ! poursuivit-il, les coch... rectifient leur tir. Tiens voilà un homme de chez vous touché ; non, c'est un matelot. Ne restons pas là ; nous allons tâcher d'enlever la carrière d'un seul bond ; ramassez votre arme ; » et, se dressant debout, il commanda d'une voix forte : « Sur la carrière, en avant ! » Il n'y eut aucune hésitation ; quels troupiers que ces gas-là ! Ça ne fit pas un pli ; l'ennemi quitta précipitamment la place en cessant son feu. J'entrai le premier dans la carrière et me buttai presque à un homme tombé, mais bah ! j'avais chaud et ça ne me fit pas le même effet qu'à Saint-Denis. La reconnaissance sur Bagneux se poursuivit assez normalement ; nous avions trouvé deux morts dans la carrière et probablement l'ennemi emmena un blessé, car je vis des traces de sang beaucoup plus loin, près du village. De notre côté, trois hommes furent mis hors de combat, un mort et deux blessés, parmi lesquels un franc-tireur, touché au commencement de l'affaire.

Cette escarmouche, en somme assez sérieuse, où sept ou huit hommes au plus des deux parts avaient été mis hors de combat, me fit songer qu'il fallait bien des balles en moyenne pour tuer un homme. Je m'étais attendu, la première fois que j'allai au feu, à voir tous les hommes baignés dans leur sang ; j'avais évoqué des images effrayantes, des luttes corps à corps, des cris assourdissants, des hurlements de rage, des contorsions de damnés. J'étais loin de compte, et, heureusement ; car, si ces rêves de boucherie se réalisaient comme dans l'imagination, pas un homme ne reviendrait de la guerre. En somme, c'est suffisant comme ça et passablement atroce ; les massacres ne se voient guère que dans les guerres civiles, où les vainqueurs arrivent à égorger froidement les vaincus désarmés et dans l'impossibilité de se défendre. Là, c'est autre chose : à la férocité on ajoute la lâcheté.

CHAPITRE VI

Dans les intervalles de repos auxquels nous condamnait forcément la mollesse et le manque d'initiative de la Défense nationale, et partant de l'autorité militaire, dont l'inaction fut, d'une part, favorable à l'assiégeant et de l'autre aux désordres intérieurs ; dans ces intervalles, dis-je, nous parcourions, un peu désœuvrés, les environs de Paris, en quête d'aventures. Une fois l'appel fait, nous étions libres jusqu'au soir dix heures. Plus de trois cent mille hommes valides et enrégimentés passèrent ainsi l'arme au bras les trois quarts et demi du siège, en face d'un ennemi actif et vigilant, qui, ne se sentant inquiété en aucune façon, réduisait ses effectifs au profit de ses armées de province. Je vous donnerai plus tard la preuve brutale de ce que j'avance. On ressentait déjà les effets du vent d'avachissement et de dégénérescence qui souffle depuis un demi-siècle sur nos classes dirigeantes et menace d'empoisonner la nation tout entière. Pour moi la défense de Paris eût dû être un acharné et long engagement de tous les jours, de toutes les heures. Nos gardes nationaux, qui se sont conduits si honorablement à Buzenval, fussent devenus, en six mois de ce régime, d'excellents soldats ; et l'on eût pu au moins obliger l'ennemi à immobiliser sous Paris un nombre considérable de troupes, et peut-être donner à ce dicton absurde, qui dit qu'une ville assiégée est une ville prise, un démenti formel ; car tous les stratégistes réunis ne me feront jamais accroire que 10.000 hommes auraient jamais grand succès à en assiéger 25 ou 30.000, bien conduits ; surtout dans une ville immense, couverte par de bons ouvrages et ayant sous la main tous les champs de bataille au choix. La vérité c'est que l'autorité militaire, mue par les préjugés les plus mesquins, a toujours refusé d'utiliser l'élément civil, comme si les armées n'étaient pas entièrement et uniquement composées de cet élément ; et comme si un homme bien bâti ne pouvait, après six mois de contact avec l'ennemi, devenir un bon soldat. J'aurais voulu voir Paris entre les mains, non d'un Bonaparte, mais simplement d'un Masséna ou d'un Hoche. Les Prussiens m'en auraient dit des nouvelles et de plus nous n'aurions pas eu de Commune. Nous ne valions pas moins que les Français d'il y a quatre-vingts ans. On fit tout pour nous persuader le contraire : les vampires, qui voudraient nous sucer à blanc, avaient commencé leur œuvre. C'est par l'anémie que nous périssons. La guerre est une chose bien triste, mais la paix quand même est bien pire encore. Livingstone, cet apôtre d'humanité et de justice, dit quelque part dans une relation de son voyage à travers le continent africain : « Si une nation n'a plus l'humeur belliqueuse, c'est pour elle à courte échéance l'abjection et la perte ; quand nous traversions des villages dont les habitants étaient pacifiques, mes hommes entraient dans les cases, prenaient les objets à leur convenance et mettaient même les propriétaires à la porte. J'étais obligé de les battre pour arrêter leurs déprédations. Chez les peuplades guerrières ou anthropophages, au contraire, ils se montraient doux et polis et se conduisaient comme de petits saints. »

Nous étions un jour avec l'ami Rajon, en promenade du côté de Joinville-le-Pont, carabine sous le bras bien entendu ; il y avait là, le long de la Marne, un bataillon de mobiles, campé en face du village, qui se trouve de l'autre côté de la rivière ; en territoire ennemi par conséquent ; le pont de Joinville avait été démoli en partie, et un barrage se trouvait sur la gauche en regardant la rivière ; ce barrage faisait entendre un bruit continuel et assourdissant. Les mobiles, auxquels nous étions allés demander à déjeuner, nous avaient accueillis avec plaisir ; on aimait les francs-tireurs à peu près dans tous les corps ; les officiers mêmes perdaient de leur roideur avec nous, pour peu qu'ils nous trouvassent un aspect propre et bien élevé. Nous déjeunâmes gaiement et on causa naturellement des événements du siège. Les mobiles nous contèrent que Joinville avait été complètement abandonné par ses habitants, moins un seul qui, paraît-il, recevait le soir des Allemands chez lui, et passait naturellement pour un espion. Nous proposâmes d'aller l'arrêter, si on voulait nous passer en bateau à la tombée de la nuit. Il fut convenu que nous nous rendrions d'abord bien compte de la vérité, c'est-à-dire que nous nous embusquerions de façon à voir tout ce qui pourrait être suspect chez l'homme en question; après quoi seulement on procéderait à son arrestation s'il y avait lieu; quand bien entendu les Allemands l'auraient quitté. On nous procura deux révolvers de gros calibres et une bonne corde. Il n'y avait pas à douter que les Allemands ne vinssent au village toutes les nuits : on avait tué la veille sur le bord de l'eau, en face, un uhlan, qu'on avait enterré et dont j'apercevais la tombe marquée par un petit tertre sur lequel était plantée une croix de bois. Détail touchant : on avait trouvé sur le pauvre garçon une lettre de sa sœur, qui lui recommandait d'être humain avec les vaincus; eux aussi, ajoutait cette bonne créature, avaient des mères, des sœurs... Régulièrement, toutes les nuits, un groupe de cavaliers au grand galop poussait jusqu'au pont, et dans le jour même on apercevait de temps à autre quelques soldats maraudeurs.

Quant aux lignes prussiennes elles étaient beaucoup plus loin en arrière. La nuit venue, une barque nous traversa et nous déposa sur le versant de la berge, assez élevée en cet endroit. Au moment où le bateau allait s'éloigner, une deuxième barque accosta à la même place et voulut mettre à terre un mobile, qui me parut légèrement *allumé*. Nous nous y opposâmes vivement ; je déclarai, malgré ses protestations, que nous allions retourner s'il persistait à vouloir débarquer. Rajon alla même jusqu'à le menacer de sa bayonnette. Les bateaux finirent par s'éloigner, en remmenant cet animal-là, qui avait braillé comme un âne ; heureusement que le bruit du barrage avait dû couvrir celui du débat. Nous nous hissâmes sur la berge et nous commençâmes notre marche avec précaution, en nous orientant sur une maison blanche qu'on nous avait montrée pendant l'après-dîner et qui se silhouettait parfaitement sur le ciel, malgré la nuit ; une petite baraque à tuiles rouges, qu'on nous avait signalée comme la demeure de l'espion, se trouvait à droite sur la même ligne que la maison, et n'en était séparée que par un espace vide d'une vingtaine de mètres. Il paraît que tous les postes avancés avaient été prévenus sur toute la ligne de ne pas tirer s'ils entendaient du bruit dans le village, étant donné qu'il y avait des francs-tireurs. Avant d'atteindre les maisons, nous traversions en rampant et à découvert une sorte de pré, quand nous fûmes subitement inondés de lumière : c'étaient les feux électriques du fort de Nogent qui nous couvraient de leurs projections et nous signalaient impitoyablement aux Français, lesquels ne se firent pas prier et se mirent à nous fusiller sur toute la ligne. Jamais je n'ai été si mal à l'aise ; nous pûmes nous rendre compte ce jour-là de la différence de son entre les projectiles de l'ennemi et ceux des chassepots, dont les balles ne *chantaient* pas si bien, mais *sifflaient* mieux ; en quelques bonds nous atteignîmes les habitations, et nous nous blottîmes derrière le premier mur qui s'offrit à nous. Nous demeurâmes là jusqu'à ce que la fusillade et l'éclairage, qui continuait à se promener sur le village, eussent cessé. L'expédition s'annonçait mal ; nous nous demandions avec inquiétude si l'ennemi ne nous avait pas vus. Heureusement il n'en était rien, du moins je le crois. Nous avions retrouvé la maison qui nous servait de guide et était bien située, comme il nous avait paru, à vingt et quelques mètres de la baraque du soi-disant espion, le long de l'espèce de rue ou route qui allait vers le pont et paraissait couper le village en diagonale ; c'est là que tous les soirs passaient les uhlans en reconnaissance. Nous pûmes pénétrer dans la maison, qui était complètement vide, même de meubles ; deux fenêtres au premier donnaient sur la rue et une petite lucarne dans l'escalier permettait de surveiller à droite la baraque suspecte. Tout se passa tranquillement jusqu'à onze heures; et malgré plusieurs petites reconnaissances que nous poussâmes autour de la demeure de l'espion, nous ne vîmes rien, nous n'entendîmes rien que l'éternel bruit de la chute du barrage. Nous avions ouvert des fenêtres donnant sur la rue et nous restions en observation, Rajon fumant sa pipe et moi des cigares que nous avaient donnés les mobiles. Nous n'osions dormir et cette attention de tout instant dans l'obscurité finissait par nous donner des illusions de formes et de bruits; tout à coup, vers minuit, nous entendîmes un vrai galop de chevaux et nous aperçûmes à droite de vraies silhouettes qui avançaient et grandissaient vite. Nous sautâmes sur nos carabines, en nous recommandant mutuellement de ne pas tirer ; nous restâmes un peu en arrière de la fenêtre et nous vîmes passez assez rapidement une douzaine de lanciers, dont le chef gesticulait et parlait haut, en allemand bien entendu. La tentation était trop forte : j'épaulai brusquement et je fis feu dans le tas, à une trentaine de mètres ; mon copain, entraîné par l'exemple, m'imita. Nous ne dûmes pas toucher ou du moins pas sérieusement, car le galop redoubla et les cavaliers disparurent sans rien laisser derrière eux. « Nous avons fait un beau coup, dit Rajon, voilà notre présence bien signalée, tout au moins pour ce matin à l'aube quand nous retournerons. Il faut détaler d'ici. » A tort ou à raison, je ne fus pas de cet avis ; nous restâmes. Les uhlans, contre leur habitude, ne revinrent pas par le même chemin. Le reste de la nuit se passa sans incident fâcheux, et, à part les hallucinations véritables produites sur la vue et l'ouïe fatiguées de cette veille dans les ténèbres et par le bruit incessant de la chute d'eau, nous n'eûmes plus d'alertes. La fatigue l'emportant sur les sentiments de prudence et d'inquiétude, nous finîmes par nous endormir tous les deux. Quand je m'éveillai il faisait presque jour ; une tranquillité parfaite régnait dans le village. Rajon *pionçait* encore ferme, étendu sur le parquet. Je le secouai en lui criant dans les oreilles : voilà les uhlans ! Il se dressa sur son séant : « hein ? quoi ?... Non, lui dis-je, tout va bien ; mais il est temps de filer. » Il se mit debout, se secoua et nous sortîmes sans bruit. Nous passâmes le long de la maison de l'espion et je frappai fortement au volet plein qui était fermé. Rien ne bougea. Soit qu'on nous eût mal renseignés, soit que le locataire ne fût pas rentré chez lui cette nuit-là, toujours est-il que nous avions fait un four noir et que nous rentrions bredouilles. Il faisait un brouillard assez épais sur le bord de la Marne. Nous fûmes obligés de héler au hasard nos amis de la mobile qui du reste ne se pressèrent pas de répondre ; il paraît que tout dormait, peut-être même les sentinelles ; car tout était possible pendant cette malheureuse guerre. Enfin le bateau apparut et nous passâmes l'eau. On nous entoura, on nous questionna ; nous demandâmes des explications sur la fusillade de la veille et nous en donnâmes de notre côté sur nos deux coups de feu, qui avaient été entendus au moment du passage des uhlans. Bref, après avoir déjeuné et nous être fait donner un mot par le capitaine de mobiles qui était présent, mot qui expliquait l'emploi de notre nuit, nous rentrâmes à notre quartier.

 C'est à peu près vers ce temps que je passai au grade de sous-lieutenant, en remplacement du sous-lieutenant Oldrini, démissionnaire ; j'ignore ce qui motiva cette démission. Oldrini était Italien d'origine, bien élevé et avait des façons aristocratiques ; ancien garibaldien et révolutionnaire militant, il devint aide-de-camp du général Eudes sous la Commune ; et il est encore à l'heure présente, je crois, expulsé du territoire français comme propagandiste. Il était intelligent et avait de l'ascendant sur ses hommes. Notre lieutenant, qui se nommait Refray, et avait, avec sa longue barbe d'un blond-roux, l'aspect d'un ancien trappeur de l'Arkansas, était au fond plus décoratif que sérieux. Il avait fait la guerre de Sécession dans l'armée américaine du Sud et, déjà d'un certain âge, n'était plus très partisan des aventures. Brave du reste, mais par trop hésitant, il n'avait pas grande autorité dans la compagnie. C'est aussi vers le même temps que le peintre Bastien-Lepage s'enrôla chez nous, avec plusieurs autres artistes, entre autres le sculpteur Gaudez, le peintre van Coppenole et quelques-uns dont je n'ai pas les noms sous la plume. Le soir même de son arrivée Bastien me demanda à faire partie d'un groupe de volontaires, que le capitaine Poulizac (des Laffond-Mocquard) vint recruter à notre campement de Bobigny. Il s'agissait d'enlever de nuit un poste prussien situé sur la ligne du chemin de fer de Soissons. Le capitaine Poulizac, qui devait être Gascon, était plus que brave, un véritable casse-cou, ne doutant de rien, ne reculant devant rien et croyant tout possible avec de l'audace; il fut plus tard tué à l'entrée des Versaillais dans Paris. Ce soir-là ce ne fut pas sa faute si nous ne restâmes pas à peu près tous sur le carreau (j'entends les hommes qu'il vint nous emprunter).

Vers huit heures, notre troupe, composée de vingt types de bonne volonté, sous la conduite du lieutenant Refray, qui en route consentit à me passer le commandement et à nous suivre en amateur, s'achemina vers le bivouac des Laffond-Mocquard. Ceux-ci, au nombre de quarante, étaient équipés et nous attendaient. On se mit en marche par une obscurité complète. Quoique j'eusse parcouru le pays de jour, il m'eût été impossible de me conduire ce soir-là; je dus donc m'en rapporter complètement à Poulizac, qui m'affirma qu'il s'orientait parfaitement, et me donna ses ordres que j'étais décidé à suivre sans les discuter. Son air militaire et son assurance m'avaient séduit. Nous marchâmes de conserve jusqu'au cimetière du grand Drancy. Là nous devions nous quitter. Auparavant, je demandai à Poulizac s'il ne serait pas bon de fouiller le cimetière qui donnait juste sur la route que nous suivions et que nous allions forcément laisser derrière nous. « Inutile, me dit-il, il n'y a rien là dedans. » Voici au reste les instructions exactes qu'il m'avait données : « Vous allez marcher droit, sur une seule file, à travers champs, dans une direction qu'il m'indiqua de la main ; vous devez infailliblement rencontrer le talus du chemin de fer; le poste est là; à peu de chose près. » « Je connais ce poste, interrompis-je, et suivant moi, par rapport au cimetière, il doit se trouver beaucoup plus sur la gauche. » Il m'affirma le contraire et je n'insistai pas, persuadé qu'il était plus ferré que moi. Il poursuivit : « Ne vous inquiétez pas des sentinelles ennemies que vous allez rencontrer, et qui se replieront ; atteignez rapidement le poste dont la porte se trouve par derrière, de l'autre côté du talus ; une fois là, *sans tirer un coup de feu*, formez vos hommes en demi-cercle derrière la maison. Puis après m'avoir prévenu par un coup de sifflet (je serai de ce côté-ci, à peu de distance du poste, mes hommes formés également en demi-cercle); marchez jusqu'à ce que vous soyez à dix mètres de la maison ; criez, halte, à haute voix, et présentez-vous seul hardiment à la porte ; si elle est ouverte, entrez et sommez les Prussiens de mettre bas les armes.—Et si est elle fermée, ce qui est probable, repris-je? — Faites votre sommation du dehors. Du reste je serai là en même temps que vous et ferai ma partie de l'autre côté où sont les fenêtres.—Et vous êtes sûr que ça réussira? — Çà réussit toujours. » Ça me parut roide ; mais je ne raisonnai même pas. « C'est bien, capitaine, ça sera fait, mathématiquement comme vous dites. » Il me serra la main en me disant au revoir. Je communiquai les premiers ordres à mes hommes et je pris la tête de la file, le lieutenant Refray marchait en queue ; il faisait noir comme dans un four. Nous avions à peine fait quelques pas que Bastien Lepage s'approcha de moi et me dit tout bas : « Dites-moi, lieutenant, est-ce que ça vous a fait cet effet la première fois ? Je me sens absolument ému. — Mon cher ami, ça fait toujours cet effet-là à tous les gens qui ne sont pas des brutes. Du reste, si cette émotion, qui est bien excusable, agissait par trop sur vos nerfs, asseyez-vous par terre un instant et vous nous rejoindrez ensuite ; je vous y autorise. » Bastien se récria, rejetant ma proposition presque avec indignation, et reprit son rang sans souffler. Quelques instants après je le vis s'approcher à nouveau : « Lieutenant, me dit-il, je viens de voir, à deux reprises, une silhouette d'homme se lever, se baisser et disparaître. — Parfaitement, lui répondis-je, ce sont les sentinelles ennemies qui se replient ; c'était prévu. » A ce moment, nous arrivâmes à la ligne du chemin de fer. Comme je m'y étais attendu, nous ne trouvâmes pas de poste ; il devait être beaucoup plus sur la gauche ; j'étais aux cent coups ; l'affaire allait être manquée. Sur ces entrefaites, Refray apparut et me déclara qu'il reprenait le commandement et refusait d'aller plus loin ; que c'était folie, etc., etc. « Il est trop tard, lui-dis-je, c'est moi qui ai reçu les ordres et qui suis responsable ; si vous reculez, c'est votre affaire ; je fais appel aux hommes qui veulent me suivre. » Plusieurs se présentèrent, entre autres Bastien. On convint néanmoins qu'on m'attendrait et qu'on me rejoindrait au premier signal, si je découvrais le poste. Je me mis rapidement en marche, suivi de quatre ou cinq camarades, m'avançant sur la voie ferrée à gauche. Un de mes hommes m'avait affirmé que le poste était à moins de cent mètres. Nous n'avions pas fait vingt pas qu'une lueur semblable à un éclair dans l'obscurité, suivie d'une détonation, puis deux ou trois lueurs pareilles, enfin une petite fusillade assez nourrie nous permettant de distinguer nettement la silhouette de la maison que nous cherchions, voire même plusieurs silhouettes d'hommes grouillant auprès de la dite maison. Je hélai Refray à haute voix et nous nous mîmes à courir dans la direction de l'engagement. Le premier homme

6.

que je rencontrai en approchant de la baraque fut le capitaine Poulizac, sur la ligne même du chemin de fer. « En retraite ! me cria-t-il, j'ai perdu plusieurs hommes ; je n'ai pu faire sauter la porte qui était barricadée. — Vous savez, lui dis-je précipitamment, que vous m'avez donné une fausse direction. — Oui, oui, fit-il, en retraite ! » Je communiquai l'ordre à Refray, qui arrivait avec le reste de nos gens, et nous reprîmes la direction du cimetière, au coin duquel nous fûmes rejoints par Poulizac et sa troupe ; le capitaine me fit des excuses. Voici ce qui s'était passé : après nous avoir quittés il s'était aperçu de son erreur : un de ses hommes, qui était du pays, l'avait remis dans la bonne direction. Comme Poulizac était un garçon résolu et impatient par tempérament, il avait décidé de marcher sur le poste et au besoin de l'enlever seul ; vous savez le reste. Ici se place un détail de guerre que je ne saurais omettre : le capitaine avait dû abandonner ses compagnons tombés. Nous fûmes pendant quelques instants poursuivis par les cris déchirants d'un homme à travers la nuit ; c'est la première fois que j'entendais crier un blessé ; mon cœur se serra ; j'avais envie de retourner. « Vous êtes fou, me dit Poulizac, assez de morts pour aujourd'hui. » Dans quelles affreuses conditions pouvait se trouver ce malheureux ? J'ai longtemps pensé, à tort ou à raison, que c'était un homme que l'on achevait à coups de crosse.

Ça s'est malheureusement vu quelquefois; surtout dans les rencontres de nuit, où on devient plus féroce. Serait-ce parce qu'on a plus peur ? En général, la cruauté est proportionnée à la lâcheté. Les gens braves seront toujours les gens les plus pitoyables et les plus généreux. Quand nous eûmes quitté le mur que nous longions, une décharge, qui, hâtons-nous de le dire, grâce à la profonde obscurité, ne fit de mal à personne, nous fut envoyée du cimetière. Décidément Poulizac avait été imprudent. Il eut le toupet, je l'ai su depuis, d'attaquer le même poste, le lendemain de notre départ de Bobigny, départ qui eut lieu le matin même. L'ennemi devait pourtant être sur ses gardes. Il parvint néanmoins à faire sauter la satanée porte, tuant et blessant plusieurs soldats prussiens; il ramena le reste prisonniers, parmi ceux-ci un officier. Il avait, plus le pétard, employé les moyens qu'il m'avait recommandés l'avant-veille, et ça avait complètement réussi. Il n'eut pas un homme de touché. Mais, étant donné que je n'avais pas de pétard à ma disposition, sans une veine extraordinaire, mon affaire eût été claire ce jour-là ; et très probablement je ne vous raconterais pas mes mémoires en ce moment.

Une des choses qui me navra le plus, pendant ce malheureux siège, en dehors de l'émeute qui sourdait de tous côtés et qu'on laissait tranquillement s'organiser (j'étais loin de soupçonner encore, vivant hors Paris, préoccupé seulement de l'ennemi, l'état avancé de cette gangrène qui commençait à nous ronger), une des choses qui me navra le plus, dis-je, ce fut la tranquillité avec laquelle les gens, dits sérieux, que je rencontrais de temps en temps, le général Trochu en tête, envisageaient une capitulation. Alors pourquoi un siège? Pourquoi ce simulacre de résistance? Pas une action sérieuse, pas une sortie n'avait été tentée jusqu'alors. Était-ce, on me l'a souvent répété depuis, pour contenter, pour calmer l'opinion publique? En état de siège et devant l'ennemi, il ne doit plus y avoir d'opinion publique; et un général qui compte avec ce facteur n'est pas sérieux; c'est dans tous les cas un faible. S'il ne se sent pas en mesure de briser ce genre d'obstacle, qu'il donne sa démission et qu'il passe le commandement à un autre. En pareil cas j'admets la dictature et j'eusse préféré un Pélissier à M. Trochu. Il s'agissait de vaincre et non de politiquer. Avec ce système bâtard, on a créé la Commune de toutes pièces; et ce sang français, qu'on a prétendu ménager devant l'ennemi, on l'a fait couler à flots entre Français. Je puis fournir à cet égard un exemple, qui prouvera mieux que tous les raisonnements que les mêmes hommes, égarés sous la Commune, eussent admirablement servi ceux qui les auraient employés autrement. Je veux parler de la nuit du 31 octobre où je jouai, sans m'en douter, un rôle considérable. Peu de personnes connaissent l'incident dont je veux vous entretenir et qui est absolument historique.

CHAPITRE VII

Le chef de bataillon Louis Noir, le frère de Victor Noir, qui nous avait annexés comme éclaireurs à son bataillon, le 147e de marche, était venu nous trouver à notre campement de Bobigny, où nous étions retournés une 2e fois. Là il nous avait tâtés, ou plutôt il m'avait tâté, connaissant mon influence sur les hommes de la compagnie. « Mon cher, avait-il débuté, vous saurez que le gouvernement est prisonnier à l'hôtel de ville. Vallès, qui vient de s'emparer de la mairie du IXe, doit tenter cette nuit un coup de main sur la poudrière de la Villette, qui renferme huit millions de cartouches et quantité de munitions en tout genre. Ce sont des gardes nationaux qui sont commis à la garde de cette poudrière et l'on n'est sûr ni de leurs sentiments ni de leur solidité. Votre qualité et votre uniforme de francs-tireurs donneront, si vous voulez vous charger de ce poste, plus de sécurité à l'autorité militaire. On veut à tout prix empêcher une insurrection dans Paris. La garde nationale n'a pas de munitions, et par conséquent ne pourra rien tenter de sérieux. C'est donc la guerre civile que vous pouvez empêcher. » J'acceptai sans hésiter, à une condition expresse : Je lui affirmai d'avance que je ne tirerais pas un coup de fusil ; me bornant à faire tous les simulacres de défense et à attendre une attaque en règle de la garde nationale, ce qui lui était forcément difficile, n'ayant pas une cartouche à sa disposition. Ce que j'avais pensé arriva. Je dois, comme clarté, vous donner une idée de la situation topographique de notre poste. Au point de vue défense, elle était commode. L'entrée, donnant sur la rue de Flandre, était fermée par une forte grille ; un long et large couloir aboutissait de l'entrée à une cour pavée assez vaste ; et en arrière se trouvaient les bâtiments et caves, servant à la poudrière, dans laquelle on faisait des rondes continuelles. On avait ce soir-là donné congé et permission de la nuit au lieutenant Refray et au capitaine Roze ; j'étais donc complètement maître de la situation. J'établis au rez-de-chaussée et sur la cour un poste de vingt hommes ; deux sentinelles furent placées en arrière de la grille ; j'avais pris la précaution de vider les cartouchières de mes hommes, pour éviter tout emballement ; je leur avais du reste expliqué leur rôle qu'ils avaient parfaitement compris et accepté. (Remarquez en passant que ces mêmes hommes jouèrent un rôle des plus actifs dans la Commune : c'est ma troupe qui forma le noyau des Vengeurs de Flourens.)

Ces mesures prises j'attendis les événements. Vers minuit, la rue de Flandre se remplit de gardes nationaux en armes, mais sans ordre et sans officiers, du moins je n'en vis aucun. Ils s'amassèrent devant la grille; et l'un deux, un sergent, ayant spécialement fait demander le sous-lieutenant Castellani, me remit une lettre du commandant Vallès, lettre qui me priait de laisser prendre à ses hommes les munitions dont ils auraient besoin. « Je pense, ajoutait la lettre, cher ami, que vous n'hésiterez pas à prendre part au grand mouvement qui est commencé. » Je rendis la lettre au sergent, en lui disant de me montrer un ordre de la place ou du commandant Noir, ce qu'il eût été fort embarrassé de faire. Il se retira un peu penaud; mais les gardes nationaux murmurèrent, grondèrent et devinrent menaçants, plusieurs parlèrent d'arracher ou d'enfoncer la grille. Pendant ces pourparlers, mes hommes, sur quatre de front et cinq de profondeur, s'étaient formés dans le couloir à quatre mètres de l'entrée. L'un des gardes s'étant approché de la grille avec un levier, je me retirai à l'alignement et je commandai: « Chargez! » mouvement qui s'exécuta avec bruit, mais sans cartouches. Naturellement, je n'eus pas besoin de pousser plus loin la comédie : la rue se vida en un instant et nous n'entendîmes plus parler de rien. Plus tard, Vallès me reprocha cet incident; mais au fond je ne sais pas s'il était bien convaincu ; et à Bruxelles, où je le rencontrai, il ne me montra aucune rancune. Quand il me présentait à un de ses amis, il avait soin d'ajouter d'une voix caverneuse et à moitié goguenarde : « Voici l'homme qui m'a fait manquer le mouvement du 31 octobre. » Puis il ajoutait en manière de conclusion : « Qu'est-ce que nous prenons ? » Quel drôle de type que ce Vallès. Il avait une certaine sympathie pour moi, et me qualifiait d'illuminé naïf et de Jésus-Christ artistique.

Je me suis souvent demandé depuis ce qui aurait pu advenir si la poudrière de la Villette eût été mise à la disposition de la garde nationale ? Je n'ai jamais, en y réfléchissant, pu trouver une solution heureuse, même avec les suppositions les plus optimistes dans le sens révolutionnaire. La Commune plus tard n'a eu ni tête de colonne, ni plan, ni programme, ni ordre d'aucune espèce : ça été une noce au petit bleu, suivie d'une effroyable hécatombe. Je me rappelle un mot qui m'a été rapporté par Poupard Davyl, l'auteur dramatique. En voyant passer, durant la Commune, une bande de gardes nationaux un peu *éméchés*, qui riaient et chantaient, un passant s'écria : « Ah les pauvres bougres ! quand ils seront désoûlés ?... » La fin de cette griserie fut terrible en effet. Le massacre chinois qui suivit et qu'on a appelé la *répression* laissera sur le fond de l'histoire une tache sanglante et déshonorante que rien ne saurait effacer. Tout le monde connaît l'histoire du 31 octobre : le gouvernement, un instant prisonnier, fut délivré et continua à se laisser diriger par les événements.

Après cet épisode, un des plus importants du siège, nous fûmes tout à fait régularisés, soldés et nourris, comme faisant partie du 147me de marche, en qualité d'éclaireurs volontaires. Le commandant, je crois l'avoir dit, était Louis Noir, et nous ne fîmes plus rien que sur les ordres directs de la place. Nous reçûmes tous, officiers et soldats, des commissions en règle.

Peu après nous prîmes part à la grande sortie qui se fit par la porte de Flandre, pour aller au secours du Bourget, lequel avait été enlevé de nuit par les francs-tireurs de la Presse (capitaine Roland). L'ennemi avait fait un retour offensif, décidé à reprendre la position à tout prix.

Nous servions d'éclaireurs à une colonne de 20.000 hommes, sous les ordres du général Clément Thomas, dont je vous entretiendrai plus tard, à propos de sa mort dramatique. La pluie s'étant mise à tomber (ce fut le seul prétexte qu'on nous donna), toute la colonne reçut l'ordre de faire demi-tour et de rentrer à Paris, sans avoir tiré un coup de fusil. D'avant-garde que nous étions nous devînmes arrière-garde. Nos hommes n'étaient pas contents et, sans nous mutiner, nous ne nous pressions guère de suivre le mouvement. Ce fut le général Clément lui-même qui nous cria : « Eh! les francs-tireurs! allongez donc un peu le pas, s'il vous plaît. » Je lui demandai en vain pour la compagnie l'autorisation de pousser jusqu'au Bourget ; il refusa net, et, bon gré mal gré, il fallut obéir. J'avoue qu'en cette circonstance je commis une faute assez grave contre la discipline : je parvins un peu plus loin à m'échapper avec quelques camarades, qui s'étaient groupés autour de moi et nous arrivâmes sur le lieu du combat, au moment de la *retraite*. Nous tirâmes quelques coups de feu, mêlés aux *Amis de la France*, que nous avions rencontrés à la *Suifferie*; je vis là pour la première fois le sergent Flor O'Squar que je retrouvai plus tard à Bruxelles ; c'était un grand diable qui n'avait pas l'air d'avoir froid aux yeux et qui se démenait comme un possédé. En somme, nous ne vîmes rien de la vraie bataille, qui avait été chaude. Des morts, des blessés, des soldats de toute arme, marins, francs-tireurs, lignards, mobiles, mêlés et faisant le coup de feu. En fait, rien de particulier à signaler dans ce grand désordre; si, pourtant : je vis venir à nous un grand cheval, sans cavalier, fuyant à travers champs, avec la moitié de la tête emportée et ressemblant à une bête apocalyptique. Il n'avait plus de mâchoires; et un morceau de chair, la langue, je crois, pendait et battait à droite et à gauche : c'était horrible.

C'est vers ce temps que notre capitaine, qui

était pourtant un brave homme et un homme brave, constatant qu'il n'était pas très aimé des hommes, donna sa démission ; et je fus à l'unanimité nommé capitaine de la compagnie. Je ne consentis à accepter ce grade qu'à la condition expresse que tout le monde se soumettrait à une espèce de petit code militaire que j'avais déjà proposé à Roze. Voici quelques articles de cette législation appropriée à notre petit corps un peu irrégulier, et dans un moment où la discipline était partout très relâchée :

« Tout homme, ayant volé un camarade, ou pris un objet dans une maison habitée ou abandonnée, sera dépouillé de ses armes et chassé de la compagnie.

« Tout homme trouvé ivre ou dormant à son poste sera privé de solde pendant quinze jours, au profit des femmes et des enfants des volontaires mariés de la compagnie.

« Tout homme ayant une querelle violente avec un camarade ou ayant insulté un supérieur sera forcé de lui rendre raison, et le duel aura lieu à la carabine, à cent cinquante pas. En cas de refus il sera chassé de la compagnie.

« Tout homme ayant tiré la nuit et donné une fausse alerte sera privé de solde pendant trois semaines.

« C'était pour éviter les coups de feu qu'on entendait toute la nuit aux avancées, etc., etc. »

Ce code fut accepté et rigoureusement mis à

exécution dans la suite par un conseil de famille, choisi ou voté parmi les plus âgés de la compagnie et présidé par un type original que nous appellions le père Charles. Ce père Charles, qui était l'administrateur et le comptable de la troupe, était entré chez nous à la condition expresse de ne jamais prendre part aux sorties ou engagements quelconques. Quoiqu'on ait jamais su au juste qui il était, il passait pour un ancien prêtre défroqué; c'était un homme lettré, aux manières douces et distinguées, plein de logique et de bon sens; il n'aimait pas qu'on chantât des grivoiseries devant lui; et malgré cette chasteté d'oreilles, on lui reprochait une chose; bien qu'il s'en défendît comme un beau diable : sa galanterie outrée, qui mettait en joie toute la compagnie. Il n'eut jamais du reste qu'une idée fixe : nous présenter des cantinières ; idée que je repoussai formellement, à son grand regret. Après la Commune, Louis Noir, rencontrant le père Charles complètement rasé, avec des lunettes bleues, lui fit en langage rabelaisien une question qui peut se traduire à peu près par ces mots : « Voyons monsieur Charles, *aimez-vous* toujours ? » A quoi le père Charles répondit par un oh! scandalisé. Quel diable de métier avait-il pu faire durant ces événements? Je me souviens qu'il était extraordinaire en costume de franc-tireur. Il me rappelait David la gamme, dans un des romans de Fénimore Cooper. Nous aimions tous le père

Charles ; c'était le comique sérieux de la bande.

Je vous ai dit que nous étions retournés à Bobigny, où on nous commanda une expédition ridicule sur le grand Drancy, dans lequel se trouvait une chapelle ou petite église qui, au dire du curé, renfermait des objets précieux, qu'on ne voulait pas laisser tomber aux mains de l'ennemi, lequel toutes les nuits faisait des courses et maraudait aux alentours. Nous partîmes le soir de bonne heure, soutenus par une compagnie de mobiles bretons. Nous arrivâmes sans encombre à la chapelle, où en fait d'objets précieux nous trouvâmes quelques oripeaux et bibelots de camelotte religieuse, plus un grand saint en cire, couché sur une espèce de brancard ou palanquin ; ce saint avait une blessure saignante au cou. Mes gens étaient tellement outrés qu'on les eût exposés pour de pareilles babioles qu'après avoir porté dehors tous les objets trouvés ils voulurent y mettre le feu. Les Bretons s'y opposèrent violemment ; et moi-même je leur fis comprendre que cet acte de brutalité constituerait une insulte pour leurs camarades bretons, Français comme nous, et ayant le droit d'avoir leurs croyances. Pour éviter une rixe, je fis faire demi-tour aux miens et nous filâmes, laissant quatre mobiles charger le brancard sur leurs épaules et rapporter le saint avec lenteur et respect, à leurs risques et périls. Je crois, Dieu me pardonne, que mes hommes eussent laissé attaquer et canarder les mobiles sans tourner la tête. Heureusement on n'entendit pas un coup de fusil et la procession revint sans encombre. Ce petit fait me remet en mémoire le mot d'un chef huguenot à un catholique pendant une trêve: quelle belle nation nous ferions si nous n'étions pas divisés par les querelles politiques et religieuses! J'avoue toutefois que cette dernière expédition ne fut pas de mon goût.

Nous voilà installés maintenant dans les tranchées de Maisons-Alfort, faisant le même service que l'armée et ayant forcément renoncé à tout vagabondage. Néanmoins, pour ne pas en perdre l'habitude, nous trouvons encore moyen d'échanger des balles avec les postes ennemis, de nous faire tuer un homme et blesser deux autres. Celui-ci qui mourut de ses blessures était un grand et beau type du midi, nommé Jourgeon. Il avait été littéralement criblé de balles; il mit deux jours à agoniser à l'ambulance de Maisons-Alfort. Je perdis en outre douze hommes, enlevés traîtreusement pendant un armistice. Les Poméraniens d'en face nous en voulaient parce qu'on leur avait tué plusieurs sentinelles et qu'on ne leur laissait pas une minute de repos. Parmi les prisonniers se trouvaient le sculpteur Gaudez, qui fit à Magdebourg le monument des soldats français morts dans cette ville, et le peintre Van Coppenole; c'étaient de mes meilleurs soldats, et certainement les plus gais et les boute-en-train de la compagnie. Détail comique et un peu irréligieux, le dernier avait, quand il fut pris, les cordons de l'archevêque de Paris enroulés autour de son chapeau ; ces insignes lui avaient été donnés par des soldats qui les avaient trouvés dans la maison de campagne du prélat située à Maisons-Alfort. Ce n'était après tout qu'une espièglerie. Ces prisonniers faillirent être, paraît-il, fusillés par les Allemands et en fin de compte purent s'offrir gratuitement le voyage de Prusse. Tous ces accidents, surtout le dernier, furent dus à des imprudences et des actes d'indiscipline dont je ne suis nullement responsable. Bastien Lepage dut aussi quitter la compagnie pour un genre de blessure qui le mit hors d'état de servir pour le reste de la campagne. Quant à mes autres compagnons de la palette et du pinceau, y compris mon ami Rajon, je dus les repasser à la compagnie des éclaireurs Dumas, en grande partie composée d'artistes ; je ne pouvais plus en venir à bout et je ne voulus pas sévir contre des camarades. Or, à part ce côté indépendant, tous étaient courageux et pleins de bonne volonté. Nous sommes du reste restés en très bons termes.

Je n'abuserai pas longtemps de ces récits guerriers. Après la bataille de Champigny et l'affaire dans laquelle je fus fait prisonnier, nous passerons à un autre ordre de faits. Néanmoins, je suis bien aise d'affirmer dans ce livre que je suis plus fier de ma qualité de combattant volontaire en 70 que de toutes les réussites qui ont pu et pourront encore m'arriver dans le cours de ma vie ; et j'ai au moins cela de commun avec nombre de personnalités qui ne sont pas à dédaigner, à commencer par Michel Cervantès. Quant à Horace, se vantant d'avoir jeté son bouclier, je le considère, malgré ses beaux vers, comme un fier *saligot*, moins pour l'acte en lui-même que parce qu'il s'en est vanté. Ce qui à mon avis constitue le dernier degré de l'avilissement pour un homme, c'est l'aveu tranquille de sa lâcheté ; de même pour la femme qui fait parade de son inconduite. Il y a dans les deux cas une absence de sens moral tout à fait révoltante. Cet étalage de plaies honteuses devient un peu à la mode. On a le culte du laid et du malpropre ; voyez plutôt quelques-uns de nos magistrats. J'ajoute un mot : si j'étais femme je ne permettrais jamais à un lâche d'entrer dans mon lit, fût-il beau et eût-il du génie comme Jules. Mais malheureusement il y a beaucoup de femmes qui ne sont pas dégoûtées.

Nous étions encore à Maisons-Alfort quand se livra la bataille de Champigny. Nous faisions partie de la division Susbielle et, sans prendre part au combat de Mély, qui se livra un peu à gauche de nos tranchées, j'assistai à l'attaque du village, à la prise de la redoute, et à la mort du général Renaud, tué en avant du village même ; il était à cheval, en grand manteau flottant au milieu et sur la ligne des tirailleurs, cible vivante et provoquante. J'assistai, je le répète, à ce spectacle, comme à une scène militaire de la porte Saint-Martin, et je pourrais, si j'avais à la peindre, en donner au point de vue exactitude une idée absolument juste. Il faisait un temps superbe, l'atmosphère était d'une limpidité remarquable et le soleil dardait ses rayons comme en plein été. Nous étions gais et dispos.

La proclamation du général Ducros nous avait électrisés : « Je ne rentrerai que mort ou victorieux. » Je n'ai jamais compris qu'on lui en ait voulu pour ce mot ; pas plus qu'à Jules Favre quand il répondait aux propositions de la Prusse : « Pas un pouce de notre territoire, pas une pierre de nos forteresses. » Ces nobles paroles nous firent du bien et soutinrent le cœur de ceux qui en avaient. Quand même ceux qui les ont prononcées n'auraient pas réussi, ce sera toujours pour eux un titre de gloire d'avoir cru à la possibilité de sauver la patrie.

Je ne vous décrirai pas la bataille de Champigny, mais seulement le coin que j'ai vu de mes yeux, puisque je me trouvais au centre de l'action. Mes hommes, abrités derrière leurs tranchées, n'eurent à souffrir ni des balles ni de la mitraille, qui du reste n'étaient pas dirigées de leur côté ; un seul fut atteint légèrement à la main par un éclat d'obus. J'avais reçu l'ordre d'un officier d'état-major, qui passa à cheval le matin, de rester à la défense d'une batterie de mitrailleuses qui s'était installée à notre gauche et ne cessa de tirer pendant toute l'action. Pour mieux voir le combat, je me tins auprès de l'officier qui commandait la batterie ; je l'avais mis au courant de notre mission. Le village de Mély était à mi-côte, crénelé et défendu par quelques fortifications passagères ; il fut abordé et enlevé à la bayonnette ; malheureusement, le général Renaud, qui était presque en tête, à cheval, comme je l'ai dit plus haut, tomba mortellement blessé dès le commencement du combat. On le rapporta dans son manteau ; je le vis couché rigide, les yeux entr'ouverts, avec un filet de sang au coin de la bouche. L'attaque continuait, et vers onze heures du matin le drapeau français flottait sur la redoute installée au sommet de la colline, à trois ou quatre cents mètres en arrière du village. Au moment où l'ennemi venait d'évacuer l'ouvrage, je vis distinctement une fusée s'allumer au sommet d'une grande perche, au milieu même de la redoute. C'était un signal. Je tiens le renseignement de la bouche même du général saxon de Montbé, qui commandait en face de nous ; et j'ai pu plus tard communiquer ce renseignement au général Susbielle, son adversaire, dont je fis le portrait après la guerre ; car, chose assez curieuse, le hasard devait ensuite me mettre en présence de ces deux généraux. A peine le signal eut-il apparu qu'une grêle de projectiles s'abattit sur la redoute qui devint intenable pour les nôtres. La retraite s'opéra dans un désordre inexprimable; au lieu de se retirer par échelons, les soldats couraient en désordre et se ramassaient en groupes aussitôt dispersés par la mitraille. Près de huit cents hommes restèrent sur la pente. Pendant ce temps les mitrailleuses faisaient entendre leurs craquements, semblables à de la toile qu'on déchire. Un artilleur gisait près de moi dans une mare de sang; j'aidai à le porter un peu plus loin. Le tir des mitrailleuses m'intriguait; je ne me rendais pas compte de l'objectif cherché. Je me hasardai à demander à l'officier quel point était visé. « Oh! me dit-il tristement; nous ne visons rien de sérieux; nous sommes trop court. » Il s'agissait simplement de soutenir le moral des troupes. C'était effrayant et j'en avais mal à l'estomac. « Mais, continuai-je, si vous vous portiez au galop plus sérieusement en avant, nous pourrions peut-être vous appuyer? » Il se mit à sourire. « Il est bien tard, dit-il; et dans tous les cas je n'ai pas d'ordre pour tenter un pareil mouvement, qui pourrait risquer de faire tomber mes pièces entre les mains de l'ennemi. Ah! si tous les hommes étaient des héros, je ne dis pas; mais il s'en faut, et vous devez bien voir ce qui en est; plus de la moitié vachards ou coquins. » Je serrai la main de ce brave homme et le cœur gros je rejoignis mes gens dans la tranchée.

Je dois vous dire, et je désire que vous ne preniez pas la chose comme une sotte gasconnade, que, pendant ce combat, beaucoup plus sérieux que ce que j'avais vu jusqu'alors, combat dans lequel je fus aussi exposé qu'un combattant, je fus tellement hypnotisé par l'intérêt de l'action même que j'en perdis tout à fait le sentiment du danger ; et je suis à me demander s'il est possible qu'un général puisse avoir peur sur un champ de bataille. Quant au pauvre soldat, c'est tout à fait autre chose et je m'explique son affaissement moral, après plusieurs heures de lutte, lutte dans laquelle il n'a vu que mort et désolation, sans rien comprendre aux événements qui se passent autour de lui ; je m'explique, dis-je, qu'il puisse éprouver le désir d'être autre part, sans qu'il cherche toutefois à réaliser ce désir.

Après la bataille de Champigny nous rentrâmes dans Paris, et notre commandant supérieur, Louis Noir, nous trouvant sans doute trop turbulents, nous céda avec armes et bagages à Ulric de Fonvielle, qui commandait le 114ᵉ de marche, et qui désirait peut-être cueillir des lauriers. Notre nouveau commandant est une figure trop connue pour que je vous le décrive. Petit de taille, brun, vivant énergique, nous avions je crois trouvé de quoi nous distraire avec lui ; il sauta sur la première occasion qui se présentait et nous mit à la besogne. Ce fut ma dernière aventure guerrière ; permettez-moi de vous la décrire avec minutie.

Nous étions campés à Rosny, sous le fort ; il faisait un froid de loup, ce qui n'empêchait pas les enragés de chez nous de battre la plaine et les environs et de se faire encore inutilement tuer un homme dans une cave de la Ville-Évrard, où ils se rencontrèrent avec des maraudeurs saxons, auxquels, je l'ai su le surlendemain, ils avaient eux-mêmes tué un soldat ; comme vous voyez, on était manche à manche. Je fus très peiné de la mort de cet homme, qui de fait était maraudeur, mais était d'une bravoure et d'une bonne volonté exemplaires. On l'appelait le père Barillé ; il avait plus de cinquante ans, était chapelier de son état et n'avait jamais été soldat. Il avait à Paris une grande fille de quinze ou seize ans qu'il adorait. Le pauvre homme risquait journellement sa vie pour rapporter quelque chose à cette enfant ; et, quand on le ramena mourant au campement, son unique pensée et sa dernière parole furent pour elle ; il recommanda de lui porter jusqu'à une bouteille de vin et un morceau de lard qui étaient dans son sac, et qu'il avait dû chiper je ne sais où ; il nous supplia de conserver sa paie encore quelques jours, si c'était possible, pour la remettre à sa fille.

On lui promit tout cela et on lui tint scrupuleusement parole.

Mais revenons à notre dernière expédition.

Ulric de Fonvielle reçut l'ordre du commandant du fort de venir avec son capitaine d'éclaireurs le trouver immédiatement. Nous nous présentâmes; et le commandant nous expliqua qu'il voulait nous faire faire une reconnaissance sur le Raincy, en passant par Villemonble. Je fus spécialement chargé avec ma compagnie de prendre des renseignements exacts sur la position de l'ennemi, la batterie qu'il construisait et en général de noter tout ce que je pourrais voir intéressant la défense. C'est *personnellement* que je devais opérer pour ce petit travail; il fut convenu que je serais soutenu, en cas d'attaque, par tout le bataillon d'Ulric de Fonvielle.

Il était deux heures quand nous nous déployâmes dans la plaine sur une seule ligne; il était convenu que je devais atteindre le plus vite possible l'endroit qu'on m'avait désigné. Mon avis personnel aurait été de fournir les renseignements demandés, en employant très peu d'hommes, trois ou quatre au plus; je les aurais conduits, un peu avant le lever du jour, sur la ligne ennemie. Mais j'ignore les motifs qui guidaient l'autorité militaire dans ce déploiement de forces. Toujours est-il que j'obéis et que, pour aller plus rapidement et perdre moins de monde, j'ordonnai à mes gens, très espacés les uns des autres, de traverser la plaine au pas de course. Les avant-postes ennemis, surpris de cette brusque attaque, à laquelle ils ne s'attendaient pas, se replièrent en hâte, mais pas assez vite pour nous empêcher de faire quelques prisonniers, qui se sauvèrent du reste un instant après. Pendant que la fusillade s'engageait entre mes tirailleurs et les Saxons, je poussais toujours de l'avant pour atteindre en personne l'endroit qu'on m'avait désigné ; plusieurs de mes hommes tombèrent ; mais je persistais à me porter où je devais aller, quand je m'aperçus que j'étais tourné : les balles, qu'on m'envoyait d'avant, commencèrent à m'arriver de droite, d'un endroit boisé, où je croyais qu'étaient encore mes hommes ; puis j'entendis distinctement des mots allemands et j'aperçus à ma droite, par-dessus une haie, des soldats coiffés de casquettes à bande rouge ; ces soldats me dépassaient de plus en plus. Ils avaient reconnu mon grade, quoique je fusse armé d'une carabine avec laquelle je tirais comme mes hommes : « Rendez-vous ! » me cria une voix en français ; je dois dire qu'ils avaient suspendu leur feu. Je sifflai un coup pour appeler mes hommes et je fis quelques pas en arrière pour gagner un fossé que j'avais passé quelques secondes auparavant ; je ne l'atteignis pas ; les balles recommençant à frapper autour de moi, je me jetai à plat ventre et je remis une cartouche dans mon snider. Au moment où je relevais mon arme, appuyé sur mon coude gauche pour tirer, mon fusil, atteint sans doute par une balle, me frappa violemment la figure et la poitrine, me renversant de côté et me faisant une éraflure dont j'ai gardé la marque, entre la clavicule et le pectoral droit. Je perdis un peu la tête et me dressai brusquement en criant : « Ne tirez plus ! je me rends. » Mon fusil était resté à terre. « Jetez votre revolver ! » clama la même voix qui m'avait crié de me rendre. Je voyais distinctement par-dessus la haie tous les fusils abaissés dans ma direction. J'obéis ; je pris le revolver qui était à ma ceinture et le lançai à terre ; quelques soldats vinrent à moi. J'étais pris. On s'empara en même temps de deux camarades blottis dans le fossé que j'avais essayé d'atteindre ; l'un d'eux paraissait assez sérieusement touché : une balle, qui lui avait traversé les côtes, fut retrouvée dans son mouchoir, placé en arrière, de côté, au-dessus de sa ceinture ; c'est là qu'il avait l'habitude de le glisser par l'ouverture de sa vareuse. Un troisième franc-tireur, le brave Cataneo, terré dans un enfoncement un peu plus loin sur ma gauche, ne fut pas vu par eux et put s'échapper à la faveur de la nuit.

CHAPITRE VIII

Ce fut le 24 décembre 1870 que m'arriva cette aventure, une de celles qui font date dans une existence. C'était le soir de la Noël; nous étions dans le Raincy. Après un examen de ma blessure, en somme peu sérieuse, et de celle de mon camarade, blessure qui, malgré son apparence plus grave, n'offrait aucun danger réel, on nous pansa et nous fûmes conduits par un officier, extrêmement poli et parlant bien le français, jusqu'à une grange éclairée *a giorno*, dans laquelle, était dressé, sans doute à l'occasion de la Noël, un immense couvert pour un état-major quelconque. On me présenta seul à un officier supérieur qui s'écria en me voyant : « Tiens ! vous avez l'air d'un Allemand. » « Eh bien ! poursuivit-il en riant, vous voilà débarrassé des misères de la guerre. Après tout, quand on a fait son devoir, on peut se reposer sans remords ; mais que diable a-t-on voulu tenter ce soir contre nous ? Votre brusque attaque nous a surpris et nous a forcés à mettre toute notre division sur pied. » De fait, j'avais vu en route un mouvement de troupes qui m'avait paru considérable;

ce qui m'a confirmé dans l'idée qu'on aurait pu singulièrement fatiguer l'assiégeant et le tenir en éveil sans relâche par des escarmouches et des pointes hardies poussées dans ses lignes à toute heure du jour et surtout de la nuit. « Vous allez, continua l'officier, passer la nuit dans un poste où vous ne serez pas très bien couché, mais où vous pourrez vous reposer quand même; « à la guerre comme à la guerre, » dit votre proverbe français. Demain on vous présentera à notre général, qui décidera ce qu'on doit faire de vous. Soyez sans inquiétude, et surtout ne tentez pas de vous échapper; vous serez du reste bien surveillés, etc... » Il me souhaita une bonne nuit et rentra dans la salle. On nous achemina vers une petite maison occupée par plusieurs soldats qui ne parlaient pas un mot de français et nous regardaient de travers, à cause de notre uniforme de francs-tireurs. Néanmoins on nous donna à manger ; et, comme j'étais harassé de fatigue, j'essayai de m'endormir par terre dans un coin de la masure ; mais les Allemands chantèrent et burent toute la nuit et nous ne pûmes guère reposer. Le lendemain, on nous fit partir vers dix heures environ; une escorte de cavaliers, des dragons, je crois, pistolet au poing, nous conduisit à travers champs jusqu'à un petit château, vers un pays nommé Clichy ; en route nous eûmes certaines inquiétudes motivées par l'attitude rébarbative de nos guides, qui poussaient des hurlements et nous mettaient en joue chaque fois que nous faisions mine de nous arrêter ; la pleine était déserte *d'habitants* et couverte d'une neige épaisse ; de longues voitures d'aspect primitif, des groupes de cavaliers qui en passant échangeaient avec nos conducteurs des rires et des menaces à notre endroit, avec gestes d'hommes qu'on fusille ; quelques rares paysans dont l'un dit en nous croisant ces mots assez cruels dans une bouche française : « Ah ! c'est des francs-tireurs, leur compte est bon ; » plus loin, nous vîmes se détacher un groupe d'hommes déguenillés qui nous suivirent longtemps à distance avec des pelles et des pioches sur l'épaule. Vous voyez d'ici les conséquences que notre cerveau fatigué pouvait tirer de ces sortes de rencontres. Enfin, pour mettre le comble à nos angoisses, nous aperçûmes un chemin creux traversant une carrière dans laquelle une escouade de soldats se trouvait rangée en face d'un gros mur de pierres. « On va nous fusiller, » me dit un de mes hommes ; — « taisez-vous, imbécile, » lui répondis-je à demi voix ; en même temps je fus saisi d'une résolution subite. Le ciel, qui était beau, et tout le paysage à l'entour me parurent prendre une implacabilité de pierre ; je balançai quelques secondes dans mon cerveau si je n'allais pas m'élancer vers un bois qui se trouvait à un demi-kilomètre sur la droite ; je me sentais une agilité de chat. Heureusement la réflexion calma cette velléité qui m'eût certainement été funeste : nous entrâmes dans la carrière, et, quand nous passâmes devant le peloton, tous les soldats crièrent d'une seule voix : *Guten tag !* c'est-à-dire : bonjour ! Quel poids de moins sur l'estomac ! A ce moment un cavalier à mine féroce qui était à ma gauche me fendit brutalement un cigare que j'acceptai avec empressement ; il me passa une allumette enflammée, j'allumai le cigare et le fumai avec délices. Nous approchions du château, et nos cerbères, songeant probablement que nous ne chercherions plus à nous échapper, en tant que nous en ayons eu envie, s'étaient radoucis et avaient quitté leurs mines farouches. Au bout de dix minutes, nous arrivions à l'entrée dudit castel qui me parut très coquet ; nous attendîmes un bon moment dans la cour ; je voyais les rideaux du rez-de-chaussée se soulever et des uniformes apparaître à travers les vitres. On nous examinait. Je pris une tenue digne et recommandai à mes compagnons d'en faire autant. Enfin un jeune homme grand et mince, en tenue bleu ciel, s'approcha de moi poliment et me dit : « Monsieur le capitaine, le général de Montbé désire vous parler. » « Je suis aux ordres du général, » répondis-je, et je suivis le jeune homme.

Il m'introduisit à gauche dans un salon du rez-de-chaussée, et je me trouvai en face du général et de deux officiers à droite et à gauche.

je saluai en m'inclinant ; on me rendit mon salut ; M. de Montbé paraissait avoir quarante-cinq ans ; il était grand, mince et un peu roide, avec des moustaches et favoris, l'air était militaire et aristocratique : « A quel corps appartenez-vous ? — Aux francs-tireurs des Ternes. — Oh ! fit-il, heureusement pour vous qu'il n'y a pas de franc-tireurs dans Paris. Les francs-tireurs sont des bandits auxquels je ne fais jamais de quartier ; *ils me volent ma bourse et mes lettres*. Vous êtes des volontaires, et je connais votre uniforme. » Je m'empressai d'ajouter que je commandais une compagnie séparée du bataillon des Ternes et annexée comme éclaireurs au 114ᵐᵉ de marche. « Quel est le nom de votre commandant ? — Ulric de Fonvieille. — Ah ! fit-il avec curiosité, celui qui a joué un rôle dans l'affaire Victor Noir ? — Parfaitement, mon général. — Avez-vous des commissions en règle ? » Je tirai la mienne et la lui tendis. « Vous avez un nom italien ; est-ce que vous êtes de cette nationalité ? — Je suis Français, mon général. — Pardon, j'ai encore une question à vous faire : Est-ce que vous étiez dans l'armée avant la guerre ? — Non, mon général, je suis peintre, et je n'ai aucune prétention en ce qui touche la science ou l'art de la guerre. » Il sourit et se leva. Je m'inclinai et je sortis accompagné par le jeune homme bleu qui nous conduisit à une espèce de corps de garde établi à l'entrée sous la porte, dans la loge du concierge. Là, un soldat de la landwer nous servit une tranche de bœuf que nous dévorâmes avec appétit. Il y avait longtemps que nous n'avions été à pareil festin et que du reste on ne mangeait plus de bœuf dans Paris. Après ce repas on nous permit de nous reposer dans un grenier au-dessus de la loge du concierge. Nous dormîmes plusieurs heures à poings fermés; nous avions passé la veille une mauvaise nuit. Vers six heures on m'éveilla; le messager bleu venait m'inviter à dîner de la part de M. de Montbé. Je demandai quelques minutes pour me débarbouiller et me brosser.

Les soldats, qui étaient des hommes de la landwer, étaient pour la plupart de braves pères de famille; ils furent extrêmement complaisants pour moi et me procurèrent jusqu'à une serviette; on me brossa, on m'astiqua; et bientôt je fus à peu près présentable. Mon jeune guide me reconduisit devant le général qui cette fois était entouré de tout un état-major. « Ah! me dit-il, monsieur l'artiste, vous voilà tout transformé, soyez le bien venu. » Il me présenta à ses officiers et m'invita à passer dans la salle à manger; comme je me refusais à entrer le premier : « Vous êtes notre hôte, me dit-il, au moins pour ce soir. C'est l'artiste que j'ai invité. » Tout se passa avec des formes et une étiquette de très bon ton. On causa naturellement des événements du siège et de la guerre en général. Je me tins sur une grande réserve et je n'émis mes idées qu'avec une extrême prudence, toujours un peu sur la défensive; j'étais après tout en pays ennemi. On me demanda des renseignements sur Paris, je dois du reste le dire avec une certaine discrétion. J'affectai une confiance que, l'avouerais-je, je n'avais pas encore perdue ; je jetai même dans l'âme de mes auditeurs, je ne dirai pas un trouble, mais une hésitation, au point de vue de leurs espérances et de leurs pronostics optimistes. « Je ne dis pas, mon général, qu'il nous est encore permis d'espérer la victoire; mais je crois à une résistance longue et acharnée. Je suis sûr que Paris peut tenir pendant quatre ou cinq mois au moins et que vous aurez encore à soutenir des combats meurtriers sous ses murs. D'ici là des événements peuvent surgir en Europe et qui sait ? » Il m'interrompit : « Mais vous n'avez plus de vivres ; tous vos chevaux sont mangés ; on vous rationne même le pain. — Erreur, mon général ; plus de la moitié des omnibus et des véhicules de toute espèce circulent encore dans Paris; c'est par précaution que le pain dont on a encore pour six mois est un peu rationné. Le vin, le café, l'eau-de-vie et les légumes secs abondent, ainsi que les conserves de viandes. Quant à la population, je vous assure qu'elle ne veut capituler à aucun prix; les femmes surtout sont intraitables sur ce chapitre. — Oh !

je sais, dit-il, que les Françaises sont vaillantes.
— Je suis sûr, repris-je, qu'un gouvernement qui voudrait endosser la responsabilité d'une reddition serait honni et renversé dans les vingt-quatre heures. On attend le bombardement avec une parfaite insouciance. Quant à la lutte en province elle s'éternisera et vous serez obligés d'occuper le pays jusqu'aux Pyrénées; pendant ce temps la ruine et la misère s'étendront sur nos deux pays et sur l'Europe entière. Toutes les transactions du monde sont en suspens, etc., etc. » Je fus presque éloquent ; dans tous les cas on m'écoutait et on ne riait pas. Le général me demanda ensuite à quelles actions j'avais pris part; je le lui dis; et quand j'arrivai au combat de Mély, il me le fit raconter, m'écouta avec une grande attention et quand j'eus terminé : « Savez-vous, me dit-il, quel est le général qui commandait en face de vous ? » Non, fis-je. « Eh bien ! c'était moi. Votre récit est très exact et je vais le compléter. Je savais parfaitement qu'il s'agissait d'une diversion, que vous enlèveriez le village et la redoute; mais j'étais sûr que vous ne pourriez la garder. Le signal dont vous parlez fut allumé par nous-mêmes dans la redoute et éclata aussitôt votre entrée ; une batterie qui commandait cette position la foudroya immédiatement. Aussitôt votre retraite, j'enlevai toute mon artillerie et la reportai vers Champigny ; j'étais sûr que mon adversaire ne reviendrait pas

à l'attaque, auquel cas il n'eût plus trouvé personne devant lui et la route entièrement libre. »
J'étais absolument stupéfait. Le général Susbielle auquel je racontai la chose plus tard ne s'en émut guère. Il m'avoua que dans tous les cas il lui eût été de toute impossibilité de tenter une nouvelle action ; les deux tiers de ses effectifs ayant disparu ou s'étant dispersés après le combat. On parla du général Trochu, pour lequel il manifesta la plus grande estime, voire sympathie. « M. Trochu est un bien galant homme, dit-il, et qui comprend mieux la situation que personne. » En revanche, il était exaspéré contre Gambetta, que mon voisin de gauche au contraire, un jeune officier d'apparence distinguée, qualifiait d'homme de génie, ceci à mon oreille seulement. « Votre Gambetta, s'écria le général en s'emballant presque, ne fait pas la guerre, lui, il se contente de l'ordonner, de l'exciter... — Et de créer des armes, ajouta mon voisin.— Cet homme, poursuivit M. de Montbé, devrait être pendu. » Je m'aperçus que la plupart des officiers partageaient l'aversion du général. Ils commençaient tous à en avoir assez de la campagne, et la perspective de la continuer encore longtemps ne leur souriait pas du tout. Je me souviens que je fis la remarque au général qu'il avait un nom français. « Parfaitement, me dit-il, je suis d'origine française et ma famille s'établit en Allemagne lors de l'édit de Nantes. » Cela ne l'empêchait

pas du reste de détester cordialement la France. Il s'alluma un peu à la fin du repas et me montra un peu moins de retenue : « Un Allemand, me dit-il, a toujours valu quatre Français. — Pas sous Napoléon Ier, mon général. » Mon voisin de gauche sourit. Du reste, je sentais que la conversation tournait à l'aigre, et en somme j'étais sur un mauvais terrain. Je ne me souviens plus que d'un mot assez risqué que je hasardai en réponse aux piqûres de ce vainqueur. « Les Français n'ont ni ordre, ni discipline, disait-il, ils sont incapables de tenir dans le rang, etc. — Cela n'a rien d'extraordinaire, mon général, nous sommes une race de chefs. Je comparerai, si vous voulez me le permettre, les Allemands à des moellons cimentés dans un mur ; c'est solide, mais un fort coup frappé dans la base peut faire tomber tout à la fois. » Il ricana un peu. « Pardon, mon général, repris-je, vous me mettez dans une situation délicate : vous daubez sur mes compatriotes, et j'ose à peine riposter en vous rendant la pareille à propos des vôtres ; vous avez trop de galanterie et vous êtes trop victorieux pour en vouloir à un vaincu. — Vous avez raison, reprit-il, M. Castellani, je serais désolé de vous faire de la peine ; vous êtes en somme un des officiers les mieux élevés que j'aie reçus à ma table, et votre franc parler prouve votre foi en notre courtoisie ; et certes vous ne tiendriez pas le même langage à un chef de barbares. — Assurément ; répondis-je, il me ferait couper la tête; tandis que je suis à peu près sûr que vous ne meferez même pas fusiller. » Il se mit à rire et tout le monde avec lui. On fit venir du champagne et on m'en offrit ; je m'excusai en disant que ce vin m'incommodait, et je demandai à M. de Montbé la permission de me retirer. Je saluai ces messieurs et serrai la main du général qui m'accompagna jusque dans l'autre pièce. Avant de le quitter, je lui demandai s'il pouvait me faire passer une lettre dans Paris pour ma femme ; il m'assura qu'il s'en chargerait. J'écrivis séance tenante quelques mots pour rassurer Pauline. Cette lettre ne lui est jamais parvenue.

Retourné au poste, je montai m'étendre sur la paille du grenier auprès de mes deux hommes, qui, paraît-il, avaient été traités en camarades par les landwers. Je m'endormis d'un sommeil agité par de mauvais rêves ; je me voyais traîner au mur par des soldats prussiens ; à ce moment je me sentis légèrement touché à l'épaule et je m'éveillai ; je vis devant moi un capitaine saxon qui tenait une lanterne à la main. Je me dressai sur mon séant. « Qu'y a-t-il ? fis-je. —Ah ! Monsieur, me dit l'officier, avec un accent allemand assez prononcé, vous êtes bien malheureux ! » L'idée du rêve encore fraîche me revint. « Ah ça, pensai-je, est-ce que ?... » Je fus vite rassuré : « Voulez-vous boire du champagne ?... me dit l'officier, voulez-vous manger du jambon ?..

voulez-vous, etc... — Mais oui, fis-je, ravi de voir la chose si bien tourner, je veux tout cela ; » et je me dressai sur mes jambes. Il avait une bonne grosse figure, ce capitaine, et paraissait tout réjoui. « Venez, » me dit-il. Nous descendîmes dans le poste. Tous les hommes rangés le long des murs, la main à la hauteur de la tempe, étaient immobiles comme des statues ; nous étions au milieu, assis à une grande table, sifflant des demi-bouteilles de Moet. Après quelques instants passés à cet exercice, le capitaine me demanda si je voulais faire un tour au clair de lune. « Mais, lui répondis-je, je suis bien mal couvert par le froid terrible qu'il fait. » De fait, j'avais perdu mon manteau pendant la dernière bagarre et j'étais à peu près vêtu comme en été avec ma pauvre vareuse usée et même déchirée. Ça me fait songer que j'avais aux pieds les bottes du commandant Louis Noir, bottes que je gardai pendant toute ma captivité et que je rapportai même à Paris. Ces bottes me faisaient, étant donnée la différence de nos tailles, des pieds qui eurent en Allemagne un certain succès et qui faisaient dire aux gens peu observateurs que les Français avaient des pieds énormes. L'officier me fit prêter une immense capote qui m'enveloppa comme une robe de chambre. Il se mit à rire aux éclats, en me voyant ainsi accoutré : « Ah ! ah ! vous voilà dans un manteau prussien ! »

Nous sortîmes et nous commençâmes notre

promenade par un clair de lune splendide : « Vous allez, me dit-il, jurer que vous ne tenterez pas de fuir. » Je jurai. Il me raconta qu'il était de la landwer, qu'il avait laissé sa femme avec trois enfants ; qu'il était docteur (les Allemands sont tous docteurs), qu'il avait suffisamment de la guerre, qu'il espérait du reste voir bientôt terminée, ce en quoi je m'empressai de le contre dire; « à moins, ajoutai-je, que vous ne vous décidiez à vous montrer plus traitables. »

Il m'affirma qu'ils avaient réellement droit à des compensations, qu'ils avaient beaucoup souffert, etc...» Il aurait mieux fait d'ajouter qu'ils étaient les plus forts, ce qui de temps immémorial a toujours été la meilleure raison. Il finit, comme tout brave Allemand, par me tirer de sa poche et me montrer le portrait de sa femme et de toute sa famille, avec des petits clignements d'yeux ; le pauvre homme s'attendrissait. Madame me parut du reste très *confortable* et les petits en très bon état. Quel singulier guerrier! Malgré tout cela je ne pouvais m'empêcher de considérer qu'il était mon vainqueur, et un vainqueur bon enfant après tout. Tout en causant il me montrait les avant-postes ennemis et de loin les avant-postes français. Il m'avait, en venant, expliqué avec complaisance et sans aucune idée de me vexer, comme quoi nous leur étions très inférieurs au point de vue de la pratique et de la prudence : « Vous verrez toujours, me disait-il, les lignes françaises éclairées par des lumières, voire même des feux, qui les désignent clairement à l'ennemi, tandis que les nôtres sont toujours dans une obscurité parfaite.» Il n'eut pas de veine, ce soir-là, bien par hasard j'en suis sûr : pas un feu sur la ligne française, et en revanche nous aperçûmes une lumière sur la ligne prussienne. Ça l'embêta et me fit rire sous cape. Je regardais nos avant-postes en soupirant; il s'en aperçut. «Nous avons, dit-il, passé ici la ligne de nos dernières sentinelles; vous êtes jeune et agile; vous pourriez tenter de vous échapper; mais vous avez la figure d'un honnête homme et j'ai votre parole. Vous me feriez encourir une responsabilité terrible.» De fait, j'eus un instant une mauvaise pensée que je refoulai : passer derrière un arbre, sous un prétexte quelconque, y déposer ma capote, toujours sous le même prétexte, et me précipiter à travers champs. C'eût été déloyal d'une part et d'un autre côté je songeai que tous les Allemands sont sournois et je me rendis, en réfléchissant, parfaitement compte que nous n'avions nullement passé les postes avancés, car nous n'avions rencontré aucune sentinelle ni entendu aucun verdâ (qui vive?). Je résistai donc à cette tentation qui deux ou trois fois encore revint m'obséder. Je fus presque heureux quand nous fûmes rentrés. Le lendemain, le général de Montbé eut une fantaisie que je m'empressai de satisfaire. Il me demanda si je voulais lui faire un dessin du château. « Ce me sera, dit-il, un double souvenir agréable : celui du séjour d'abord, quoiqu'on nous y ait souvent dérangés, en nous envoyant des poulets de cette espèce, et il me désignait de la main un gros obus non éclaté qui gisait dans la cour, et, d'autre part, celui de l'artiste et du bon patriote que j'ai reçu à ma table.» Je lui fis, *sous la garde d'une sentinelle*, le croquis demandé que je signai ; je me rappelle qu'il me dit en me voyant regarder le soldat avec un sourire: « Je vous demande pardon, mais c'est l'usage.» Il fut ravi de mon dessin qu'il montra à tout l'état-major. J'avoue que j'y avais mis tout ce que je pouvais. «Oh! me dit-il, vous êtes un véritable artiste et je ne me repens pas de vous avoir bien reçu.» Il me fit visiter le château et me montra avec coquetterie combien tout avait été conservé et respecté ; c'était vrai. Il mit sournoisement en regard les propriétés et maisons des alentours de Paris, qui avaient été légèrement dévastées par les nôtres; entre autres Villemonble, qui avait l'apect d'une habitation saccagée par des Peaux-Rouges. J'aurais pu lui répondre que ses compatriotes n'avaient pas partout été si corrects; mais je me contentai de garder le silence. Il n'insista pas du reste. Je dois dire après tout que j'ai eu affaire à un ennemi des plus courtois. Ici se place un mot de M. de Montbé, mot que je ne devrais peut-être pas répéter, au moins par modestie ; mais malheureusement je suis artiste et par conséquent pas plus modeste que mes confrères, et je grille de vous dire le mot en question. Je m'avisai, en quittant le général, de lui dire moitié sérieusement, moitié plaisamment : «Mon général, je ne suis pas soldat, je n'ai aucune aptitude ni instinct militaire, je suis artiste et n'aime que la paix et le repos; si je vous donnais ma parole de ne plus porter les armes, de ne jamais souffler mot de ce que j'ai vu ou entendu, si enfin je...—Je vous comprends, interrompit-il, c'est la clef des champs que vous réclamez. Décidément les Français abusent de tout. Eh bien! cher Monsieur, sachez que je n'en ai pas le droit d'une part et que d'autre part, si j'avais ce droit, je m'empresserais de ne pas en user à votre égard. Vous êtes un de ces hommes qui, tout en prétendant qu'il n'aime que la paix et le repos, peut être très dangereux pour nous, en ce sens que, tout en n'ayant ni l'expérience ni la science de la guerre, vous possédez un instinct très développé et une appréciation remarquable des choses possibles ou tentables à la guerre. De plus, vous nous détestez cordialement en tant qu'ennemis, et vous feriez tout malgré vous pour chercher à nous nuire. Vous êtes un partisan acharné de la guerre.» Je me récriai. «Ne vous en défendez pas. «Un homme comme vous est peut-être plus dangereux pour nous que mille autres réunis. Par conséquent, trouvez bon qu'on vous envoie vous reposer chez nous, où vous serez bien traité; car vous avez pu remarquer que, quoi qu'on en dise, nous ne sommes pas des sauvages.» Les officiers présents parurent s'égayer beaucoup de ma proposition.

Nous quittâmes le château l'après-dîner même, toujours escortés, mais rassurés tout à fait. En route nous eûmes le même spectacle que la veille, sauf le temps triste et couvert : pas d'habitants, des petits villages abandonnés, le paysage entièrement blanc et tellement enseveli sous la neige que les routes avaient disparu. De temps en temps passaient des groupes de uhlans au galop et de longues voitures ressemblant à des crèches à moutons. Cette marche abrutissante à travers un pays désolé me donnait par instant l'illusion du passé et j'eus plusieurs fois comme une courte vision de la retraite de Russie ou de la campagne de France. Après tout, les événements humains ne sont que des répétitions et doivent le plus souvent se ressembler. Nous arrivâmes à Dammartin, localité tenant le milieu entre ville et village. On nous conduisit par la route qui fait rue, à travers le pays, lequel est très long. Les habitants sur les portes nous regardaient passer avec compassion. Notre costume de francs-tireurs les inquiétait pour nous; je vis une vieille femme s'essuyer les yeux avec son tablier; par contre, les soldats prussiens que nous rencontrions nous examinaient assez méchamment, toujours à cause de notre satané uniforme. Nous arrivâmes à ce que les Allemands appellent la *commandature*, expression qui répond à peu près à ce que nous nommons *la place*. Même interrogatoire et mêmes réponses que la veille à un officier supérieur, lequel me dit qu'il avait un fils peintre ayant commencé ses études à Paris. « Il est dommage pour vous, ajouta-t-il, que le prince de Saxe, que nous attendons, ne soit pas là. C'est un ami des arts et des artistes, et assurément vous eussiez évité le voyage de Prusse. » Le maire de Dammartin, qui s'était généreusement porté garant pour nous, obtint que nous logerions chez l'habitant. Je sortis sans escorte, accompagné par M. Seigneur, pharmacien de l'endroit, qui, m'ayant vu passer quelques instants auparavant, était venu spontanément s'offrir à me loger, s'il y avait lieu, et me ramenait, le digne homme, comme une capture précieuse ; sa femme vint au devant de nous ; ces pauvres gens avaient un fils dans la mobile à Paris. Vous pensez si je les intéressai. Ils étaient très inquiets, n'ayant jamais eu aucune nouvelle. Je les rassurai de mon mieux en leur affirmant, ce qui n'était pas l'exacte vérité, que le corps des mobiles avait été très peu éprouvé et n'avait fait que des pertes insignifiantes, quelques blessés et encore légèrement. « Tant mieux ; c'est encore trop, disait la bonne dame. » J'ai su plus tard que leur fils s'en était bien tiré. Il y avait dans la maison un médecin-major, Prussien à lunettes, plein de morgue et de prétention; il parlait français; je ne le ménageai pas, et à table je lui rivai assez bien ce qu'on appelle *le clou* en style d'atelier. Si nous avons le défaut, nous autres Français, de nous croire très malins, les Allemands ont celui de se croire très savants; je fus d'accord avec lui sur ce dernier point, à ce correctif près toutefois, c'est qu'on peut être très savant et en même temps être un imbécile, n'avoir aucun tact et être capable de grossièreté; auquel cas je préfère le commerce des gens moins savants, mais plus polis. Vous voyez d'ici la tête du docteur. Il m'aurait fait fusiller s'il avait pu. Heureusement pour moi et malheureusement pour lui je n'en avais aucune peur. Mes hôtes au fond étaient ravis de me voir dauber sur l'Allemand que je mis absolument mal à son aise et qui quitta la table avant la fin du repas, ce qui ne déplut à personne. Oh! la sale tête! Je l'ai encore devant les yeux, avec ses cheveux filasse, ses yeux jambonneux et sa grosse face carrée, coiffée d'une toute petite casquette. Nous éclatâmes de rire quand il fut parti. Je passai la nuit dans un bon lit, qui me rappela celui de Joseph Berta, dans *le Conscrit* d'Erkmann-Chatrian; et je dormis comme un bienheureux. Le lendemain, au jour, je fus éveillé par une violente canonnade qui paraissait avoir lieu à très courte distance. M. Seigneur se précipita dans ma chambre. « Dans deux heures, s'écriat-il, vous serez libre ; habillez-vous et ne bougez pas d'ici ; les Parisiens ont fait une sortie et ils gagnent du terrain de notre côté ; un homme des environs vient de m'affirmer que les Prussiens battaient en retraite ; » et, comme pour me confirmer ce qu'il me rapportait, M. Seigneur me montra la rue encombrée de soldats qui, sac au dos, couraient sans doute pour se former sur un point. J'en tremblais d'émotion. La canonnade redoublait et semblait se rapprocher. Comme j'aurais voulu prendre part à ce combat ! « Avez-vous des fusils, lui dis-je ? — Soyez patient, me dit-il, je sais où en trouver, des fusils. » Cet instant de fièvre dura peu ; et la désillusion la plus amère succéda bien vite à cet accès de joie anticipée. Nous sûmes vite la vérité : c'était le bombardement du plateau d'Avron, précurseur de celui de Paris. La couche épaisse de neige gelée dont la terre était couverte nous avait, par le rapprochement du son, donné l'illusion d'un grand combat qui se serait livré tout près de nous. L'imagination et les racontars s'en mêlant, on était arrivé à croire à une sortie victorieuse de l'armée de Paris. Nous fûmes cruellement désabusés.

CHAPITRE IX

Le jour même il fallut nous remettre en route pour l'Allemagne. Je quittai mes bons amis, et M. Seigneur m'embrassa bien cordialement en me glissant un louis dans la poche. Je voulus refuser. « Assez, me dit-il, vous nous désobligeriez. » On nous embarqua en chemin de fer, ligne de Soissons-ville où nous nous arrêtâmes la nuit suivante; nous passâmes cette nuit à la prison de la ville dans le dortoir des prisonniers de droit commun. Tout le monde dans cet établissement fut plein de prévenances pour nous, même les hôtes de l'endroit qui nous entourèrent et nous questionnèrent avec intérêt. Le geôlier et sa femme, après nous avoir fait souper et préparer des lits de sangles, nous servirent un bon déjeuner le lendemain matin. Nous reprîmes le train, qui marchait très lentement et s'arrêtait à chaque instant. On m'avait fait monter dans un compartiment de 3me classe, en compagnie de trois officiers français, prisonniers comme moi, et qui devinrent ensuite mes compagnons de captivité en Silésie : le capitaine de mobiles Jan ; M. Gégoudez, sous-lieutenant de volontaires bretons, et un lieutenant d'infanterie dont j'ai oublié le nom, tous trois pris sur la Loire dans des combats d'avant-postes. L'un deux, M. Gégoudez, coiffé d'un bonnet de fourrure et vêtu d'une vareuse à boutons de métal plats, c'est-à-dire sans numéro, l'avait échappé belle : il avait, paraît-il, été mis au mur et allait être exécuté à cause de l'irrégularité de son costume; sans l'intervention du lieutenant qui nous accompagnait, et qui avait été pris quelques secondes après lui, c'en était fait; le malheureux, paraît-il, commençait à balbutier et à perdre la tête, quand le lieutenant s'écria : « Mais c'est un mobilisé breton, je le connais.— Vous en êtes sûr, dit l'officier allemand, qui allait procéder à l'exécution sommaire.— Je le jure, » dit le lieutenant, qui, en fait, ne le connaissait pas du tout. C'est ainsi que Gégoudez avait été sauvé.

Le train qui nous emmenait portait neuf cents prisonniers faits à Saint-Quentin. On s'arrêta à Épernay, où j'avais de la famille. Là, j'eus la veine d'apercevoir sur le quai mon cousin M. Luquet, alors maire de la ville; je l'appelai. Cet excellent parent, qui eut toujours une grande amitié pour moi, fit des pieds et des mains pour me faire rester à Épernay; mais ce fut impossible; je dus filer vers Glogau. Il me serra affectueusement la main, me remit de l'argent et nous nous séparâmes. Nous continuâmes le voyage, toujours très lentement, nous arrêtant chaque soir; le train ne marcha jamais la nuit, en France du moins. On craignait, paraît-il, qu'il ne fût arrêté par les francs-tireurs qui battaient la campagne. Les carreaux de notre compartiment ayant été brisés, nous souffrîmes affreusement du froid. On se sentait gelé jusque dans les os. En arrivant à Nancy, je faillis m'échapper ; voici dans quelles circonstances :

Le train s'était arrêté ; c'était à la brune, et un certain nombre d'habitants, hommes et femmes, avaient pu s'approcher des voitures avec des provisions et des vêtements qu'ils distribuaient aux soldats. De distance en distance, des sentinelles gardaient le convoi des deux côtés. Une jeune femme élégamment mise grimpa dans notre compartiment, avec un paquet sous son manteau. Elle jeta le paquet dénoué dans la voiture et nous dit rapidement : « Si l'un de vous veut s'échapper, voici un jupon, une capeline et un chapeau avec voilette; vous, Monsieur, ajouta-t-elle en s'adressant à moi, qui paraissez plus petit que ces messieurs, vous pouvez vous travestir. Je vous attendrai sur le quai en face et vous mènerai dans la maison de mon père. » Je passai vivement le jupon qu'elle se mit à m'attacher; mais cette besogne fut brusquement interrompue par l'apparition d'un gros Prussien qui fit descendre la jeune femme assez brutalement et nous apostropha vivement. C'était raté. On fit circuler notre héroïne qui s'éloigna désappointée.

La brave petite femme revint quelques minutes après et nous jeta par la portière un panier de provisions; après quoi elle fila légèrement, en nous faisant un geste amical. Je n'avais pas eu de veine. Décidément, je devais voir la Prusse. Nous eûmes en route à constater une chose assez triste, c'était le peu d'entrain qu'on mettait à nous servir dans les gares françaises, en regard de l'empressement qu'on montrait aux Allemands. La cupidité et la platitude des patrons de buffet était révoltante. Est-il possible que l'amour du lucre puisse abrutir les hommes à un tel degré ! En Allemagne, au contraire, à de très rares exceptions, on fut poli et plein d'égards vis-à-vis de nous. Nous fûmes, à Dresde et à Francfort, l'objet d'attentions très touchantes et de marques de sympathie : je vois toujours des quantités de gens jetant des petits pains aux soldats, entassés dans des wagons à bestiaux, et leur présentant, au bout de fourchettes, s'il vous plait, des saucissons et du jambon. Il arriva même, dans je ne sais quelle localité, une petite aventure qui fait honneur au caracère allemand.

Un homme, un goujeat de la pire espèce, installé sur le quai de la gare, gouaillait en mauvais français et insultait presque des mobiles, dont la tenue laissait, je dois le dire, fort à désirer. Je regardai pendant quelque temps son manège, et, ne pouvant y tenir, je m'avançai vers un officier qui était à l'extrémité du quai :

« Monsieur, lui dis-je, ne trouvez-vous pas que nous soyons assez malheureux d'être vaincus et prisonniers, sans qu'il faille encore être obligés d'essuyer les injures d'un misérable qui n'est même pas soldat. » Je lui expliquai en peu de mots la conduite de l'homme. Sans me répondre un mot, l'officier alla droit à l'individu, le prit par les épaules et, lui ayant fait faire volte-face, le fit sortir à coups de pied dans le derrière. J'allai vers l'officier et le remerciai ; il s'inclina assez froidement et s'éloigna. Pendant ce long et triste voyage, nous rencontrâmes quantité de trains bondés de troupes qui filaient vers le théâtre de la guerre; il en passait, il en passait; c'était de part et d'autre quand les convois se croisaient avec nous, des cris et des échanges d'aménités dans les deux langues. Peu d'incidents, en somme, dignes d'être rapportés. Je me souviens qu'on stationnait quelquefois dans des plaines couvertes de plusieurs pieds de neige, où l'on apercevait à de grandes distances des villages ou hameaux. Pendant ces haltes, on ne pouvait empêcher quantité de nos soldats de courir à la recherche d'un bouchon quelconque, et cela avec de la neige jusqu'au ventre. Quand il s'agissait de se remettre en route, le clairon avait beau les rappeler, il en restait toujours, et on en apercevait à perte de vue qui faisaient des gestes désespérés. On dut en semer plus d'un quart en route. Autre détail, il fallait plus d'un quart d'heure pour faire remonter les hommes dans les voitures; on était obligé de les brutaliser. Je me souviens d'une scène risible qui se passa tout près de notre wagon. Un petit tourlourou, haut comme une botte, un Parisien pour sûr, avait pris à parti la sentinelle, un immense landwer, qui ne parlait pas un mot de français. Le petit homme, qui avait une galerie, tournait autour du géant, comme autour d'une bête curieuse, et faisait tout haut des réflexions qui égayaient ses camarades. Le malheureux landwer, embarrassé de ce succès, restait immobile comme une statue, *riboulant* de gros yeux effarés et pas méchants. Depuis longtemps le clairon avait sonné le rembarquement et le groupe continuait à rire. L'officier qui commandait notre escorte, s'adressant à moi, me dit : « Je vous en prie, Monsieur, veuillez m'aider à faire obéir ces hommes. — Oh, repris-je, je doute que mes ordres aient grand'chance de succès. » Néanmoins j'essayai de faire appel à la raison des soldats et la plupart montèrent en wagon, sans se presser du reste. Il restait encore l'avorton qui continuait à pérorer. Sur un geste impatienté de son officier, le landwer lui lança dans les jambes un léger coup de crosse; le petit homme comprit qu'il n'y avait plus à plaisanter, mais il voulut avoir le dernier mot : il donna avec le plat de la main deux petites tapes sur le ventre du colosse et, se tournant vers moi, il prononça dédaigneusement ces paroles : « Dire que j'en mangerais quatre comme ça ! » et il monta.

Pendant notre trajet en chemin de fer, un peu après avoir quitté la frontière française, un Allemand bien vêtu, coiffé d'un bonnet de fourrure, était monté dans notre compartiment et avait demandé courtoisement à prendre place à nos côtés. Ce monsieur, qui paraissait âgé d'une soixantaine d'années, fumait placidement en face de moi. Il nous offrit quelques cigares et continua à fumer sans desserrer les dents. Sur une question du capitaine Jan, qui lui demanda s'il allait jusqu'à Glogau : « Non, dit-il, je dois vous quitter à la prochaine station : je vais à Berlin. Je rapporte dans ce train même le corps de mon fils, tombé sous Metz. » Nous étions stupéfaits. Je crus devoir nous excuser d'avoir devant lui, à plusieurs reprises, ri ou plaisanté, ne nous doutant pas du grand malheur qui l'avait frappé. « Que voulez-vous, nous dit-il avec son air calme et doux ; c'est la guerre. » Il tira d'une poche de côté la photographie de son fils, et nous la montra : c'était un beau et grand jeune homme de vingt-cinq ans à peine, en uniforme de lieutenant d'infanterie prussienne. Que dire ? Nous demeurâmes silencieux jusqu'à ce que le malheureux père nous eût quittés.

Enfin nous arrivâmes à Glogau, petite place forte de huit à dix mille âmes, située sur l'Oder, en Silésie. La Silésie est une ancienne province autrichienne annexée à la Prusse. Ses habitants, qui ne m'ont pas fait l'effet d'avoir le type germanique, y sont plutôt bruns et de taille moyenne; je parle bien entendu de la généralité; on y rencontre forcément beaucoup de physionomies à cheveux blonds et à yeux bleus. Huit mille soldats français étaient internés à Glogau ou plutôt campaient aux environs dans des baraques en bois. Les officiers seuls et leurs ordonnances habitaient en ville ; mais allons par ordre. Aussitôt descendus du train, on nous conduisit, mes trois compagnons et moi, ainsi que d'autres officiers amenés dans le même convoi, à la *commandature*. Là on prit nos noms, nos grades, et on nous demanda si nous voulions nous engager sur l'honneur: 1º à ne pas chercher à fuir; 2º à ne pas abuser de la tenue bourgeoise qui nous était tolérée (je n'ai jamais compris); 3º à répondre à un appel qui avait lieu chaque semaine. Cet engagement, imprimé sur un papier nommé *revers* (je n'ai jamais su pourquoi), devait être signé par nous et nous laissait une liberté complète en ville. Ceux qui refusaient de remplir cette formalité étaient enfermés aux casemates et l'objet d'une surveillance particulière. Nous devions toucher la demi-solde, plus vingt-cinq francs par mois, destinés à nourrir et loger un ordonnance que nous pouvions choisir à notre gré. Ces vingt-cinq francs, paraît-il, nous étaient alloués par le gouvernement anglais. Mes camarades de voyage et moi nous acceptâmes de signer l'engagement; on nous remit notre première mensualité et nous sortîmes accompagnés d'un officier français de bonne volonté qui se chargea de nous piloter et de nous présenter à nos camarades de l'armée. Le soir même, nous entrâmes en relations avec ces messieurs qui nous accueillirent avec une cordialité toute française. C'est au milieu d'eux que j'ai pu, pendant le temps que dura ma captivité, connaître cette société que j'ignorais complètement et que j'ai appris à aimer et à estimer cette grande famille qu'on appelle le corps des officiers, ces hommes chez lesquels aucun calcul, aucune idée de spéculation ne saurait se rencontrer et qui n'ont en vue qu'une chose : la grandeur de la France. Pour moi les militaires sont des poètes et des artistes de la plus belle eau.

Le capitaine Jan, que j'avais pu apprécier durant la route, demeura mon compagnon de captivité et je n'eus pas lieu de m'en repentir. C'était un homme doux, sociable, loyal et bien élevé avec lequel je m'accordai admirablement. Jan était un grand et beau garçon. Ses longues moustaches noires firent loucher plus d'une dame de Glogau et je suppose, quoiqu'il ne m'ait guère fait de confidences, qu'il nous vengea plus d'une fois de nos défaites sur les champs de bataille. Il ne fut du reste pas le seul à s'offrir des compensations en captivité et j'en ai connu plusieurs parmi les officiers, voire même les ordonnances, qui l'aidèrent dans cette œuvre de réparation. J'assistais naturellement, spectateur impassible et désintéressé, à ces escarmouches et combats d'un autre genre; j'étais lié et j'ai ce qu'on appelle des principes. Ces principes une fois établis, je pourrais vous raconter quelques anecdotes dans le genre gai, si je ne craignais de vous faire crier à la légèreté, au milieu de semblables catastrophes. Sachez seulement que parmi ceux qui se signalèrent par leurs succès auprès des belles (en tout bien tout honneur, bien entendu), il faut placer en premier rang M. de L..., plus tard intendant militaire chez les présidents Grévy et Carnot. Il avait sur ses compagnons d'armes l'avantage inappréciable de parler l'allemand, bien que, suivant mon ordonnance, le cuirassier Bonnefoy, en amour la parole fût inutile. Il pouvait donc dans leur langue même faire bon accueil aux dames et au besoin leur offrir des sièges, invitation à laquelle Gretchen est toujours sensible. « Les Français ont de si jolies manières, » disait notre propriétaire, une vieille dame bien respectable ; et elle ajoutait comme correctif : « Mais aussi ils sont bien immoraux. » Ce dernier mot *immoraux* avait dans sa bouche quelque chose de divin. Maintenant, n'en déplaise à tout le groupe des officiers, après M. de L..., l'homme le plus redoutable c'était mon ordonnance le cuirassier déjà nommé Bonnefoy, qui paraît-il, avait tapé dur à Mars-la-Tour, je le tiens de son capitaine. Il était non seulement la coqueluche des bonnes du quartier, mais aussi de quelques dames, qui le trouvaient très beau ; c'est lui qui nous affirmait qu'avec les femmes il n'y avait pas besoin de savoir parler : « Quand je saurais l'Allemand ? Après ? Quoi dire ? » Il avait cela de commun avec l'armée du grand Napoléon, qui subjugua et conquit l'Allemagne sans parler un mot d'allemand. Je pourrais vous citer d'autres *conquistadors*, mais c'est inutile, je vous ai nommé les plus sérieux. Si vous voulez, pour en terminer avec ces exploits, je vais vous conter une historiette où j'eus l'honneur de jouer un rôle sérieux, mais en sous-ordre : il y avait dans le voisinage une très jolie dame, madame M... (je change même l'initiale). Je ne vous ferai pas la description de sa personne, j'aurais peur de rater le portrait. Je ne me sens pas suffisamment littérateur pour me risquer ; qu'il vous suffise de savoir qu'elle était grande et svelte, blonde avec des yeux noirs en velours. Le capitaine Jan, que j'accompagnais le jour où nous la rencontrâmes, était tombé en extase à sa première vue ; et la dame, après avoir croisé le regard du beau capitaine, avait baissé ses longs cils avec un tremblotement de paupières, semblable à celui des ailes d'une colombe qui s'abat. Pendant quelques jours Jan ne but plus, ne mangea plus et monta une garde acharnée au

coin de la rue où habitait cette dame, passant et
repassant devant sa maison; enfin un jour, ô
bonheur ! il la vit sortir accompagnée d'une
petite bonne ; il la suivit, mais sans trouver
l'occasion de lui glisser dans l'oreille même un
mot appris par cœur dans le dictionnaire ;
du reste, le capitaine était plutôt timide, à l'envers de Bonnefoy. Comme il est toujours plus
facile de travailler pour les autres que pour soi-
même, ce fut moi qui le mis en relation avec la
dame. Il était si malheureux que j'avais eu pitié
de lui. Voici comment je m'y pris et ce ne fut
en somme pas très difficile à réussir : je rencontrai forcément la dame un dimanche à l'heure
de la messe; elle était catholique; j'allai délibérément à elle et lui tins ce langage : « Madame,
parlez-vous le français ? — Oui, Monsieur, un
peu.— Eh bien! Madame, sachez que vous avez
frappé par votre beauté un peintre distingué de
mes amis, qui serait désireux de faire d'après
vous un profil pour une Marguerite de *Faust*
qu'il a esquissée. » La dame rougit légèrement :
« Mais quel est ce peintre ? — C'est un officier
qui habite avec moi à peu de distance d'ici. » Je
fis la description de l'ami Jan, qu'elle connaissait
parfaitement. Elle ne crut pas se souvenir de
l'avoir vu. « Je ne demande pas mieux, dit-elle,
que de rendre ce service à ce Monsieur, quoique je doute que je puisse remplir le but qu'il
se propose ; il ne m'a pas vue de près ; je ne

suis pas si jolie qu'il pense, etc. » Tout cela en français, gazouillé en petit nègre. Elle était vraiment charmante. Je lui affirmai, ce qui ne la fâcha nullement, qu'elle se trompait, et qu'elle était une Marguerite toute faite, et la plus belle qu'on pût rêver. « Mais, interrompit-elle, où pourrai-je voir ce Monsieur ? Je suis mariée et mon mari ne me permettra peut-être pas... » Il eût fallu en effet un mari de bonne composition pour lui permettre de... J'écartai l'hypothèse de l'acquiescement de l'époux. « Il est, je crois, ajoutai-je, inutile d'en parler à Monsieur votre mari ; ce sera si vite fait ; un croquis d'un quart d'heure au plus. — Ah, fit-elle, si ça va si vite que ça? Alors je connais une amie chez laquelle nous pourrons nous rencontrer demain, si toutefois ce Monsieur accepte, à trois heures, telle rue, tel numéro, au deuxième étage. » Je lui garantis que le capitaine y serait. Jan faillit m'embrasser quand je lui contai l'affaire. « Mais vous êtes fou, me dit-il, elle s'apercevra vite que je ne suis pas peintre. — Allons donc, repris-je, elle n'y verra que du feu ; et quand elle s'en apercevra, il sera un peu tard très probablement. » Inutile, je pense, d'entrer dans les détails de ce qui suivit et je laisse à la perspicacité du lecteur le soin de terminer l'aventure, surtout s'il songe que nous sommes en Allemagne. Plus tard, cette dame que je rencontrai souvent (elle avait fini par nous faire inviter à passer les soirées chez elle par son mari même) me reprocha vivement ce qu'elle appelait ma mauvaise foi; « Je suis très fâchée contre vous, » me dit-elle. Je suis sûr au fond qu'elle ne m'en a jamais voulu. A partir de ce moment il n'y eut plus que des peintres parmi les officiers français; plusieurs même, entre autres le capitaine Jan, sont restés dans le métier. Il y avait un mot caractéristique pour remplacer une expression que je ne dirai pas; quand ces messieurs voyaient passer une jolie femme, ils ne manquaient pas de dire : « En voilà une à qui je ferais bien son portrait. » La grande chambre qui nous était commune avec Jan avait été transformée en atelier pour mon usage. Beaucoup d'officiers y venaient causer, fumer, rire. Les Français ont toujours, même dans les plus mauvais moments, un fond d'entrain, de gaieté, je dirai presque d'insouciance et d'oubli qui en fait, quoi qu'on ait dit, des hommes très résistants et particulièrement d'excellents soldats. On a pu, durant cette malheureuse guerre, où nous ne pouvions qu'être écrasés et battus, voir à quel degré le Français peut, en grognant il est vrai, endurer de misères, et marcher quand même, sans jamais perdre l'espérance de la victoire finale. D'aucuns même poussent la chose au point de ne jamais croire sérieusement qu'ils ont été battus. Ils vous prouvent le contraire carrément et de bonne foi; et le vainqueur s'illusionnerait singulièrement, s'il croyait jamais avoir aucun prestige, aucun ascendant moral sur des vaincus de cette espèce. C'est toujours comme le petit tourlourou dont je vous racontais l'histoire pendant le voyage. Il faudrait les tuer tout à fait pour les faire taire. Nous faisions des gorges chaudes à propos des officiers prussiens qu'on voyait de mes fenêtres se saluer avec des flexions de torse automatiques, et circuler en traînant leurs sabres et en frisant leurs moustaches, avec des allures ridicules de soudards d'une autre époque. Il y en avait un entre autres qui nous comblait de joie par ses façons extraordinaires; nous l'avions surnommé polichinelle à cause de son énorme nez. Dieu! avons-nous fait souffrir cet homme! Quand nous le croisions dans la rue, il devenait pourpre de rage. Il sentait nos sarcasmes et devinait à nos sourires qu'il était l'objet de notre attention, continuellement moqueuse et malveillante. Nous avions entre autres avec nous deux très jeunes officiers, le comte de Robault et M. Nussart qui se faisaient un bon sang formidable à propos de l'allure des vainqueurs. Le jeune comte de Robault surtout était arrivé à des scènes d'imitation inénarrables. Bref, si d'une part on était triste et inquiet de l'issue des événements et si on se mangeait la rate, de l'autre on riait ferme, surtout nous autres les jeunes.

A la suite d'évasions et de tentatives d'évasion, on nous avait constitués en groupes de huit, solidaires de leurs camarades, en cas de fuite.

C'était de la prison en forteresse qu'il retournait pour tous les membres du groupe restant. Au lieu de répondre à un appel une fois la semaine, nous dûmes le faire deux fois. Mon groupe, comme nous avions eu le loisir de nous choisir, était le plus jeune et par conséquent le plus remuant; nous avions en ville et *à la place* une assez mauvaise réputation; heureusement j'avais des *influences* en haut lieu ; je vous expliquerai cela un peu plus loin. Quand nous fûmes avisés de la disposition nouvelle prise contre nous, disposition en somme vexatoire et même injurieuse, puisque nous avions donné notre parole de ne pas nous échapper, nous nous crûmes dégagés de notre promesse et nous nous donnâmes mutuellement carte blanche. Je ruminai pour mon compte un petit plan que je ne vous dirai pas et que je ne confiai même pas à mes camarades, plan qui m'aurait mis à même de traverser la frontière autrichienne ; cette opération une fois faite, je pouvais rentrer en France très facilement, étant donnée la bonne volonté qu'y mettaient les autorités autrichiennes et italiennes. Heureusement, l'armistice arriva, car l'aventure que je voulais tenter, avec de grandes chances de succès, n'était pas sans danger. Je disais donc que notre coin était un centre de gaieté, et je puis ajouter de cancans et de médisance. Nous connaissions à peu près toutes les figures marquantes de l'endroit, hommes et femmes ; nous fréquentions assidûment ce qu'on appelait le patinage. L'Oder débordé et gelé sur un espace considérable était tous les après-midi le rendez-vous des gens chics de l'endroit et des officiers français et allemands ; ces derniers faisaient bon ménage avec nous et se montraient plutôt aimables ; quelques-uns même, surtout parmi les officiers supérieurs, extrêmement courtois. Les Français s'étaient immédiatement adonnés à l'exercice du patin, exercice qui leur procurait l'avantage de pouvoir donner la main et servir de guides aux dames, lesquelles en général étaient beaucoup plus solides que leurs cavaliers servants, je parle tout au moins des Français que j'ai vus souvent faire étaler sur la glace les charmantes personnes qu'ils s'étaient chargés de soutenir.

J'ai parlé plus haut des influences que j'avais en haut lieu. Je ne me suis pas vanté. Voici comment j'étais devenu, sinon un homme de poids, du moins quelqu'un à qui on croyait pouvoir s'adresser quand il y avait pour les nôtres quelque désagrément à écarter. On savait en ville que j'étais Parisien et peintre ; joint à cela ma qualité et mon uniforme de franc-tireur qui avaient intrigué passablement, étant donné qu'on nous considérait en Allemagne comme d'affreux bandits ; tout cela m'avait donné une espèce de succès de curiosité. Une dame m'avait un jour naïvement demandé comment un homme, avec une figure aussi douce et des façons aussi distinguées (c'est la dame qui parle), avait pu servir de chef à une troupe de brigands? Vous pensez si je la détrompai, à propos de cette fable; je poussai même la chose un peu loin, et lui donnai à entendre, ce qui était légèrement exagéré, que tous les francs-tireurs étaient, à de rares exceptions près, la fine fleur de la jeunesse française, comme éducation et comme tenue. On me fit un jour appeler chez la comtesse de Horn, femme du gouverneur de Silésie. Cette dame me demanda si je consentirais à donner des leçons de dessin à Mlles de Horn, deux grandes jeunes filles de seize à dix-huit ans. Je lui dis que j'étais très honoré de sa proposition, mais que je ne pouvais lui répondre affirmativement qu'après avoir consulté le comité des officiers français. Ces messieurs furent d'accord pour me laisser accepter l'offre, à la condition que j'emploierais une partie de la rétribution qui me serait allouée à soulager les malades et les blessés français. Tous les jours, de une heure à deux, j'allais donner ma leçon. Je n'eus qu'à me louer de l'urbanité et des procédés des hôtes de la maison où je fus traité avec les plus grands égards. La comtesse de Horn, que j'avais mise au courant de ma situation, voulait à tout prix me faire rester en Allemagne. Elle me promettait de me faire obtenir une place de professeur, soit à Dresde, soit autre part, place qui me permettrait de vivre tranquillement et de me livrer sans autre préoccupation à ma carrière d'artiste. Comme vous pensez bien, je repoussai doucement ces offres généreuses. J'aimais trop la France et mon cher Paris, pour songer qu'il me fût même possible d'habiter autre part, surtout en Allemagne; et plus on me faisait entrevoir la fin et la perte de notre malheureux pays, plus je me cramponnais à l'idée fixe d'y revenir le plus tôt possible, dussé-je n'y trouver que ruines et que destruction. Non, décidément, la patrie n'est pas un vain mot. Je me rappelle l'impression douloureuse que nous causa la nouvelle de la reddition de Paris. Nous dormions encore, le capitaine Jan et moi, quand les canons de la forteresse tonnèrent les cent coups réglementaires, je crois, en pareil cas. Aux premières détonations qui ébranlèrent nos vitres, nous nous écriâmes ensemble : « c'est Paris qui a capitulé. »

Nous nous élançâmes hors du lit; nous pûmes de nos fenêtres voir courir les habitants affolés de joie, ivres de triomphe ; nous voyions passer les officiers Allemands rengorgés, haussant leurs épaules en portemanteaux, tortillant leurs grosses fesses, en lesquelles je croyais distinguer une plume de paon. Iéna était vengé. Nous étions vaincus, bien vaincus ; écrasés par le nombre et aussi, disons-le, par nos haines politiques, notre égoïsme et notre avachissement. L'horrible époque ! Nous restâmes plusieurs jours sans sortir de chez nous; quand je me hasarda dans la rue, je me sentis accablé de honte ; je n'osais lever les yeux. A partir de ce jour, nous n'eûmes plus qu'une idée fixe : rentrer en France. Tout me révoltait en Allemagne, jusqu'à la bonhomie des gens, qui n'était plus pour moi que de la tartuferie ; j'en devins injuste et ingrat. Je ne vis plus sur cette terre maudite que les souffrances endurées par nos hommes, parqués comme des troupeaux dans les baraques qui leur servaient d'abri, nourris comme des pourceaux, malades et mourant par milliers. C'était, hélas ! l'éternel *Væ victis* ; et depuis, j'ai réfléchi qu'après tout c'est surtout le fléau de la guerre et ceux qui l'avaient déchaînée qu'il faut rendre responsables. Nous n'étions malheureusement pas au bout de nos peines. La guerre civile, plus affreuse que la guerre, devait s'abattre sur notre malheureux pays. Mais, autant que possible, jetons un voile et passons sur ces horreurs. Je dirai seulement ce qui me toucha personnellement durant cette triste période, où j'eus la chance de ne jouer aucun rôle, ce qui, entre parenthèse, m'a souvent fait considérer comme un bonheur l'accident qui me fit tomber entre les mains de l'ennemi. Qui sait ce qui eût pu m'arriver au milieu de cette tourmente où tous les cerveaux affolés étaient en proie à un aveuglement farouche.

Les officiers pouvant se rapatrier à leurs frais partirent les premiers. Je revins en compagnie du capitaine Jan, du comte de Robault et de quelques autres. Le pauvre Nussard, gravement malade, resta sous la garde de M. de Monsabert, qui se dévoua pour lui tenir compagnie; M. Nussard était du reste dans une famille allemande qui le soigna comme son propre enfant. Il y a tout de même de bien braves gens chez nos ennemis; et j'ajouterai même que les femmes, en Allemagne, de tout âge et de toute condition, malgré les mauvaises plaisanteries que j'ai pu me permettre à propos du beau sexe, sont, en très grande majorité, pleines de cœur et de dévouement, pleines de sensibilité pour toutes les misères; je parle ici très sérieusement; et je désire, si par hasard mes mémoires tombaient entre les mains d'Allemands, qu'ils soient bien convaincus que j'ai au fond du cœur gardé précieusement le souvenir des personnes dont les égards et les bons procédés ont adouci ma captivité dans ce pays.

Une chose attrista notre retour, et attiédit, entre les quelques camarades qui composaient notre petit groupe, les cordiales relations qui avaient existé jusqu'alors: l'affreuse guerre civile, qui venait d'éclater avec la Commune, faisait déjà sentir ses funestes effets. Des discussions poussées à la violence amenèrent entre nous la méfiance et l'animosité, et, quand nous arrivâmes à la frontière, on se sépara, sinon ennemis, du moins changés, refroidis, tout prêts à la lutte.

CHAPITRE X

Arrivés à Nancy, nous nous quittâmes et prîmes chacun des routes diverses. J'allai à Epernay dans ma famille et je pris gîte chez M. Luquet, mon cousin, qui me reçut chez lui, et m'accueillit avec la bonté et la largeur hospitalière que tout le monde lui connaît. J'y demeurai jusqu'à la fin des événements de la Commune ; et quand je rentrai à Paris auprès de ma chère Pauline, nous reprîmes durant quelque temps notre petit train de vie, qui ne fut pas toujours exempt de misères et de traverses. Nous avions du reste pour nous soutenir notre jeunesse et notre santé. Quoi qu'on dise, la vie n'est pas tout rose pour les artistes pauvres ; et les événements qui suivirent, sans être aussi dramatiques, prouveront qu'il n'y a pas de luttes qu'en temps de guerre.

A mon retour, je trouvai Paris si triste, si ravagé, tant d'amis disparus que j'acceptai avec empressement l'offre qui me fut faite par mon ancien lieutenant-colonel Louis Noir, d'aller m'établir près de lui sous les ombrages de Bois-le-Roi, à côté de Fontainebleau. Dans ce petit pays, je me reposai véritablement et je vécus presque heureux durant plusieurs années, quoique très pauvre. Nous étions là une colonie d'artistes et de littérateurs, à peu près tous logés à la même enseigne, au point de vue fortune; mais tous également pleins d'entrain, de gaîté et d'espérance en l'avenir; tous luttant pour la vie, mais vivants et pleins de courage ; c'était presque une famille dont les membres, avec tous leurs défauts et leurs physionomies différentes, sympathisaient et se soutenaient moralement.

Hélas! tout finit. A l'heure actuelle, cette famille a disparu, emportée aux quatre vents de la fortune et du hasard : la mort a frappé quelques-uns, le malheur a aigri et séparé les autres. Le temps a sûrement et lentement accompli cette œuvre de dispersion.

Louis Noir, Poupard Davyl, Olivier Metra, le poète G. Mathieu, les peintres Dufour, Labbé, Lafitte, Adrien Moreau; mais ce dernier, ancien verrier comme moi, et très probablement parce qu'il est fils d'ouvrier, affectait des façons pincées et bourgeoises qui le tenaient à l'écart. Il vivait de préférence avec les gens que l'ami Pontalier appelait plaisamment les *riches* et dont les bonnes manières étaient scandalisées par nos façons de bohêmes, les derniers du siècle. Nous étions souvent visités par André Gilles, Déloye, le sculpteur, Poilpot et enfin un autre que j'avais à cette époque élevé à la hauteur d'un ami, Jules

C..., l'homme aux affiches, ainsi que la charmante petite Mme G..., sa compagne.

Avons-nous assez ri, caressé de beaux projets, donné de fêtes dans la grange qui me servait d'atelier, de festins pantagruéliques sur des tables composées de planches et de tonneaux ; et les promenades entre Barbison, Fontainebleau, Melun et Bois-le-Roi ! sous les grands arceaux de la forêt, le jour, la nuit même, au clair de la lune, au cri des hibous et des chouettes, aux bramement des cerfs. Non ! Jamais je ne reverrai ça ; et pourtant Bois-le-Roi existe encore avec sa forêt et sa rivière, mais ça n'est plus notre Bois-le-Roi : banalisé, embourgeoisé, attristé, enfin, tondu et castré, comme tous les jolis endroits à douze lieues autour de Paris, ce charmant pays est devenu une sorte de Vésinet de 4me classe. C'est ce qui arrive du reste pour tous les endroits pittoresques que découvrent les artistes. Que ce soit en forêt, sur les montagnes ou sur les bords de la mer, vous voyez rapidement ces paradis, d'endroits délicieux qu'ils étaient, se transformer par l'envahissement des Philistins en pétaudières, où la prétention, la bégueulerie et les mauvaises mœurs le disputent à la sottise. Dans ce genre, les plages ont le pompon. Partout où apparaissent les gens chics, vous voyez rapidement la belle nature s'aplatir, se déformer, se dépraver. Heureusement, ils ne peuvent ni arranger, ni nettoyer, ni aplanir les nuages du ciel ou les flots de la mer. A la tête de ces vandales gommeux, se placent les gens du monde des deux sexes égarés dans les beaux-arts. Peut-on voir sur nos belles plages quelque chose de plus repoussant et de plus bête que le monde des casinos. Avant un demi-siècle, les poètes, les artistes, je n'entends pas désigner ainsi les myriades de gens qui font des vers ou barbouillent des toiles, j'entends ceux qui ont des âmes de poètes et d'artistes, ne trouveront plus un coin pour rêver ou contempler. Je l'ai souvent dit, il ne me déplairait pas de voir enrayer et même faire reculer cette horrible locomotive, cette machine qu'on a appelée le progrès qui menace de tout niveler, les intelligences et les forêts, et qui enlèvera aux humains même le rêve du bonheur et de la liberté. Mais ne soyons pas pessimistes et acceptons philosophiquement ce que nous ne pouvons pas empêcher. Pour mon compte, je n'ai pas le droit de me plaindre ; je me porte bien et je lutte ; et en somme, la lutte, c'est la vie ; c'est la victoire ou la défaite, mais dans tous les cas l'imprévu et l'aventure. Quant au repos, c'est la mort ; et je suis tranquille de ce côté, j'y arriverai comme les autres. En attendant, *go a head!* comme disent les Américains.

Il faudrait un volume pour raconter les faits et gestes de la colonie de Bois-le-Roi et je ne me sens pas de force à remplir une pareille tâche.

Je vais essayer d'esquisser quelques-uns des profils de la collection. Commençons par Louis Noir, le romancier que vous connaissez, qui fut, avec Poupard Davyl et G. Mathieu, le vrai fondateur de cette colonie. Grand et fort, gueulard à se faire entendre de Bois-le-Roi à Chartrette, il parcourait audacieusement tout le pays (par les beaux jours d'été, bien entendu) pieds nus et en longue chemise, stupéfiant la bourgeoisie qui commençait à s'infiltrer chez nous et à empoisonner ce délicieux endroit. Gai et hospitalier, on trouvait toujours chez lui bon accueil et nappe mise, et ce, avec une franchise et une simplicité que je n'ai peut-être rencontrées nulle part ailleurs. Je dois à Noir, dont je n'ai pas ici à faire le panégyrique, un des bons instants de ma vie, peut-être le meilleur de mon existence. Et, chose étrange, ce fut au moment où j'étais le plus gêné, le plus pauvre, une de ces périodes où l'on cherche à se cacher, ce fut à ce moment, dis-je, que de ma vie entière j'ai été le plus heureux. Expliquez ça. Je suis convaincu que Louis Noir a été pour beaucoup dans ce bonheur relativement parfait, puisqu'il est bien entendu que la perfection n'existe pas dans ce genre. On ne m'ôtera jamais de l'idée que sans lui les beaux jours de Bois-le-Roi n'eussent pas existé, non seulement pour moi, mais pour d'autres. C'était le boute-en-train de la bande, avec ses qualités et ses défauts. Et pourtant, avons-nous assez dit de mal de lui ; il nous le rendait du reste avec usure; car le moindre de nos défauts dans ce petit cénacle était la médisance. « Attendez une minute, disait un soir Olivier Metra, qui, après nous avoir quittés, faisait une brusque rentrée pour chercher son parapluie qu'il avait oublié, attendez que je sois parti tout à fait. » Je crois que c'est Poupard Davyl, l'auteur de la *Maîtresse légitime!* qui était le roi dans le genre *débineur*. Son habitation avait été baptisée le *Château de la médisance* par le peintre Bennassis, qui avait fait sur l'endroit et ses habitants une pièce commençant par ce vers :

Les arbres du jardin se débinaient entre eux, etc.

Après Noir venaient Olivier Metra, le musicien, qui avait de l'esprit à ses heures, et sa femme, qui n'était pas le type le moins curieux de la troupe; elle nous mettait en joie par ses saillies un peu bien épicées. Je me souviens à propos d'elle d'une sortie assez gauloise qu'elle fit chez Poupard Davyl, un jour que ce dernier avait du *monde*, un notaire, je crois, et quelques bourgeois de Fontainebleau; Davyl avait pris dans cette circonstance l'air grave et solennel qu'il affectait souvent, quand il voulait nous faire croire à son antique noblesse. L'arrivée subite et inattendue de la jolie et effrontée petite femme avait jeté un froid; et un silence un peu affecté avait succédé brusquement à la conversation banalement engagée; Mme Métra avait même, elle qui ne se démontait pas facilement, été un peu interloquée, et s'était arrêtée hésitante sur le seuil ; mais, reprenant vivement son sang-froid, elle s'était vengée instantanément : s'adressant à Poupard inquiet : « Eh bien, quoi? on est empaillé ici ; on ne souffle pas; si on ne trouve rien, on dit m... au moins... » Tête du notaire! Fureur de Davyl!

Le poète Mathieu qui, malgré ses 70 ans, avait une verve endiablée, nous amusait fortement par ses sorties ; surtout lorsqu'il était en colère. Je me rappelle une querelle qu'il eut avec la grosse madame C..., querelle dans laquelle celle-ci, assez mal embouchée, lui servit toutes les épithètes du vocabulaire poissard. Mathieu, avant de lui fermer sa porte, par laquelle je venais d'entrer, lui cria d'une voix formidable : « Allez ! Madame, votre présence dépolit mes carreaux, et fait grandir le numéro de ma maison !!! »

Une autre fois, se promenant sur le bord de l'eau, dans le voisinage de la maison de Métra, avec lequel il s'était brouillé et qu'il avait traité de *poisson*, il aperçut un groupe de personnes qui avaient l'air de chercher un objet égaré ; s'étant informé, on lui dit qu'il s'agissait d'une bague que la belle Mme Noir avait perdue : « N'allez pas plus loin, dit-il, elle doit être dans le ventre de Métra. »

Rencontrant un jour dans une promenade en forêt qu'il faisait avec moi, le père L..., un bourgeois peintre, il s'était arrêté derrière lui.

10.

M. L... était installé devant un gros chêne qu'il s'escrimait à peindre. « Comment trouvez-vous mon œuvre, monsieur Mathieu ? » dit l'artiste amateur. Toujours gravement Mathieu répondit : « Je ne suis étonné que d'une chose, c'est que cet arbre, indigné de se voir *portraicturer* de la sorte, ne vous poursuive pas jusque dans votre domicile, à coups de racines dans le c... ! » Ahurissement du bourgeois !

— A propos de bourgeois, on m'a souvent demandé ce que j'entendais par là.

Le *bourgeois*, dans la mauvaise acception du terme, ne veut pas dire un membre de la bourgeoisie. Le type dont je parle s'est répandu dans toutes les classes aisées : c'est l'homme des lieux communs, du convenu ; n'accordant en politique ou en art son estime et son admiration qu'aux vainqueurs, ou, si vous voulez, aux gagnants, même s'ils ont triché ; dans la vie privée, c'est l'égoïsme en bâton ; dans la vie publique, la lâcheté faite homme ; en art, le colporteur des clichés à la mode ; *chaud de ton* en 1830, il est aujourd'hui *plein air ;* mouton, quand ses *sauveurs* le tondent jusqu'à la peau ; tigre, quand il croit sa quiétude menacée ; chauvin, quand il pouvait exonérer les siens du service militaire ; moins belliqueux depuis la loi du service obligatoire pour tous ; une pierre de touche pour reconnaître d'emblée le *bourgeois artistique* : il est enragé de Wagner, fanatique de Puvis de

Chavanes, et plein de mépris pour Ohnet, qu'il adore au fond. J'ajoute que la moitié de nos artistes modernes sont d'affreux bourgeois.

En somme, comme vous voyez, pas beau, le bourgeois ! Pas décoratif !

Une historiette pour en finir avec Mathieu.

Un jour, nous étions assis ensemble à la terrasse du café Riche, en compagnie du poète P. Arène, je crois ; nous vîmes s'approcher, délibérément, un petit pâtissier portant son panier sous le bras. L'enfant écarta sans façon des chaises qui lui masquaient un des soupiraux des cuisines, déposa son panier et, se penchant vers ce soupirail, appela à haute voix : M. Casimir !!!

Il faut vous dire que le *chef* Casimir était à cette époque un grand personnage, connu de tout Paris, comme qui dirait l'empereur des cuisiniers. Que pouvait lui vouloir cet infime marmiton? Nous étions intrigués. Le gamin, n'ayant d'abord pas reçu de réponse, réitéra son appel. Une voix souterraine finit par se faire entendre : « Qu'est-ce que vous lui voulez, à M. Casimir? Il est à l'office. — Je veux, poursuivit le *gosse*, lui parler à lui-même. » Un vrai remue-ménage se produisit dans les cuisines ; et après un bon moment d'attente, une autre voix, assez solennelle, cette fois, monta d'en bas. Le gamin, agenouillé devant le soupirail, attendait toujours. « Je suis M. Casimir, dit la voix ; qu'est-ce que vous me voulez ? — C'est bien vous ? » insista le moutard ? « Parfaitement. » Alors, se courbant tout à fait et se faisant un porte-voix de ses deux mains : « Eh bien, je vous em...!!! » et, la figure radieuse, il se releva, reprit son panier et partit en sifflotant.

Un silence terrible avait, dans le sous-sol, succédé à cette réponse. Mathieu, ému et ravi à la fois, se leva brusquement, rattrapa le pâtissier et, lui mettant dans la main une pièce de 50 centimes : « Adorable enfant, lui dit-il, fuis ; il en est peut-être temps encore. »

En dehors de ses habitants, Bois-le-Roi avait ses visiteurs, qui ne laissaient pas que d'apporter leur contingent de gaîté au cénacle : André Gilles, Richard de l'Odéon, le général B..., le Révérend père M. Charles Jacques, beau-père du peintre Dufour, lequel n'engendrait pas la mélancolie ; jusqu'au procureur B..., qui venait y cascader à mes bals travestis et se faisait remarquer par sa mauvaise tenue et sa danse presque immorale ; Bois-le-Roi était en outre un foyer de propagande révolutionnaire, de conspiration perpétuelle, une usine de théories subversives. Tous les gouvernements y ont été tour à tour menacés, usés, renversés.

En fait de gens s'occupant de politique, il y avait un type tout à fait extraordinaire, le père Florentin, gros aubergiste de l'endroit ; il était impérialiste enragé et nous aimions le faire *monter*. Il avait des idées arrêtées, desquelles on eût en vain essayé de le faire démordre. Ainsi, par exemple, il prétendait que Rochefort était orléaniste et qu'il avait vu de ses yeux apporter au journal *la Marseillaise* un sac énorme plein de pièces de *cent sous*.

De là à conclure que c'était l'or ou du moins l'argent des d'Orléans, il n'y avait qu'un pas, et ensuite que c'était destiné à Rochefort, ça ne faisait pas un pli. « La preuve, ajoutait-il avec ténacité, c'est que j'ai vu le sac. » Remarquez que cet animal-là ne manquait pas d'influence dans le pays.

C'est dans cet aimable Éden que me germa dans la cervelle l'idée de lancer les panoramas, qui devaient faire ma fortune et surtout celle de Poilpot, et enfin déterminer la folie du pauvre Gilles.

J'avais dans le voisinage, à Dammarie-les-Lys près Melun, un camarade peintre nommé Desgallaix, un brave et loyal garçon, ayant une petite aisance et qui en outre ne manquait pas de talent ; j'allai le trouver un beau matin avec l'idée de me l'associer dans ma première entreprise. Je l'enlevai à la baïonnette et nous nous mîmes fiévreusement à la besogne. Six mois après, nous étions installés sur une des places de Philadelphie, avec un diorama emporté de toutes pièces de Bois-le-Roi. Ce diorama représentait les *Marins au Bourget* et fut plus tard exposé au salon des Champs-Élysées.

Il avait été convenu par traité avec l'ami Desgallaix que nous partagerions les bénéfices de l'entreprise et que je lui rembourserais sa part de fonds mis dans l'affaire. Notre expédition fut désastreuse. Tout le monde connaît le fiasco de l'Exposition de Philadelphie, auquel peut se comparer en partie celui de l'exposition récente de Chicago. Je vais vous raconter les péripéties de cette expédition dont les détails accidentés ne manquèrent pas de pittoresque.

CHAPITRE XI

Nous embarquâmes chacun de notre côté. Desgallais, avec le diorama, prit passage sur un bateau allemand appartenant à une ligne Hambourgeoise; moi et ma femme avions cru bien faire et réaliser une forte économie en traitant avec une certaine compagnie Meyer, qui nous avait promis monts et merveilles. Une fois notre voyage payé, on nous avertit qu'on nous embarquerait, non pas du Havre pour Philadelphie, mais bien de Londres pour New-York, en nous transportant toutefois à Londres d'abord; et ensuite de New-York, on devait nous conduire à notre destination. On nous remit des lettres de recommandation pour un hôtelier du Havre, *idem* pour Southampton, Londres, etc. Nous prîmes le train à Saint-Lazare, non pas, comme c'était convenu, en 1re classe, mais bien en seconde. Nous arrivâmes au Havre où un bon hôtelier nous guettait à la gare. Nous dûmes attendre au lendemain soir pour prendre le bateau de Southampton. Durant ces deux journées on nous pilota, soigna, dorlota et on nous servit en fin de compte une note où toutes les lois de la probité et de la décence étaient absolument violées. Nous fîmes à bord d'un affreux petit steamer une traversée épouvantable de huit heures, traversée qui fait époque dans mes souvenirs marins. Tout le monde fut malade, jusqu'aux matelots. Je ne récoltai qu'un seul avantage sur ce maudit vapeur : un voyageur français, un vieux routier, à qui je racontai notre écorchement au Havre, nous conseilla : 1º de ne jamais montrer nos lettres de recommandation, destinées simplement à nous faire plumer ; 2º de nous méfier de tout en voyage, surtout quand nous aurions touché les rivages du nouveau monde. Je dois dire que j'avais sur les bons Américains des idées tout à fait fantastiques, idées sucées dans les romans de Fénimore Cooper ou du capitaine Mayne Reid, voire même de Gustave Aymard, de joyeuse mémoire. Je croyais les Yankees très aventureux, un peu sauvages même, mais d'un chevaleresque, d'une bravoure et d'une loyauté à toute épreuve. J'en ai un peu rabattu depuis. Je m'étais précautionné de révolvers, de couteaux poignards et autres engins de mort vraiment inutiles dans ce pays d'hommes d'affaires véreux et retors, pleins de ruse et de fourberie. L'Amérique du Nord est bien le pays par excellence de la blague, de la fumisterie et du *Humbog*.

De Southampton, où nous étions débarqués, nous prîmes le train pour Londres, où nous arrivâmes dans la matinée. Je me rendis en hâte au bureau correspondant de l'agence Meyer. Là on nous déclara gravement qu'on nous ferait embarquer à Liverpool dans une huitaine. Je me fâchai violemment et je déclarai que j'allais retourner en France et intenter un procès en dommages-intérêts à la compagnie. On s'inquiéta, et on me fit une proposition que j'acceptai à tout hasard. Il y avait dans le bureau un capitaine anglais qui devait partir le lendemain, emportant à son bord, à destination de New-York, douze cents émigrants. Le capitaine, qui me fit l'effet d'un homme convenable, consentait à nous prendre comme passagers, aux frais de la compagnie Meyer bien entendu ; on devait nous donner une cabine et la nourriture des officiers. Le lendemain au matin, nous sortîmes sous toute vapeur de *Tindal-Bassin* et nous voguâmes vers l'Amérique. Quelle traversée, bon Dieu ! Vingt et un jours de tempête, démâtés, faisant eau, etc., tous les agréments réunis. Le *Holland* était un vieux *sabot*, ayant reçu tous les sacrements et effectuant son dernier voyage, avec un équipage insuffisant. Une seule chose nous consola : capitaine et officiers, tous gens bien élevés, furent courtois, pleins de convenances et de bons procédés à notre égard. Nous eûmes aussi dans ce désagréable trajet des distractions, procurées par le milieu dans lequel nous vécûmes forcément. Dans la foule des passagers émigrants, en grande majorité composée d'Irlandais, nous remarquâmes à première vue, en mettant le pied sur le bateau, deux jeunes gens d'une vingtaine d'années, qu'à leurs allures nous reconnûmes d'emblée pour des Français; ils nous avaient du reste eux aussi avisés du premier coup et avaient commencé à tourner autour de nous avec le désir évident de trouver l'occasion de nous adresser la parole. Les figures étaient intelligentes, ouvertes et honnêtes. Il n'y avait pas de raison pour que je ne me prêtasse pas à leur désir. Nous liâmes conversation et je n'eus pas lieu de m'en repentir. Ils contribuèrent, surtout l'un d'eux, à égayer le voyage. Josse, le plus âgé, d'un an ou deux peut-être, était le type le plus achevé du gavroche parisien. Il nous raconta qu'ils travaillaient lui et son copain depuis deux ou trois ans à Londres comme ébénistes, et je devinai sans peine qu'il devait être, malgré son jeune âge un échappé de la Commune; je le lui demandai; après un peu d'hésitation il me l'avoua; son camarade était Belge, mais avait aussi habité Paris. Ils avaient, paraît-il, gagné de l'argent à Londres et partaient avec un bon engagement d'un an pour l'Exposition de Philadelphie. C'est par économie qu'ils avaient pris un train d'émigrants. Ces deux gamins avaient de l'ordre, et comptaient, quand ils pourraient, revenir en France s'associer et s'établir comme patrons.

Josse était *très compromis*. Que diable avait-il pu faire? Car je calculai qu'il pouvait avoir seize ou dix-sept ans pendant les événements de la Commune. Je finis par tout savoir: il paraît qu'il avait d'abord servi durant la guerre dans les francs-tireurs de la Presse, qui, on se le rappelle, enlevèrent de nuit le Bourget, sous la conduite du capitaine Roland, et furent si maltraités le lendemain quand l'ennemi fit un retour offensif. Après la guerre, Josse, qui ne rêvait que plaies et bosses, avait eu la fantaisie, comme il nous le dit, après avoir tiré des coups de fusil, de tirer des coups de canon, et il s'était à cette intention engagé dans les artilleurs de la Commune.

Là il avait pu largement réaliser son rêve. Il était même parvenu à avoir en avant de la porte Maillot une mitrailleuse à lui tout seul. Établi dans un petit abri où il passa plusieurs jours, il surveillait la route droite devant lui et la balayait avec son instrument, quand l'occasion se présentait. Après avoir dépensé pas mal de coups inutiles, il s'était avisé de rectifier son tir sur un arbre placé à une grande distance, arbre contre lequel il apercevait un morceau d'écorce qui pendait et se trouvait par hasard juste à hauteur d'hommes qu'il avait vus passer auprès. A peine cette opération était-elle faite qu'il eut la veine inestimable de voir s'avancer sur la route un peloton de gendarmes. Il attendit qu'ils fussent arrivés à son point de mire et d'un coup de manivelle il fit une salade des pauvres pandores.

Quel beau coup! rien que d'y penser, il se tordait encore. Un jour on amena à la porte Maillot un capitaine de gendarmerie fait prisonnier. Les gardes nationaux qui le conduisaient en étaient assez embarrassés et se demandaient où ils devaient le conduire. Josse, qui avait lâché un instant son canon pour venir voir, prononça ces paroles charitables : « Si on le fusillait. » Heureusement les gardes nationaux qui étaient là étaient de braves gens : l'un d'eux envoya dans le derrière du gamin un vigoureux coup de botte, en le priant de se mêler de ses affaires; et on emmena le prisonnier. Josse faillit payer très cher son mot féroce.

Paris venait d'être forcé et le massacre avait pris son vol à travers la grande cité; les exécutions les plus sommaires avaient lieu partout ; malheur à tout garde national pris durant les premiers jours. Josse était rentré chez son patron aux Ternes et s'était remis au travail. Une après-dîner qu'il s'en allait le nez au vent, flânant le long de l'avenue de la Grande-Armée, ô terreur! il aperçut à dix pas devant lui le capitaine qu'il avait désigné pour le mur. En un clin d'œil, faisant volte-face, il s'était mis à courir de toute la vitesse de ses jambes; puis, prenant brusquement une rue à gauche, il avait enfilé un corridor dans la maison de son patron, laquelle par bonheur avait deux issues. Le gendarme, l'ayant reconnu et poursuivi, l'avait vu entrer dans l'allée, mais le galopin s'était sauvé par la deuxième sortie. Le patron que Josse vit le lendemain matin et auquel il narra l'incident, lui conseilla de filer immédiatement à Londres; il lui procura un passeport et le fit partir comme son apprenti, qu'il devait rejoindre peu après, pour un travail en Angleterre.

Josse mettait tous ses compagnons de voyage en joie. Il y avait un musicien parmi les émigrants et notre petit compatriote n'avait eu de cesse qu'il n'eût organisé un bal. Je me rappelle le son du violon qui ne s'arrêtait jamais et qui arrivait à notre cabine même à travers les éclats et les sifflements de la tempête. Nos deux jeunes enragés se livraient dans le *grand carré* à des exercices chorégraphiques dignes des *Clodoche*; tout le reste des émigrants faisait cercle ou s'efforçait de les imiter; l'un de leurs émules, lancé un jour par un mouvement du bateau, se cassa la jambe contre une colonne de fonte qui soutenait le pont; plusieurs autres, en pareilles circonstances, attrapèrent des coups assez violents, mais moins graves toutefois.

Des épisodes burlesques, des querelles, des idylles, tout se passa à bord du *Holland*, durant ce voyage. Nous assistâmes aux amours d'un docteur allemand, sec comme un coup de trique, et d'une grosse miss assez mûre, soufflée, blanche et rose, avec de grands yeux bleus en faïence, rappelant l'expression des carpes mortes. Josse les avait baptisés Paul et Virginie; ces deux êtres bizarres ne se quittèrent pas de la traversée, excepté la nuit où chacun devait rentrer forcément dans le compartiment de son sexe.

Nous assistâmes certain soir à un véritable scandale : les matelots durent extraire de vive force le docteur qui s'était subrepticement et sournoisement glissé du côté des dames. Une autre intrigue aussi se noua entre une jeune femme irlandaise assez jolie et un jeune homme qui s'était fait le partner du mari, lequel était un joueur acharné et un ivrogne. L'aventure fut sur le point de se mal terminer, et l'époux faillit même étrangler l'adorateur de sa femme. Enfin, on constata qu'il y avait eu malentendu et tous les trois redevinrent les meilleurs amis du monde. Entre autres figures intéressantes, il y avait à bord un Irlandais de vingt-huit à trente ans environ, veuf et s'expatriant avec six petits enfants en haillons ; cet homme avait une physionomie navrante ; une vraie tête de Christ sur la croix ; c'était bien l'image de la pauvre Erin.

Toutes les misères, toutes les souffrances étaient empreintes sur le masque du malheureux, qu'on aida de toutes manières et qui rendait du reste à bord tous les services en son pouvoir. Deux jeunes chanteuses, embarquées fraîches et pimpantes, durent rester alitées pendant toute la traversée ; le mal de mer les avait brisées ; on les débarqua à New-York, à l'état de squelettes ambulants, presque mourantes. Quant à Paul et Virginie, nous les vîmes s'enfoncer et disparaître bras dessus dans les profondeurs de New-York. Quand nous abordâmes dans cet aimable pays, il faisait un temps affreux, une pluie glacée ; on enfonçait d'un pied dans tous les trous et les flaques d'eau parsemés dans les rues mal pavées de cette ville, qui, même après l'avoir revue dans d'autres conditions, m'a paru la plus mal entretenue du monde.

Comme New-York se trouve à quarante-deux degrés de latitude, c'est-à-dire à la hauteur de Naples et de Madrid, je m'étais bonnement figuré que nous y rencontrerions la chaleur et le beau temps, et nous ne nous étions nullement précautionnés contre le froid terrible qu'il y faisait encore en avril. J'avais compté sans les courants glacés qui descendent du pôle nord et du Groënland et amènent des restes d'icebergs jusqu'à la hauteur de la Pensylvanie. Nous avions du reste rencontré dans les parages de Terre-Neuve des glaçons énormes qui nous avaient avertis de notre erreur. New-York et une grande partie des États-Unis du nord jouissent d'une température abominable ; on peut là-bas, dans la même journée être rôti, trempé et gelé tour à tour. C'est ce que nous éprouvâmes durant les quelques mois que nous passâmes dans cet affreux pays de filous et de sauvages civilisés. Je vous parle de quinze ans ; ça aura pu changer depuis, mais j'en doute. L'Amérique, qu'on suppose un pays nouveau et jeune, est usée et corrompue jusqu'aux moelles ; on n'y coudoie en grande majorité que des coquins corrects avec des mines de quakers. C'est un immense bazar où tous les gens sont atteints de la folie de la richesse qu'on poursuit par n'importe quel moyen. « Make money, honestly if you can, but make money, dit le père à son fils, c'est-à-dire : fais de l'argent, honnêtement, si tu peux, mais fais de l'argent. » Aussi qu'y vîmes-nous ? le spectacle de la misère la plus épouvantable à côté des fortunes les plus scandaleuses, fortunes qui se sont édifiées rapidement et menacent de nous montrer ce pays ramené en peu d'années à l'esclavage antique et à la *ploutocratie*, la plus abominable et la plus stupide des tyrannies. Les femmes, en Amérique, le disputent aux hommes en cupidité et en rapacité ; elles ont en plus une marote qui consiste à affecter grotesquement les façons viriles ; et elles caressent l'espoir d'amener doucement le sexe fort à les remplacer dans toutes les fonctions qui incombent par nature au sexe faible, voire même la gestation et l'allaitement des enfants. En un mot, ce peuple, qu'on a dit si raisonnable, si logique et si robuste, m'est apparu le plus détraqué, le plus fantasque et le plus faible de tous les peuples. La dernière émeute des sans-travail est un avertissement donné à cette terre classique de la liberté éclairant le monde.

Aussitôt que nous eûmes touché le continent américain, nous devînmes le point de mire des escrocs et des rastaquouaires. A New-York, où nous ne passâmes qu'une journée, nous trouvâmes moyen de rencontrer un cocher qui voulut nous faire payer trente francs pour une course d'un quart d'heure, un changeur qui nous vola cent francs sur mille et un hôtelier qui voulait réclamer cent cinquante francs pour la demi-journée. Sur les conseils de Josse, qui nous avait suivis, nous prîmes le parti de nous mêler au convoi d'émigrants jusqu'à Philadelphie, d'aller dans leur restaurant, de prendre leur train et de descendre dans leur hôtel. A partir de ce moment, nous ne fûmes plus volés, entendons-nous, plus volés en ce qui touchait notre voyage.

L'ami Desgallais, qui était arrivé avant nous, avait fait venir le diorama à quai dans le port de Philadelphie; mais n'allons pas si vite. Avant de retrouver notre associé, nous nous étions, en descendant du train à Philadelphie, heurté à un ancien camarade architecte nommé Oscar P..., qui avait été mon propriétaire à Paris. Avec lui autrefois nous avions organisé des bals et des fêtes fantastiques dont on parla longtemps dans le monde des rapins et des étudiants.

L'un de ces festivals, qui fut certainement la dernière manifestation de la jeunesse bohême et vivante, eut un retentissement considérable par son allure de bacchanale grandiose. Rien de commun avec les petites réunions pornographiques et prétentieuses actuelles. On y rit à ventre déboutonné et ce fut drôle pour de bon ; il n'y avait pas là des petits messieurs gantés, prenant des notes ou faisant des croquis pour la réclame du lendemain ; on s'amusait ferme, sans se préoccuper du mot de la soirée. Figurez-vous cinq cents gaillards, étudiants et étudiantes, peintres et modèles, femmes du monde et ribaudes ; car nous avions audacieusement convié à notre fête l'élément féminin, du haut en bas de l'échelle sociale, sans souci de la hiérarchie ou des convenances, ce qui avait donné lieu au pêle-mêle le plus baroque, à la salade la plus étrangement composée. Tout s'était passé pour le mieux. Après un instant d'étonnement manifesté par les deux clans féminins, surpris de se rencontrer côte à côte, personne n'avait voulu battre en retraite ; et nous assistâmes au curieux spectacle de cocotes ayant de la tenue et de femmes honnêtes prenant discrètement leurs ébats. La scène se passait derrière les abattoirs de Grenelle, dans un immense local, composé d'une cour de cent mètres de côté, cour entourée d'immenses salles vides dont l'une de 40 mètres de long me servait d'atelier et fut ce jour-là transformée en salle de bal, tout près d'une autre servant de salle de festin ; toutes deux décorées par nous d'une façon abracadabrante.

Je me souviens que le costume était de rigueur

et qu'on repoussait impitoyablement non seulement les habits noirs, mais tous les mousquetaires ou princes charmants. Oscar, costumé en basile et tonsuré pour la circonstance, faisait la police avec quatre agents 1830, pour empêcher l'intrusion des profanes. Tout ce qu'on peut rêver de burlesque et de cocasse se produisit ce jour-là en fait de déguisements : le plus audacieux de tous fut celui du sculpteur Déloye qui arriva en nain, avec une tête énorme composée de deux visages qu'il s'était peints, l'un sur le ventre et l'autre sur le derrière. Un mauvais plaisant s'étant avisé de glisser un cigare allumé dans l'enfoncement qui se produisait sous la moustache du 2me visage, Déloye était sorti furieux de son costume et avait procuré un spectacle encore plus réjouissant. Notre police dut l'emporter pour lui faire remettre un peu d'ordre dans son déguisement.

Le sculpteur Richard s'était présenté en statue, à peu près nu et doré des pieds à la tête ; c'était à jurer du métal ; en écorché le docteur Piton épouvantable à voir. Puis venaient l'empereur (le peintre Yunt) Victor Emmanuel, le pape, la république et le sultan Abdul-medgid ; ce groupe, dit des souverains, composé de danseurs émérites, se livra à une sarabande grandiose dans laquelle le pape et la République eurent le succès de la soirée ; des groupes de truands, de Gaulois, de sauvages étranges et de nègres fantastiques ; des saltimbanques et hercules de foires, des femmes à barbe, des archevêques et des enfants de chœurs, avec un serpent d'église (le docteur Fiaux ?) qui passa la nuit à abreuver l'orchestre et à l'accompagner avec son instrument; enfin don Quichotte et Sancho Pansa (Lançon et capitaine de cuirassiers Roger) qui firent leur entrée dans le bal juchés sur leurs bêtes.

Vers les minuit, le bal avait été interrompu par une bagarre à la porte, entre nos agents 1830 et un chiffonnier qui voulait forcer l'entrée; on reconnut l'homme, qui n'était autre que notre ami X..., un de nos mathématiciens les plus distingués. Son costume était vraiment par trop exact et sa hotte, à moitié pleine d'os et d'ordures, empoisonnait. Bon gré mal gré, il fallut l'admettre, d'autant plus qu'on l'avait déjà repoussé au commencement de la soirée parce qu'il s'était présenté en habit noir. « Arrange-toi comme tu voudras, lui avait dit l'ecclésiastique Oscar, mais nous ne voulons pas d'habits.

Le pauvre X... s'était retiré déconfit, mais non découragé ; il avait, place du Puits-Artésien, rencontré un *biffin* en train de faire sa tournée et il avait troqué son costume contre celui du chiffonnier y compris tous les accessoires : hotte, crochet, lanterne, etc. Après cette transformation, il s'était représenté et enfin avait fait son entrée dans le bal, puant comme un rat mort, et mettant toutes les femmes en fuite.

Nous avions pour orchestre les musiciens du 2me voltigeurs de la garde. La stupéfaction de ces braves gens avait été grande quand on avait annoncé l'arrivée de l'Empereur, qui fit son entrée escorté de mouchards à gourdins. Immédiatement on avait donné l'ordre à la musique de jouer l'air de la reine Hortense; et les cris de vive l'Empereur! avaient retenti pendant la promenade, au cours de laquelle on avait présenté à Napoléon III les jeunes personnes qui le demandèrent, entre autres la jolie « Gladiateur », une des célébrités du moment (entre parenthèses celle-ci se suicida peu de jours après).

Le lendemain matin, le chiffonnier avait emmené la petite Gladiateur dans sa hotte; Sancho fut reconduit ivre-mort sur sa bourrique par le serpent d'église. Je ne sais par quelle circonstance, une heure plus tard environ, dans la rue de Sèvres, on ramassa, étendu le long d'une borne, un ecclésiastique, qui n'était autre que le fameux *serpent* qui fut mené ou plutôt porté au commissariat de police avec son instrument qu'on avait ramassé à côté de lui. Je me suis démandé depuis dans quel état il avait dû restituer le costume au crédit des paroisses, où il se l'était procuré, sous prétexte de faire un tableau religieux.

Si je ne craignais d'être indiscret, je vous

parlerais d'un certain derviche ou santon dont la mauvaise tenue et les audaces à l'endroit du beau sexe attirèrent plus d'une fois l'attention de nos agents. Le personnage en question ressemblait singulièrement, en plus jeune il est vrai,

l'honnête père de famille qui a édité mon manuscrit. Je lui en ai hasardé deux mots. Il n'a pas paru se souvenir très bien. Cela s'explique, car si j'en crois mes souvenirs le santon fut aussi un de ceux qui, avec le chiffonnier, le serpent d'église et Sancho Pansa, se retrouvèrent vers les 10 heures du matin chez le commissaire du quartier.

Mais revenons à Philadelphie et à ma rencontre avec Oscar P...

Celui-ci, ruiné ou plutôt ayant mangé une fortune qu'il n'avait pas, était venu s'établir en Amérique, où, me conta-t-il, il était dans une situation superbe, en passe d'épouser une héritière de 200.000 dollars ; ayant lui-même entre les mains des travaux gigantesques. Selon Oscar, c'était la providence qui m'envoyait ; car ces travaux, il était dans l'impossibilité matérielle de les exécuter, attendu qu'il n'était pas peintre ; « donc, me disait-il, je lui sauvais la vie et j'allais moi-même faire ma fortune tout en le tirant d'affaire. » Il me parlait avec volubilité et faisait avec son grand corps et ses bras immenses des gestes et des contorsions qui durent scandaliser les graves Américains circulant autour de nous;

car il n'en faut pas beaucoup pour produire un *scandale* chez ces vertueux Yankees. Oscar P... nous entraîna vers son domicile Green Street, n° 4444 ! (oui, il y a des numéros comme ça à Philadelphie). Durant la route, que nous fîmes en voiture, je lui confiai ce que nous étions venus faire en Amérique.

« Lâche-moi tout cela, fit-il ; ta fortune, je te l'ai dit, est faite avec moi ; je suis chargé de décorer le grand palais de l'exposition, et toi seul es capable de le faire pour moi. Je n'ai que six semaines pour exécuter ce travail qui n'est pas même commencé, et, dès demain, si tu acceptes, nous nous mettons à la besogne. » Je n'eus garde de refuser, à la condition toutefois qu'il me laisserait surveiller le montage et l'installation de mon Diorama, opération qui, du reste, devait me prendre peu de temps, attendu que mon associé, ayant amené un homme avec lui, pouvait en grande partie se charger de cette besogne.

Tout en causant, nous arrivâmes au domicile de mon ami. Il était coquettement installé dans un petit hôtel, avec jardin sur rue. Là, nous fûmes reçus par une jeune fille d'une grande élégance et d'une certaine beauté ; je ne vous ferai pas sa description ; qu'il vous suffise de savoir que c'était une Américaine ; elles sont toutes pareilles. Oscar nous présenta mutuellement, elle comme sa fiancée et nous comme des amis. Miss C..., qui avait l'air complètement chez elle, nous fit les honneurs de la maison avec une grande aisance et une grâce parfaite. Elle parlait assez bien le français, et était musicienne, c'est-à-dire qu'elle pratiquait le piano, à l'instar des Anglaises et Américaines, qui ont toutes ce qu'on est convenu d'appeler une éducation *artistique*, éducation doublée d'un côté pratique qui ne les abandonne jamais et leur fait toujours songer à ce qu'elles appellent leur *advantage*. Quand nous quittâmes Oscar et miss C... il était presque une heure du matin; et je ne pus m'empêcher de pousser mon ami du coude en lui disant :

— « Peste, tu me parais joliment avancé, avec ta fiancée; je te félicite. »

Il partit à rire : « Mais tu n'y es pas du tout, mon cher, je vais tout simplement la reconduire comme tous les soirs dans sa famille. Voilà trois mois que c'est pareil; et en dehors de privautés et cadeaux qui me coûtent très cher (entre autres une mèche de cheveux que tu as pu voir suspendue au-dessus de mon bureau et que j'ai payée 50 dollars), je n'obtiens rien et n'arrive à rien de sérieux. Au fond elle m'embête superlativement et n'étaient les dollars qui sont à la clef, il y a longtemps que je me serais empressé de la lâcher. Elle est, comme toutes ses compatriotes, une femme en bois; elles sortent toutes du même moule : ou l'air candide et niais avec une rouerie de potence, ou une effronterie de prostituées avec des allures de bégueules; en somme, froides et impudiques. Souvent bêtes comme des oies, malgré leur ruse, n'ayant pour elles que le côté plastique et la finesse de la peau, ce qui est quelque chose, à la condition toutefois qu'on puisse en user.

En outre, elles reçoivent une éducation absolument pareille, à l'instar des chevaux dressés dans les cirques, ce qui leur fait à toutes le même air, la même voix, les mêmes gestes, les mêmes goûts ; en un mot, ce sont de belles poupées de Nuremberg. »

Voilà la définition qu'il me donna pour les Ladies.

« Quant aux hommes, me dit-il, ce sont de simples horloges qui se remontent probablement tous les matins avec une clef ; des mécaniques qui boivent, mangent, marchent et dorment avec une régularité parfaite et ne sont mues que par un mobile et une idée fixe : voler leur prochain. J'oubliais une vanité effroyable auprès de laquelle la jactance et le *gobage* des Français n'est qu'un jeu innocent. Tu vois enfin ici la race anglo-saxonne dégénérée, mêlée à une infinité d'autres éléments qui sont l'écume et le rebut de tous les peuples de la terre. » Entre nous, je crois qu'Oscar exagérait un peu.

Puisque j'y suis, je vais, pour ne pas embrouiller le récit, vous couler cette aventure à fond. Voilà : Oscar, en bon fumiste qu'il a toujours été, avait fait accroire à la jolie miss qu'il était un homme de génie, destiné à une fortune immense ; et qu'il avait dû s'expatrier pour des causes mystérieuses. On l'avait accueilli avec empressement dans la famille ; et il avait pu immédiatement se mettre à *flirter* à son aise.

Nous assistâmes avant de quitter Philadelphie au dénouement de l'affaire. Nous étions présents quand se joua entre eux le dernier acte de la comédie. Ils venaient de part et d'autre de s'apercevoir qu'ils s'étaient mutuellement monté le coup : la fille n'avait pas un radis et le génie d'Oscar était apparu complètement déplumé et dépouillé de son auréole. Je ne vous raconterai pas au long la scène amère et les reproches injurieux qui s'échangèrent des deux côtés : « Vous n'êtes rien, disait miss C... ; vous ne savez rien ; les travaux que vous signez et que vous prétendez avoir faits sont de Monsieur (c'est moi qu'elle désignait) ; vous êtes un charlatan.

— Et vous, repartait Oscar, vous êtes une aventurière, cherchant à battre monnaie avec des charmes qu'elle n'a pas.

— C'est possible, reprenait l'Américaine furieuse, mais ces charmes, que je n'ai pas, vous ont assez fait faire de platitudes et de génuflexions.

— Oh ! ripostait cyniquement l'ami Oscar, c'était pour votre argent....

— Alors vous êtes un misérable, etc., etc. »
C'était tout à fait édifiant.

Mais revenons aux travaux que m'avait proposés ce joyeux ami, travaux que j'avais en principe acceptés avec une confiance assez légère dans les promesses de cet ancien camarade. Dès le lendemain, je mettais habit bas, retroussais mes manches et m'attelais à la besogne avec l'ardeur que je mets à tous les travaux qui m'intéressent. Il s'agissait, comme je l'ai dit plus haut, de décorer la grande coupole du palais de Philadelphie, avec allégories et figures de douze pieds de haut; ça ne manquait pas d'intérêt.

Je m'en acquittai à la satisfaction des architectes de la ville, que je ne vis jamais du reste, et qui ne connaissaient qu'Oscar, auquel ces travaux valurent ensuite une place de professeur à la grande École de Philadelphie et une foule d'avantages dont il ne sut pas tirer profit.

Pendant que je mettais en train ce travail formidable, il nous arriva à mon associé et à moi un accident fâcheux : notre Diorama fut retenu en douane jusqu'à ce qu'on eût versé la somme de trois mille francs; il nous manquait douze cents francs pour parfaire cette somme. Oscar, à qui je parlai de ce contre-temps, fit la sourde oreille. Je mis les points sur les *i*, et il lui fallut me trouver cet appoint ou renoncer à ma collaboration. Il s'exécuta de très mauvaise grâce, et c'est du reste le seul argent que j'aie jamais touché sur ce travail considérable qui me prit plus de six semaines d'efforts. *Oscar, paraît-*

il, ne fut pas payé. J'ai toujours conservé là-dessus des doutes motivés; et si j'en parle ici, c'est parce que j'ai connu cet ancien camarade très dur et impitoyable pour les malheureux Français qui s'adressaient à lui là-bas, ou même pour tous ceux qu'il pouvait considérer comme ses inférieurs. Il eut en outre, de tout temps, l'accusation trop facile.

CHAPITRE XII

Le droit d'entrée exigé par la douane et payé par nous avait été un vol manifeste ; notre Consul nous édifia là-dessus, mais nous déconseilla de poursuivre, étant donné la façon dont se comporte là-bas la justice, qui rend encore des points à la nôtre. De fait, nous devions entrer en franchise. Nous n'étions pas au bout de nos tribulations.

Nous étions descendus dans un hôtel tenu par des Suisses, M. et Mme Beaurecard, en compagnie de plusieurs Français. C'était le petit Josse et son compagnon qui nous avaient indiqué cette pension, qu'on leur avait recommandée à eux-mêmes. Nous y restâmes durant tout notre séjour à Philadelphie, avec notre associé le peintre Desgallais ; et nous n'eûmes qu'à nous louer de ces honnêtes gens, les seuls qui ne tentèrent pas de nous voler en Amérique.

Il s'agissait de nous procurer un terrain bien situé et propre à l'édification ou plutôt au montage de notre Diorama, que nous avions apporté tout démonté. Nous parvînmes à trouver à cet effet un vaste endroit formant place, aux abords de la ville, sur la route de l'Exposition. Comme nous nous entretenions de notre découverte, le soir à la table d'hôte, un photographe américain, qui se trouvait en face de nous, nous interrompit en nous disant : « Messieurs, le terrain dont vous parlez est à moi et je cherche justement à le louer à des Exposants. » Nous allâmes dès le lendemain, en compagnie de ce *gentleman*, visiter l'emplacement et désigner la portion que nous désirions occuper. Le marché se conclut assez rondement ; le photographe, à l'encontre de ses compatriotes, se montra coulant. Nous étions tombés d'accord comme prix ; mais nous ne versâmes qu'un trimestre d'avance, quoique l'homme eût d'abord exigé six mois. Dès le jour suivant, nos matériaux furent amenés et un garçon, que Desgallais avait fait venir de France avec lui, se mit au montage avec quelques hommes qu'il racola aux environs. Aldon (c'était le nom du garçon) était de Bois-le-Roi ; c'était un de ces types à tout faire, types qui au fond ne sont généralement bons à rien de sérieux ; bohême, grand pêcheur à la ligne, adroit à tous les métiers, et un tantinet ivrogne. Desgallais, malgré les défauts du type, l'avait emmené pour lui servir de gardien, de défenseur, de *boule-dogue*, comme il disait. C'était un grand et fort gars et il avait en plus un air terrible.

Tout alla bien pour commencer, et la construction montait à vue d'œil. Des charretiers qui portaient des tombereaux de terre hors la ville nous proposèrent de décharger quelques-unes de leurs voitures à l'entour de notre bâtiment, pour nous faire un jardin; cela gratuitement bien entendu. Nous avions accepté avec empressement.

Les charretiers, qui sans doute s'étaient donné le mot, nous amenèrent d'abord dix tombereaux, puis vingt tombereaux, puis quarante; c'était plus que suffisant. Nous voulûmes arrêter; mais bon gré mal gré les tombereaux arrivaient toujours et nous songeâmes au moment où le Diorama serait enseveli tout entier sous la terre; j'étais exaspéré; un nouveau charretier venait de surgir au coin de la place et s'avançait délibérément avec sa voiture. J'ordonnai de loin à Aldon de s'y opposer par la force; celui-ci voulut saisir la bride du cheval; mais l'homme, qui avait l'air d'une brute, leva son manche de fouet; Aldon effrayé battit en retraite; ce que voyant j'accourus, empoignai le charretier à la gorge et, à mon grand étonnement, le terrassai sans aucune espèce d'effort; c'était un chiffon mouillé.

L'Américain se releva stupéfait, ramassa son fouet et son chapeau, tombés dans cette courte lutte, et, reprenant son cheval par la bride, s'éloigna avec son chargement. Cette scène avait attiré du monde, entre autres un policeman, qui rattrapa le charretier et voulut verbaliser. J'eus la bonne idée de lui montrer discrètement un dollar; il sourit, glissa subrepticement la pièce dans sa poche, puis d'un geste d'empereur fit circuler le charretier qui ne demanda pas son reste. Sur ces entrefaites, un garçon qui nous servait d'interprète arriva et put expliquer l'affaire à l'agent, lequel resta quelque temps en sentinelle pour écarter définitivement les autres voituriers. Ainsi finit l'incident.

Dasgallais, qui de loin avait assisté à la scène, fut édifié sur la valeur de son fameux bouledogue et put méditer à l'aise le vers du bon Lafontaine.

Il ne faut pas juger des gens sur l'apparence.

Nous eûmes un peu après l'occasion de vérifier l'exactitude de ce dicton. Notre travail se poursuivait, et d'autres exposants, des Américains, étaient venus s'installer autour de nous. Le photographe, qui, sur notre indication, leur avait loué également, avait sa petite baraque à une des extémités de la place. Un matin, nous ne vîmes plus la baraque et nous fûmes bientôt convaincus que cet *artiste* nous avais tous floués. Ça n'était pas lui le propriétaire. Allez courir après. On nous apprit que le vrai possesseur du terrain, ou plutôt celui qui était chargé de le louer, était directeur d'une grande agence dans l'intérieur de la ville. On nous donna son adresse et j'allai immédiatement le trouver avec mon interprète. L'agent en question était un grand vieillard correct et sévère d'aspect, avec une face de quaker bien rasée, une vraie tête de magistrat ; il sourit quand nous lui contâmes notre mésaventure. Il nous loua plus cher que le photographe, en nous faisant doucement remarquer qu'au moins cette fois nous serions bien tranquilles et que cette sécurité valait bien quelque chose.

Il se contenta d'un trimestre également, mais toutefois avec la promesse écrite de nous garder aux mêmes conditions, à notre volonté. Notre construction s'acheva sans encombre, et nous étions en train de monter la toile, quand, un beau soir, je vis s'avancer un petit monsieur blond à lunettes; il était accompagné d'un autre personnage. Ces deux types se dirigèrent délibérément vers l'escalier de l'entrée. Mon interprète les arrêta et leur demanda ce qu'ils désiraient?

Ce que je désire, répondit assez insolemment l'homme aux lunettes, c'est que vous démolissiez cette baraque et me payiez une indemnité pour avoir construit sans ma permission sur un terrain que j'ai acheté il y a six mois à la vente du shérif. C'est moi qui suis propriétaire et, ce disant, il avait gravi les marches d'entrée et remis sa carte à l'interprète qui me traduisit textuellement ses paroles.

N'y tenant plus de colère, je lançai la carte à la figure de l'homme et, décrochant un révolver suspendu dans le cabinet qui nous servait de caisse, je le lui braquai le nez, en le sommant de déguerpir au plus vite. Il poussa un cri d'effroi et s'enfuit épouvanté avec son copain. Cette fois, c'était bien le vrai possesseur du terrain. Je regrettai mon mouvement de vivacité. Oscar, à qui je contai la chose, me mena chez le consul français qui s'interposa obligeamment pour arranger l'affaire. Le légitime propriétaire s'était entendu assez facilement avec tous mes voisins, qui, dupés comme moi par le photographe, étaient démeurés cois ensuite ; mais il ne voulait rien écouter à propos du *Français* qui l'avait menacé de mort. Le consul essaya d'excuser ma colère, en lui expliquant qu'il était le 3me que j'allais avoir à payer. Enfin, avec beaucoup de peine et moyennant une indemnité et un troisième trimestre encore payé d'avance, tout se calma.

Nous allâmes ensuite avec le consul chez mon second filou, l'agent qui m'avait escroqué le 2me terme. Il nous reçut avec un parfait sang-froid ; écouta tranquillement la réclamation du consul, et après avoir paru mûrement réfléchir, nous dit : « Messieurs, j'ai tant d'affaires dans la tête que je vous prie de me laisser une huitaine pour penser à celle-ci : revenez donc, s'il vous plaît, la semaine prochaine et nous en causerons. » Là dessus il s'était levé et nous avait reconduits à la porte sans plus répondre un mot au consul qui tentait en vain des explications. Une fois dehors: « Vous êtes volé, me dit le consul; ne bougez plus; vos réclamations ne serviraient à rien, et le procès que vous intenteriez pourrait durer plusieurs années, étant donné que vous n'êtes pas citoyen américain. Il vous faudrait avant tout verser une caution que vous ne reverriez jamais. » Je m'en tins à ces bons conseils et me remis au travail.

La toile montée, nous commençâmes notre exploitation, plus de deux mois avant l'ouverture officielle de l'Exposition. Les résultats furent maigres ; et, quand je revenais le soir, après un travail acharné à la décoration du palais, je trouvais mon associé avec une mine longue d'une aune. Le pauvre garçon récriminait : la gloire et les profits rêvés s'envolaient en fumée; mais qu'y faire ? Nous n'étions pas les seuls éprouvés dans cette aventure. Tous les exposants se plaignaient amèrement, entre autres nos voisins.

L'un deux, un bon Yankee, me demanda un jour si j'étais assuré contre l'incendie. Sur ma réponse négative : « C'est dommage, me dit-il délibérément, nous aurions flambé nos bazars et touché l'indemnité. » Il paraît que ça se pratique couramment là-bas. Du reste je n'ai jamais vu un pays comme l'Amérique pour l'incendie : tout y brûle.

Nous ne passions pas de jours sans rencontrer les pompes à vapeur lancées à fond de train sur les rails des tramways et sans entendre les cloches de ces machines sonnant à toute volée.

On assure qu'il n'y a pas de pays où le service des pompiers soit mieux organisé ; on devrait ajouter aussi qu'il n'y a pas de pays où l'on brûle autant qu'aux États-Unis.

Je disais donc que nos affaires marchaient passablement mal. Nous attendîmes avec l'espoir que ça pourrait changer; mais point, nos recettes devenaient de plus en plus insignifiantes ; nous étions en outre en butte à toute espèce d'ennuis : les enfants, auxquels personne n'ose toucher en Amérique, commençaient à devenir pour nous un véritable fléau; ils arrivaient en masse et prétendaient entrer de vive force chez nous; les hommes mêmes finissaient par s'en mêler; il arriva qu'une espèce d'émeute eut lieu parce que j'avais fouaillé les gamins; les pierres commençaient à pleuvoir et j'avoue que j'étais assez perplexe. Depuis l'aventure de mon propriétaire, je m'étais bien promis de ne toucher à mon révolver qu'à la dernière extrémité; mais le cas était différent et je songeais que j'allais absolument avoir à me défendre. A ce moment, ma femme, qui se tenait à l'intérieur, apparut effrayée sur le seuil. A l'instant, et comme par enchantement, le calme se fit et tout se dispersa.

Nous n'y comprenions rien ni l'un ni l'autre.

On nous expliqua le mystère : quand la société américaine se fonda, c'était le rebut de l'Europe qui alla d'abord peupler le Nouveau Monde, et il fallut dans cette société naissante, constituée des éléments les plus mauvais, créer des lois tout à fait exceptionnelles de garantie pour les faibles; aussi le législateur songea-t-il d'abord à protéger la femme et l'enfant. Ce qui fut nécessaire au commencement devint mauvais ensuite et les faibles, à l'heure actuelle, abusent assez volontiers de leurs droits. De même pour la loi du Lynch, qui eut d'abord son bon côté dans une société infestée de bandits, mais qui aujourd'hui est tout à fait abominable, étant donné l'impressionnabilité et la lâcheté des foules.

Il est bien rare là-bas qu'on ose toucher à une femme; c'est ainsi que s'explique la crainte que montra la foule, à la vue de Mme Castellani. J'en bénéficiai certainement ; et ma femme, ce jour-là, sans s'en douter, me tira d'un fort mauvais pas.

Cette protection exagérée de la loi tend à augmenter l'influence des femmes et l'insolence des enfants; et j'ai maintes fois entendu les Américains se plaindre de cet état de choses. Nous fûmes obligés de payer régulièrement les agents de police pour nous protéger contre les incursions des moutards philadelphiens, dont les parents n'eussent pas manqué, au moindre service de notre part, de nous réclamer des dommages-intérêts, qu'on leur eût accordés sans hésiter, étant donné que la loi américaine ne protège que ses nationaux. Ce peuple américain, qui, en somme, se compose d'un mélange de

12.

toutes les races, est moins en réalité une nation que tous les autres peuples, ce qui ne l'empêche pas de mépriser les étrangers. L'Américain a en cela hérité de la morgue stupide des Anglo-Saxons. Le Français n'est pas du tout chez lui là bas, pas plus que l'Américain n'est chez lui en France. Nous nous faisons réciproquement l'effet d'animaux bizarres. Au bout de peu de temps, l'ami Desgallais n'y tint plus. Il me faisait l'effet d'un goujon qu'on aurait mis dans de l'eau de mer; il prit le parti de fuir cette aimable contrée, et il eut raison. Il me laissa me débrouiller, ce que je fis non sans peine comme vous allez voir. Je me convainquis rapidement que dans ce pays de moutons, conduits par une poignée de gens riches, de charlatans, de politiciens et de journalistes, on ne pouvait rien faire sans la réclame et partant sans la presse; ces mœurs du reste commencent à s'implanter chez nous.

On peut, sans qu'il résiste, faire admirer à l'Américain n'importe quoi ; en art, en littérature, en musique on lui fait tout avaler sur recommandation. Dans le peuple, à moins qu'on ne le laisse tout à fait crever de faim, ce qui commence à arriver, personne ne songe à regimber. Mais que les milliardaires y prennent garde, ça pourrait mal finir.

J'essayai, pour réussir d'un peu de publicité ; mais ça n'est pas un peu, c'est beaucoup qu'il faut là-bas. Je fus du reste dans cette nouvelle tentative secondé par un type que je vous présenterai ensuite, et qui eut l'avantage de me procurer quelques désagréments nouveaux ; ce type était un Français, se disant comte et ancien officier de cavalerie, ayant, m'affirmait-il, beaucoup de relations dans la presse. Mais laissons ce personnage de côté pour parler d'une aubaine qui me tomba après le départ de Desgallais, aubaine qui me permit de me maintenir à flot et finalement de me tirer d'affaire.

Il s'agissait de remanier un panorama du *Siège de Paris*, panorama commandé à un ancien colonel nommé Liénard, qui n'était pas peintre et qui avait fait fabriquer la chose par n'importe qui. Les Américains, cette fois, proprement enfoncés par un simple Français, étaient exaspérés.

Liénard, qui les connaissait bien, les avait battus avec leurs propres armes. Je le vis à Philadelphie et je dois dire qu'il fut tout ce qu'il y a de plus aimable et de bon conseil avec moi. C'est grâce à lui que je ne fus pas encore *roulé*. Il me conseilla de me faire payer très cher, à l'heure, et chaque matin d'avance. Je demandai sept dollars de l'heure et j'en exigeai deux pour Oscar, avec lequel j'avais terminé et qui n'avait momentanément rien à faire ; il me fut parfaitement inutile, du reste, à tel point que je dus au bout de quelques jours l'imposer, son insuffisance notoire crevant tous les yeux. « Dis-leur, me soufflait-il dans l'oreille, que je suis ton œil. »

Je puis ajouter que dans ce panorama, où nous travaillions douze et quatorze heures par jour, j'en donnai pour leur argent aux propriétaires de la toile. Chaque matin, d'avance, la journée nous était payée, à une moyenne de 700 francs pour nous deux, ce qui était respectable. Ce mode de règlement avait d'abord paru choquer affreusement nos Yankees : « mais nous sommes des gentlemen, m'avait dit M. Dabbins, le Directeur ! »

« C'est possible, avais-je répondu, mais comme nous venons d'être floués par les premiers gentlemen du pays, j'entends la commission américaine, il est naturel que nous nous montrions méfiants avec les autres qui doivent être de qualité inférieure. » Ils avaient avalé ces insolences sans sourciller. Ils furent du reste très satisfaits de mon travail, auquel je mis toutce que je pus d'efforts. Je me crevai littéralement dans cette fournaise qui était construite en tôle. Nous trouvions encore moyen d'y rire avec Oscar, qui ne manque pas d'esprit, quoique *rossard*. Il prévoyait le fiasco de l'exposition et avait baptisé mon Diorama et le Panorama auquel nous travaillions « le grand et le petit *fourama* ». Je ne pus résister à l'idée de faire à mes bailleurs de fonds une petite fumisterie qui ne leur fit pas grand tort et dont ils se tirèrent parfaitement : j'avais simulé, pour peupler la toile, qui en réalité n'était qu'un paysage, une sortie aux environs de Paris ; ma scène se passait à Bagneux, sous le fort de Montrouge, et je m'y montrais un brin partial et chauvin : les Allemands, naturellement, recevaient une pile complète, et les Français n'avaient pas assez de jambes pour les poursuivre dans toutes les directions ; dans le village de Bagneux, entre autres, on voyait des Français élégants et minces comme des fils, lançant par les fenêtres de gros Allemands à nez rouge et à fesses énormes.

— « Ne trouvez-vous pas, m'avait dit timidement M. Dabbins, que c'est un peu exagéré ? »

« Jamais! clamions-nous en chœur. Ça a toujours été chez l'ennemi une fuite honteuse et désordonnée, et c'est la famine seule qui eut raison de nous. — Je le sais, répliquait en soupirant M. Dabbins; mais songez que nous avons à Philadelphie plus de deux cents mille Allemands.—Ça nous est égal, répondait férocement Oscar, nous devons respecter l'histoire ; » et je continuais de plus belle à écrabouiller les Prussiens! C'était une sorte de revanche que nous prenions. A la fin, la chose devint tellement gaie que nous nous brouillâmes avec nos commanditaires; du reste, le travail tirait à sa fin.

J'appris ensuite qu'un peintre américain avait changé les costumes de mes personnages, et que, par suite de cette transformation, les Allemands étaient devenus des Français et vice versa. C'est égal, nous avions bien ri.

A propos de la guerre je vais vous dire quelque chose qui pourra vous surprendre, mais qui en général est vrai. L'Américain du peuple est assez ignorant de ce qui se passe en Europe, et après tout nos affaires ne le touchent que très peu. Beaucoup de gens là-bas ne sont pas très certains que nous ayons été battus en 70. Je me rappelle une question qui me fut faite à brûle-pourpoint par un patron de bar irlandais : — « Qui est-ce qui a été vainqueur dans la dernière guerre entre les Français et les Allemands ? »

— « Parbleu, répondis-je sans hésiter, les Français. »

— « Ça ne m'étonne pas, poursuivit-il très sérieusement, ils sont si vifs. »

Mais revenons à mon Diorama et au rastaquouère dont j'avais commencé à vous entretenir. Je disais donc que ce comte de ... je ne me rappelle plus quoi m'avait offert gracieusement ses bons offices, sûr, me disait-il, de m'amener des clients. Il s'était mis en campagne malgré moi, me présentant des journalistes, faisant du bruit, et se donnant partout comme directeur de l'établissement. C'était à lui à la fin qu'on s'adressait, même de la police, pour tous les renseignements concernant mon affaire; ce qui était naturel, puisque j'étais toujours occupé autre part, et que ma femme, qui était à la caisse, ne parlait pas un mot d'Anglais. Néanmoins les allures de ce personnage avaient éveillé ma méfiance; et un jour qu'il avait fait sans prendre mon avis une dépense de publicité, je le priai sèchement de me laisser la paix et de se mêler de ses affaires. Il prit de grands airs, parla d'offense, de témoins, etc.

Je me mis à sa disposition; car j'ai des idées bien arrêtées là-dessus : le duel est idiot; mais étant donné qu'il n'y a pas d'autre moyen d'imposer silence à certaine espèce de coquins, je serai toujours prêt à leur répondre. La prétendue *disqualification* n'est qu'un truc pour se dérober. En fait de témoins, il m'envoya une carte à payer, pour les soi-disant services qu'il m'avait rendus. Il parla aussi de m'actionner comme associé, et songea même à revendiquer la propriété du Panorama. Comme il était citoyen américain et que je savais ce qui en retourne là bas pour les étrangers en procès, je pris énergiquement mes mesures pour enrayer cette aventure nouvelle.

J'avais terminé le travail du panorama Liénard; je n'avais plus rien à espérer de la belle Amérique; et le fiasco de Philadelphie se carabinait. Je cédai à un menuisier, au prix des planches, et au comptant naturellement, la construction de mon diorama; je roulai ma toile que j'enlevai et je préparai tout pour quitter l'hôtel Beaurecard le surlendemain. Je devais prendre le train pour New-York et de là m'embarquer. Il était temps; mon homme commençait à se remuer.

Un incident inattendu précipita le mouvement. Nous occupions dans l'hôtel une chambre au second, et le rastaquouère habitait au-dessus de nous au troisième; il était exécré dans cet hôtel et ne paraissait plus à la table d'hôte. Il m'évitait évidemment. J'étais pressé et, la tête occupée de mes affaires, je gravissais rapidement l'escalier; je montai par distraction un étage en trop et, tournant la clef, j'ouvris la porte et me précipitai dans la chambre du comte avec lequel je me trouvai nez à nez. Il crut sans doute à une agression et étendit la main vers un révolver qui était sur une commode à sa gauche; je vis le mouvement, et, avant qu'il eût saisi l'arme, je l'empoignai à la gorge et nous roulâmes sur le parquet, moi le maintenant de toute ma force et lui se tordant pour se dégager. La porte s'ouvrit derrière nous, et les patrons de l'hôtel, suivis d'une partie des locataires, firent irruption dans la chambre. On s'empara du comte et on le jeta dehors avec une misérable valise qu'il avait. Il partit en jurant de se venger. Il déclara même qu'il serait à la gare à notre départ et qu'il nous empêcherait bien de quitter Philadelphie, etc., etc. Je ne sais qui lui avait appris nos résolutions.

J'ai depuis soupçonné l'interprète, qui était très bien avec lui.

Les Français naturalisés Américains, qui étaient présents, m'engagèrent à avancer mon voyage d'un jour et à partir dès le lendemain;

ils s'offrirent de nous accompagner jusqu'à la gare et s'engagèrent, en cas de provocation de la part du comte, à prendre l'affaire pour eux : surtout, me recommandèrent-ils, ne soufflez pas mot et au besoin supportez toutes les insultes. Il y va de votre liberté ; c'est votre arrestation qu'il veut provoquer, ce qui serait terrible en votre qualité d'étranger. Comme citoyens américains, nous n'avons rien à redouter de cet homme, et ne vous mettez pas en peine pour nous.

Le comte ne se présenta pas et nous pûmes tranquillement partir en serrant la main à tous nos bons amis.

Le voyage s'accomplit normalement. Il y a, de Philadelphie à New-York, environ une soixantaine de lieues, à travers un pays plat et couvert de forêts monotones et sans pittoresque. A de rares intervalles, apparaissaient des fermes, si l'on peut donner ce nom à des constructions faites toutes sur le même modèle, à l'emporte-pièces, peintes comme des boutiques et d'une propreté désespérante. De temps à autre, apparaissait un habitant avec l'abominable chapeau haut de forme, qui semble un défi stupide jeté à la nature entière, le véritable triomphe du grotesque et du laid, en concurrence avec le mortier du juge. Partout une civilisation uniforme et plate. Il en est toujours ainsi là où passe l'Anglo-Saxon.

Quel pays assommant ! Et moi qui étais naïvement allé en Amérique pour voir des peaux-rouges ! Il a fallu ce fumiste de Buffalo pour m'en faire toucher, à Neuilly, dans notre propre parc; bien peints du reste : en jaune de chrome, en vermillon français et en vert véronèse; montés sur des rosses de cirque bien dressées. Il a, paraît-il, continué son exhibition en pleine Amérique, avec plus de succès encore que chez nous, attendu que ce genre de sauvages y est encore plus inconnu. Pour moi, il en est des sauvages d'Amérique comme des brigands italiens. Ce sont quelques misérables paysans opprimés et devenus pillards par nécessité ou fainéantise.

Nous passâmes plusieurs jours à New-York, qui n'a ni le colossal de Londres ni le charme de Paris; et nous refranchîmes l'océan, à bord du transatlantique *le Saint-Laurent* nous eûmes un temps splendide. Quelle joie de revoir la France ! A part l'aspect triste, mesquin et pauvre de notre port du Havre, qui devrait être le roi de l'océan, je dois dire que, quand je touchai les rives de mon cher pays, il me sembla sortir d'un mauvais rêve, et j'eus un instant la sensation du bonheur parfait. Nous traversâmes la belle Normandie avec ses jolies fermes et ses gras pâturages, où les bestiaux enfoncent dans l'herbe jusqu'au ventre ; quelle merveille que ce pays ! puis nous vîmes Rouen, les bords riants de la Seine et enfin le splendide Paris et le petit Bois-le-Roi avec sa forêt de Fontainebleau. Nous sommes vraiment fous de quitter la France.

CHAPITRE XIII

J'avais repris mon train de vie ordinaire ; mais il était écrit, comme pour le Juif-errant, que je ne devais pas m'arrêter. Ma toile des *Marins au Bourget,* que j'avais rapportée de Philadelphie, fut envoyée, l'année même, à la grande exposition. Or, cette année-là on était convenu, pour ne pas effaroucher nos voisins, d'écarter toutes les toiles militaires ayant trait à la guerre de 1870. Cette décision, contre laquelle je crus devoir m'insurger, m'amena une nouvelle aventure qui eût pu me devenir funeste en me compromettant de toutes les manières ; tant il est vrai qu'on doit, par le temps qui court, prendre garde à ses relations.

J'avais avant la guerre, pendant que je faisais les peintures du cirque de Reims, rencontré dans cette ville un type dont je vous tairai le nom, par respect pour sa famille. Riche à ce moment, désœuvré, intelligent et ambitieux à sa manière, c'est-à-dire vaniteux et rêvant des triomphes et des apothéoses d'opéra-comique, ce type, que beaucoup de monde a connu, était, après avoir dissipé tout ce qu'il avait, parvenu à capter la confiance de M. de Tonneins, le malheureux roi d'Araucanie et de Patagonie (Orlie Ier) lequel est venu mourir si misérablement à l'hôpital, à la suite de maladies contractées dans un cul-de-basse-fosse, où les Chiliens l'avaient jeté, après l'avoir fait prisonnier et condamné à mort X... alla voir le roi déchu, s'apitoya sur son infortune et lui fit donner une chambre à part dans l'hôpital.

En mourant, M. de Tonneins reconnaissant lui avait légué ses papiers et son titre de roi, qui devait servir au personnage en question à battre monnaie et à faire des dupes. La première chose que fit le nouveau roi *in partibus* fut de créer un ordre qu'on vendit à bon marché à tous les imbéciles en quête de ces sortes de distinctions honorifiques. C'est le baron Seillière (Raymond) qui avança l'argent nécessaire à cette création. Longtemps ce singulier monarque courut les cabarets et caboulots, Chat-Noir, et autres lieux de plaisance, escorté de sa cour et de ses ministres affamés, qu'il régalait à de rares intervalles.

Je venais, en réponse à l'ostracisme qui avait frappé tous les peintres militaires à l'exposition, d'organiser un salon particulier pour mes confrères dans le genre guerrier. Depuis de Neuville et Detaille, jusqu'aux débutants, tous avaient répondu à mon appel; et avec leurs œuvres réunies, j'avais organisé une exhibition à la salle

Frascati, que j'avais louée à mes risques et périls.

Entre temps le hasard m'avait fait rencontrer X..., qui m'avait mis au fait de sa nouvelle situation de roi. Il m'avait exhibé ses titres authentiques, ses moyens d'action pour reconquérir son royaume; ses mots de passe et de ralliement avec les chefs de tribus araucaniennes, etc., etc. Il avait, me disait-il, l'appui des missions, de l'argent, un navire, 1.200 hommes de débarquement; plusieurs pièces de canon, son cadre d'officiers; il m'entretint de la richesse du pays, de ses mines d'argent, et enfin de la conquête du Chili, qu'il espérait faire rapidement, étant donnés les cent mille cavaliers indiens que lui fourniraient les Araucans et les Patagons; bref, tout un conte des mille et une nuits réalisable.

Il m'offrait en même temps le titre de capitaine général de ses troupes de débarquement. J'avoue à ma honte que je coupai presque dans cette gigantesque fumisterie; tout au moins je ne rejetai pas sa proposition, lui demandant quelques jours pour examiner et réfléchir. En attendant, je lui parlai de mon exposition qui fonctionnait déjà et marchait même très bien. Il vint me voir, me donna des conseils et finit, à force de ruse et de persévérance, par m'inspirer assez de confiance pour le laisser se mettre à la tête et direction de ce qu'il appelait mon administration.

C'était en plus grand le pendant de mon comte de Philadelphie. Il était escorté de plusieurs types dont les allures me donnèrent assez vite à penser que j'étais tombé entre les mains d'une bande de filous. Ce sont ces messieurs qui étaient à la caisse, et tenaient les livres de comptes dont le règlement devait m'être présenté tous les mois. X... s'était mis en relation avec le commissaire du quartier et passait pour le directeur de mon exposition. Je n'hésitai pas; j'allai trouver le préfet de police et lui contai toute l'affaire, y compris la façon dont j'avais autrefois fait la rencontre de X... Le préfet connaissait parfaitement l'oiseau; il me remit une lettre pour le commissaire qui était en relation avec mon homme, et me donna carte blanche pour me débarrasser de lui. Ce ne fut pas long : le lendemain au matin je l'attendis au bureau; et quand il fut là, sans lui dire un mot, je fermai la porte à clef et, lui braquant un révolver sous le nez, je le sommai d'avoir à me remettre les livres qui étaient enfermés dans la caisse. Il ne souffla pas, prit les clefs dans sa poche et me les tendit; je lui ouvris la porte et il fila. J'étais débarrassé; mais au lieu de bénéfices sérieux que j'aurais pu réaliser, je ne récoltai que des ennuis et des dettes. Je courus même un grand danger : ces *messieurs* avaient comploté d'enlever tous les tableaux, pour les transporter en Allemagne. Grâce à l'énergie que je déployai en dernier lieu, l'honneur fut sauf, et je rendis leurs œuvres à tous mes camarades qui ne se sont jamais doutés du fond de l'histoire.

Parmi les personnes qui m'aidèrent à me tirer de ce guêpier, je dois citer Poilpot, qui, avec sa finesse de chien de chasse, avait flairé très rapidement le traquenard dans lequel je m'étais laissé attirer assez imprudemment. Je voyais beaucoup Poilpot à cette époque ainsi que son ami le peintre Jacob. Nous formions tous les trois un petit cénacle où s'élaborèrent quantité de projets plus ou moins réalisables. Poilpot prétendait qu'il arriverait certainement à faire quelque chose avec moi; et l'avenir prouva qu'il ne s'était pas trompé. Nous avions déjà, du reste, ébauché ensemble une expédition dans laquelle la direction des beaux-arts d'alors avait failli sombrer.

Poilpot s'était tiré de l'affaire avec une commande et moi avec des horions, ou tout au moins très compromis. L'année qui suivit mon Exposition militaire, j'envoyai aux Champs-Élysées mes *Marins au Bourget*. Ce fut à cette toile, qui eut un succès de public, que je dus la mise en train de l'affaire des Panoramas, affaire avec laquelle recommença ma vie d'aventures et de fortune cette fois.

Je reçus un beau matin à mon domicile de Montmartre une carte postale me donnant un rendez-vous pressant dans un café; je crus un instant à une fumisterie de Poilpot. Il était assez friand de ces sortes de plaisanteries. J'y allai à tout hasard et là je trouvai un Belge, M. Jourdain, qui me proposa de faire à Bruxelles un panorama de la bataille de Waterloo. Ce Monsieur, très intelligent et très homme d'affaires, n'avait aucun capital à sa disposition ; mais il flairait une réussite.

Il avait vu mon tableau du Salon, en compagnie d'une autre personne qui l'avait vu aussi à Philadelphie. Je lui inspirais une confiance complète et c'est moi qu'il voulait comme peintre. Il s'arrangea pour me procurer les premiers fonds et je me mis de suite à l'esquisse.

Le soir de notre entrevue avec M. Jourdain, je fis une entrée triomphale chez Poilpot où déjà étaient arrivés Jacob et sa jeune femme : la fortune ! la fortune ! m'écriai-je; et tous de répéter en chœur : la fortune ! la fortune ! C'était bien elle en effet que je venais de rencontrer pour tous les trois; je vous expliquerai plus tard comment, en faisant la mienne, je fis celle de Poilpot et de Jacob.

C'est la genèse des panoramas que je vais vous conter, l'histoire de cette manifestation nouvelle d'art, qui, quoi qu'on en dise, a commencé une révolution dans l'art moderne.

Il y avait depuis quarante années à Paris une exhibition de ce genre qui fonctionnait aux Champs-Élysées. C'était le colonel peintre Lan-

13.

glois qui, le premier, avait eu l'idée de ce genre de peinture, laquelle ne diffère du reste des autres que par la disposition circulaire des toiles et leur éclairage qui consiste à envoyer de la lumière en masquant le foyer lumineux.

A la mort de Langlois, le peintre Yvon avait dû continuer à exécuter les toiles pour la même société; mais comme il s'était montré très exigeant pour le prix, on s'était adressé à M. Philippoteaux père, un artiste de grande valeur, qui avait accepté et continué tranquillement l'exploitation. M. Philippoteaux m'avait après la guerre employé à l'exécution du siège de Paris.

C'est là que m'était venue l'idée de porter cet art nouveau au dehors; et c'est par la malheureuse expédition de Philadelphie que j'avais commencé. Avec ma toile de *Waterloo*, devais je définitivement lancer les panoramas en Europe et dans le monde entier. Poilpot, alors mon camarade et voisin à Montmartre, s'accrocha à moi en cette circonstance et, avec son esprit entreprenant et assimilateur, chercha à édifier une affaire parallèle à la mienne. C'était son droit et je l'y aidai de tout mon pouvoir. J'ai encore de lui une lettre enthousiaste dans laquelle il me jure une reconnaissance éternelle, me déclare qu'il me doit sa fortune et me proclame *le père des panoramas*. Nous sommes restés en bons termes, mais s'est-il toujours bien souvenu des services rendus? Et m'a-t-il toujours servi comme un ami? C'est à lui que j'adresse la question.

Dans maintes circonstances, n'eut-il pas pu, sans que je le lui demande (je ne demande jamais rien à personne), faire comme j'avais fait vis-à-vis de lui, me tendre la main? Je sais bien qu'il a répondu à quelqu'un ce mot épique : « Castellani ! Il se repêcherait, si on le jetait dans le Vésuve. Je ne suis pas embarrassé de lui ; l'œil est bleu. »

Cette réponse de Poilpot me remet en mémoire une autre réponse de Vallès, qui, lui, me devait non seulement de la reconnaissance, denrée inconnue chez lui, mais de l'argent. Il fallait que j'en fusse bien privé pour lui rappeler une dette. Ça n'a jamais été ma manière. A une lettre un peu pressante et confidentielle que je lui avais adressée, il m'avait répondu par une autre ainsi conçue : « Je ne savais pas, cher ami, que de semblables questions pussent tirer à conséquence entre nous ; si vous êtes dans la mélasse (*sic*), ça n'est pas quelques centaines de francs qui vous en tireront. Ainsi, n'en parlons plus, et venez déjeuner avec moi. » Vallès était carré. Remarquez qu'il était, en ce moment, en pleine prospérité.

J'exposai le diorama de Philadelphie, c'est-à-dire la toile des *Marins au Bourget*, dans un grand magasin de Bruxelles, boulevard du Hainaut. Il eut un succès immense, et le capital du panorama de Waterloo fut couvert en un tour de main. Il est vrai que ce capital était modeste : cent cinquante mille francs au plus, y compris la toile et la construction à façade de pierre sur le boulevard Anspach. Je puis dire que jamais succès artistique et financier n'égala celui de ce panorama ; mais aussi j'avais ma liberté complète et mon temps : mes commanditaires, à l'encontre des autres entrepreneurs, ne s'étaient pas mêlés de la question d'art et m'avaient laissé opérer à ma fantaisie ; je dois également reconnaître qu'au point de vue affaires les frères Jourdain s'étaient montrés des maîtres, de même que leurs associés les frères *Bertrand*. Ce dernier nom m'a toujours fait penser, quand je songe à ces financiers, aux personnages de l'Auberge des Adrets.

Le capital de Waterloo fut remboursé au bout de quatre mois et demi, et mes huit cents actions de jouissance (mon seul bénéfice), arrivées au pair, montèrent en bourse de 100 francs à 1.600 francs, réalisables. C'était de la pure folie de la part du public ; mais c'était ainsi. L'engouement pour le panorama était à son comble. D'un seul coup, je devenais millionnaire ; sans le chercher, ma foi ; car je puis dire que l'argent, en dehors de ce qui peut assurer l'indépendance, me touche assez peu. Mais, me direz-vous, qu'avez-vous fait de cette fortune ? Demandez à mes associés financiers. Je ne prendrai pas la peine de vous raconter comment je ne pus ni réaliser, ni garder ce que je possédais. Les histoires de manipulations financières sont toujours malpropres et peu intéressantes. Sachez seulement qu'après un travail acharné et une production *par moi-même* de plusieurs années, sans luxe ni dépenses personnelles, je me trouvai débiteur, paraît-il, de plusieurs centaines de mille francs à cette bonne société, qui en somme ne m'avait jamais payé. Cette histoire, ainsi que celle des procès qui en furent la suite, est faite pour me donner, quand je passe devant un palais de justice quelconque, des nausées et des écœurements qui me rappellent le mal de mer. Pouah ! chassons ces cauchemars et passons.

Le succès de Waterloo fut tel qu'il servit d'appât à toutes les sociétés financières qui à cette époque se ruèrent sur le marché de Bruxelles, pour lancer des panoramas à capitaux fantastiques. J'eus l'occasion, pendant cette période, de ramasser une somme assez ronde : trois cents mille francs d'un coup ; je laissai volontairement échapper cette occasion malgré les objurgations de ma société. Ce fut très bête, paraît-il, de ma part, mais je ne m'en repentirai jamais.

Voici l'histoire qui fit grand bruit à l'époque et me valut un succès de journaux et un mot charmant d'André Gill, dans *les Hommes d'aujourd'hui*. Un certain M. Wolf, président d'une société allemande, avait offert à la Société-de-Bruxelles de monter à Berlin un panorama de la bataille de Sedan. Je fus pressenti à ce sujet, et je refusai naturellement de peindre pareille toile. On insista et on m'offrit, comme je vous l'ai dit, trois cent mille francs, dont cent mille versés de suite. J'aurais pu consentir à me déshonorer; mais il fallait que la somme en valût la peine : j'exigeai cinq milliards. On ne voulut pas me les accorder. Depuis, j'ai fait dix-sept panoramas, toujours de ma main; et le résultat c'est que je n'ai pas le sou; que dis-je? j'ai des dettes, dettes que ne reconnaît pas ma conscience ; mais pour lesquelles des financiers et usuriers de la pire espèce me traquent, appuyés et soutenus par des hommes de loi de tout acabit.

Je suis fatigué de ces ruineuses chicanes où le bon sens et l'honnêteté ne servent de rien ; et en désespoir de cause, après en avoir bien gémi, je me suis décidé à en rire. Il y a certainement en effet un côté comique à cette chasse; et, à l'heure qu'il est, je n'ai plus qu'une idée fixe : jouer de mauvais tours à mes persécuteurs et me faire ainsi justice moi-même, puisqu'il est impossible de l'obtenir des tribunaux. Et je puis ajouter sans forfanterie que j'ai dans ce genre de vengeance des facultés et des ingéniosités que je ne me soupçonnais pas. Donc ne nous faisons plus de mauvais sang et regardons ces braves gens courir; au contraire, encourageons-les à cette vaine poursuite.

Je disais que la rage des panoramas avait amené à Bruxelles un déluge d'émissions. On lança en même temps et à la fois les panoramas de Wauters, de Neuville et Detaille, de Hunten et Simler, de Philippoteaux, de Washington, de Poilpot et Jacob, etc., etc., avec un luxe de moyens contre lesquels je ne pouvais lutter : j'étais réduit par mes engagements antérieurs à exécuter moi-même et à peu près sans argent, des toiles et compositions immenses que j'étais forcé de livrer dans des laps de temps improbables. Je demeurai attelé à ce travail gigantesque durant plusieurs années, sans trêve ni relâche ; et si je n'y laissai pas ma santé, c'est que je suis construit à chaux et à sable. Je n'entreprendrai pas de vous raconter en détail les péripéties de cette Odyssée artistique à travers l'Europe ; ça n'en finirait pas. Je veux seulement vous en donner une idée, en ayant bien soin de frôler avec de grandes précautions ce qui paraîtrait toucher à la politique, dont j'ai fait suffisamment pour ma part. Je désire coucher dans mon lit, au moins jusqu'à la fin de mes jours. Je ne suis pas du bois dont on fait les martyrs et je me laisserais bien arracher un ongle ou même deux pour la cause que je défends, mais au troisième je crois que le cœur me manquerait. Donc cultivons notre jardin, si on veut bien nous en laisser un. Cette profession de foi établie, je continue ma narration.

Après *la Bataille de Waterloo*, la Société Belge monta une entreprise générale de Panoramas, laquelle entreprise, étant donné le petit capital employé, eût réussi pleinement, si d'autres grosses affaires n'eussent été entées sur celle du panorama proprement dit, et ne l'eussent toujours entraînée dans leur ruine. C'est ainsi qu'à Vienne, à Madrid, à Paris et autres lieux on construisit à grands frais des salles de théâtre, de concert, des Éden, etc., pour faire gagner de l'argent à l'un de mes associés qui était ingénieur. Ce fut très fâcheux au point de vue de cet art si intéressant et si moderne, art dont je vais essayer de vous donner une idée vraie, et tâcher de vous démontrer l'utilité au point de vue historique et esthétique.

J'écrivis un jour à M. Langer, un ami à moi, directeur de la « Simple Revue », la lettre suivante qui est bien le résumé de ce que je pense à ce sujet.

« Cher ami,

« A propos de panorama, j'ai hésité un instant à répondre à vos questions qui me touchent bien un peu personnellement ; mais j'ai réfléchi qu'il fallait, dans l'intérêt même de la vérité, passer sur ce scrupule, et voici ma réponse ou plutôt l'exposé sincère de mes impressions. Le panorama est dans l'art moderne l'expression la plus vivante et la plus extraordinaire, la synthèse la plus complète de ce que les cerveaux humains ont tenté d'essayer depuis des siècles pour donner une idée de la nature qu'on n'a pas sous les yeux. C'est sain, robuste, vrai. Trompe-l'œil ! s'écrient les malins, furieux d'être empoignés comme de simples mortels et ne voulant pas l'avouer. Mais, hommes de peu de sens, qu'espère-t-on tromper en peinture si ce n'est l'œil ; il ne s'agit, je pense, ni de l'ouïe, ni de l'odorat, ni même du toucher : quoique j'aie rencontré des paillards qui touchaient la sculpture. Un peintre qui dans une certaine mesure ne trompe pas les yeux de son public n'est pas un peintre : art et artifice sont synonymes. Maintenant, je viens affirmer aux quintessencés qui prétendent que la poésie gît dans le brouillard seulement, que le panorama s'en charge quand il veut représenter des scènes sur les bords de la Tamise, au mois de janvier ; mais il prétend donner une toute autre impression, quand il s'agit des bords du Tage en été. Enfin, pour ceux qui tiennent quand même à leur brume, je propose de leur fournir des lunettes légèrement dépolies, et les panoramas leur apparaîtront, paysages, personnages et animaux compris, plus pâles, plus chlorotiques, plus plats que les marguerites en papier, les nymphes en plâtre, ou les manches à balai des bois sacrés de Puvis de Chavannes. C'est le même moyen que je conseille d'employer aux architectes rageurs, qui veulent absolument qu'on respecte la blancheur de leurs murs, et ce qu'ils appellent, en langage consacré, leurs lignes monumentales.

Ces messieurs sont toujours exaspérés de voir les peintres accaparer l'attention du public. Je ne m'étonne pas que Puvis ait trouvé grâce à leurs yeux. Notre homme est un fin matois qui est parvenu à leur faire accroire qu'il en arriverait insensiblement à ne plus rien mettre sur leurs murailles, ce qui, après tout, ne constituerait pas un grand malheur ! C'est égal, quel charmeur ! quel poète ! quel adorable fumiste ! que ce brave Chavannes, mais que dire de ceux qui lui emboîtent le pas, les Chavannais, comme on les appelle ?

« Pour en revenir aux panoramas, il serait ridicule de prétendre qu'ils sont quand même des œuvres de premier ordre ; la spéculation, l'inexpérience et la prétention des *directeurs* s'opposent le plus souvent à leur réussite ; j'ajouterai que, comme dans les tableaux, il y en a qui sont de ceux qui les signent et d'autres qui ne sont que l'œuvre de ce que les soi-disants auteurs appellent leurs *collaborateurs*, collaborateurs qui pondent jusqu'à l'esquisse. Par contre, les panoramas de Neuville et de Detaille sont bien de leurs auteurs, et les toiles de Champigny et de Resonville ont été de véritables chefs-d'œuvre dans le genre. Je n'en veux pour preuve que le morceau pris au hasard dans la partie de Champigny, peinte par de Neuville, et qui enfonce à lui tout seul le Musée de Versailles, et est, sans contredit, un des plus beaux morceaux de peinture connus ; et certes, comme pages historiques, trouvez-moi le moyen de rivaliser avec des œuvres panoramiques qu'auraient pu nous léguer les Géricault, les Rubens, les Léonard de Vinci, s'ils avaient connu cet art.

« **Truc !** me direz-vous ; mais pas plus que les autres peintures : mieux on dessine, mieux on peint, mieux on compose, plus on a d'inspiration, de sentiment vrai ou poétique, mieux cela vaut ; et il n'est défendu à personne d'avoir du talent, voire même du génie, dans un panorama. Quant au moyen que nous employons pour bien servir ou pour bien éclairer nos toiles, comparé à celui dont vous vous servez pour nuire aux vôtres, c'est affaire de goût : chez nous, tout est sacrifié à la toile, le vélum est opaque ; chez vous, il est transparent ; dans le but, sans doute, d'éclairer le public et les toilettes, et d'empêcher ainsi de voir les tableaux, qui ne sont plus que des prétextes à mise en scène, à pose et à bavardage, à haute voix, pour les prétentieux, les précieuses, les solennels et les pontifes, qui veulent à tout prix étonner la galerie par leurs appréciations fantastiques ; c'est là que Prud-homme se fait un bagage qu'il déballe ensuite dans les milieux dirigeants.

« Chez nous autres, panoramistes, une chose fait complètement défaut, au grand désespoir des écriveurs artistiques : nous n'avons pas d'écoles ; c'est la nature, la vérité que nous cherchons à vous servir toute [nue, sans conventions, sans discussions possibles sur l'esthétique et autres âneries à l'usage des malades et des flibustiers d'art.

« Si vous ne pouvez pas entrer dans nos toiles, vous y promener, y voler par la pensée, nous avons tort, et vous êtes volés vous-mêmes ; si, au contraire, nos drames, nos idylles, nos récits de combats vous empoignent, vous étreignent, vous transportent hors du monument qui enclot notre œuvre, nous avons raison et nous sommes des maîtres ès-arts. Est-ce assez clair ? Voilà ce que je viens dire aux oies qui composent les chœurs de braillards artistomanes, lesquels sont poussés inconsciemment par les enragés, les impuissants, les *baveux* de notre profession. On est tenté de leur crier : « Allez à l'Institut et f...ichez-nous la paix ! » Vous nous faites l'effet de grenouilles dans une mare que traversent des éléphants ; les éléphants, c'est nous !

« Voilà, mon cher maître, comme je comprends l'affaire ; et si Carolus, le beau, l'incomparable, le mirifique Carolus n'est pas content, qu'il tire sa flamberge.

« Et j'ajoute en m'adressant aux courageux, aux braves de la corporation : quant à vous, mes chers collègues, soyez persuadés que le temps n'est pas éloigné où cet art, qu'on a vainement tenté de dénigrer, sera universellement répandu ; chaque ville aura son Panorama, ses dioramas, relatant son histoire, ses illustrations, ses gloires, et pourquoi chaque particulier ne s'offrirait-il pas, en ce genre, une scène en rapport avec ses souvenirs ou ses goûts. Et alors nous travaillerons tous, ce qui ne gênera en rien les petits tableaux, les galeries ou les musées.

« Sur ce, que les bons génies vous aient en leur garde.

« Ch. Castellani,
« *Peintre.* »

Ce fut à Bruxelles que j'installai mon atelier ou plutôt mes ateliers dans une immense usine du faubourg de Molenbeck. C'est là que j'exécutai à peu près tous mes panoramas ; je les transportais ensuite à leur destination, où, après les avoir fait monter, je les achevais sur place. Le Panorama de Waterloo, qui alla plus tard à Londres, y fit un *fiasco* complet, et cela s'explique facilement. J'avais représenté la bataille à cinq heures du soir, lorsqu'elle battait son plein, et que nos soldats y paraissaient sur le point d'être victorieux. C'était une véritable apothéose de Napoléon Ier, qu'on apercevait à cheval au milieu de son carré légendaire, recevant sur la tête un rayon de soleil qui filtrait à travers le ciel nuageux.

« Il est facile de voir, disait un correspondant

du *Figaro*, que l'auteur de cette page d'histoire est Français; » mais pour cette raison même les Anglais n'y trouvèrent pas leur compte. Les discussions les plus vives eurent lieu sur l'estrade le jour de l'ouverture, où nous avions invité nombre de lords et de membres du Parlement. Je voulus bien tomber d'accord avec les plus raisonnables que la bataille eût été pour eux indécise, sinon perdue, sans l'arrivée des Prussiens vers six heures du soir ; et encore j'ajoutais, ce qui est la vérité, que l'armée anglaise eût été le lendemain incapable de recommencer la lutte.

En somme, je contribuai singulièrement ce jour-là à prouver à MM. les Anglais qu'ils n'avaient pas été si supérieurs aux Français qu'ils l'ont bien souvent prétendu ; et la vérité vraie c'est que ni Wellington ni l'armée anglaise, qui fut admirable ce jour-là, n'étaient de poil à lutter contre Napoléon et la vieille armée française. Mais John Bull, qui est à froid le peuple le plus gascon de la terre, ne s'accommoda pas de cette demi-gloire que je voulais bien lui accorder : il bouda sérieusement mon panorama, que les Belges avaient acclamé avec tant d'enthousiasme, étant donné qu'ils sont convaincus que c'est par eux seuls que la bataille fut gagnée ; ce qui entre parenthèses fait tordre les Anglais, dont les historiens prétendent, bien à tort, que les Belges n'ont été remarquables dans cette affaire que par leur fuite rapide.

Le roi Léopold, ainsi que la reine, que j'avais reçus le jour de l'ouverture à Bruxelles, me firent les plus grands éloges. Vallès, qui à ce moment était réfugié à Bruxelles, avait assisté à cette royale visite; il en parla le lendemain dans sa correspondance : ma tenue vis-à-vis de Sa Majesté avait, je ne sais pourquoi, paru l'étonner : « Vrai, dit-il, en parlant de moi, il faut être Français pour garder ainsi son quant à soi devant une tête couronnée. » Vallès se trompe ici et mon allure libre vis-à-vis du roi Léopold n'eut qu'une seule raison d'être : je suis mal à l'aise avec les gens médiocres que je ne connais pas et qui revêtent souvent des façons hautaines qui m'étonnent un instant ; mais jamais je n'éprouve ce sentiment avec les gens intelligents, quelle que soit la haute situation qu'ils occupent ; et je dois dire que le roi des Belges du premier coup me fit l'effet d'un homme extrêmement fin, avec son grand nez à la François Ier et son sourire légèrement sarcastique. Je fus vis-à-vis de lui, autant qu'il m'en souvient, très correct et très respectueux, comme je devais l'être vis-à-vis du représentant de la nation belge qui me faisait l'honneur de me visiter et se montrait aimable pour moi. Je crois que S. M. fut de suite prévenue en ma faveur par un petit service que je lui avais rendu à son arrivée chez nous. Un de nos administrateurs, le meilleur homme de la bande, monsieur van O..., s'était à l'annonce de la visite royale, avisé d'écrire un long discours ; quand on signala l'entrée du roi, il sortit son papier.

— « Qu'est-ce cela ? » lui-dis-je.

— « Un discours. »

— « Ah ça, m'écriai-je à haute voix, est-ce que vous allez encore em...bêter ce malheureux roi avec votre discours?... »

La portière qui nous séparait de l'entrée se souleva juste au moment où j'accentuais ces paroles un peu brusquement, et la tête de Léopold apparut avec un rire qu'il essaya vainement de comprimer et qu'il garda malgré lui sur les lèvres pendant quelque temps ; la reine, qui suivait immédiatement, avait son mouchoir sur la bouche pour ne pas éclater. Leurs MM. avaient forcément entendu mes paroles et, d'un commun accord, nous passâmes tous les trois, le roi, la reine et moi, sur le ventre de van O... qui tenait toujours à la main son redoutable papier.

J'entendis à ce moment derrière moi la voix formidable de cet animal de Vallès qui disait : « Voilà une suppression de discours qui vaut au moins le grand cordon. »

CHAPITRE XIV

Puisque j'ai Vallès sous la main, je vais vous dire quelques mots sur cette personnalité qui eut une grande valeur, au moins au point de vue littéraire. Vallès, qui, malgré son fond bourgeois et son égoïsme féroce, ne me déplaisait pas, avait un sens du comique à rendre des points à Paul de Kock ; et dans les circonstances les plus dramatiques de sa vie le côté burlesque des choses dut toujours lui apparaître. Voici à ce propos un récit que je tiens de sa bouche; c'était après l'entrée des Versaillais à Paris ; tout le monde sait que Vallès fut recherché avec soin, et qu'on fusilla même à sa place plusieurs malheureux sur de vagues ressemblances ou d'après des indications fausses. On n'y allait pas de main morte à cette horrible époque. Vallès avait, quelques jours auparavant, étant encore membre de la Commune, été visiter l'hospice de la Salpêtrière ou de la Riboisière, je ne sais pas au juste.

Là il avait eu avec le médecin en chef une conversation dans laquelle il avait rassuré ce dernier au point de vue de sa sécurité personnelle et de la tranquillité laissée à cet établissement.

« J'étais, me dit-il quelques jours plus tard, au même endroit, costumé en aide-major, en train d'écrire sous dictée la liste des objets trouvés sur les insurgés arrêtés, à mesure qu'on les dépouillait de ces objets ; j'étais courbé sur mon papier, osant à peine lever la tête ; plusieurs hommes que j'avais connus passèrent successivement devant moi, et je suis sûr que tous me remirent parfaitement, mais pas un ne souffla.

Tout à coup le médecin en chef qui était présent arrêta brusquement ses yeux sur moi avec une expression qui ne me laissa aucun doute. Je me levai et allai brusquement à lui : — « Vous m'avez reconnu docteur? — Oui parfaitement.

— Eh bien! dites-moi franchement ce que vous comptez faire de moi. J'aime mieux être de suite fixé sur mon sort. Maintenant, s'il m'est permis de plaider ma cause, sachez que je n'ai jamais tiré un coup de fusil ni donné aucun ordre d'incendie. — C'est possible, reprit le docteur, mais on fait quelquefois beaucoup plus de mal avec une plume qu'avec un fusil. — Eh bien! si ça vous est égal, repris-je, je préfère être fusillé avec des plumes. » Le docteur sourit : — « Allez, me dit-il, et continuez votre besogne, vous aurez ma réponse avant cinq minutes. » Je me remis à ma table assez inquiet. Au bout de trois minutes, qui me parurent un siècle, le docteur s'approcha de moi et me dit à haute voix : — « Major! allez, s'il vous plait, à votre service. Nous sommes quittes, me glissat-il à l'oreille. Tachez de vous mettre à l'abri. Mais désormais ne comptez plus sur moi. »

À côté de ce penchant à voir la côté comique ou ridicule des choses, il était, par un contraste bizarre et bien qu'il affectât de s'en défendre, très sensible aux actes héroïques. Je lui montrais un jour dans mon atelier une charge de nos cuirassiers à Sedan et un épisode des zouaves de Charette à Patay ; il s'emballa un instant ; puis se reprenant vite : « Toujours des cuirassiers ! des zouaves pontificaux ! Pourquoi ne peignez-vous pas plutôt un lancier au nez rouge, enfilant une marchande de pommes de terre frites, dans la rue Saint-Maur ? »

J'allais oublier une autre histoire qui lui arriva pendant la Commune, en compagnie de Raoul Rigault, que j'ai très peu connu et qui me fit toujours l'effet d'un rapin toqué ou d'un gavroche cynique. Ils dînaient ensemble dans je ne sais plus quel ministère, servis par les laquais ordinaires de l'endroit. Ceux-ci, debout derrière eux, dissimulaient mal leur dédain pour ces nouveaux hôtes. L'un de ces gens, qui était près de Vallès, affectait même des airs presque hautains. Vallès, qui s'en aperçut, voulut couper court à ces façons de valetaille aristocratique. S'adressant brusquement à Rigault : « Te rappelles-tu, lui dit-il, le larbin qui nous servait à tel endroit, ce grand escogriffe qui faisait tant le malin ? — Non, dit Rigault. Eh bien ? — Eh bien, dit Vallès, je viens de le faire fusiller. » (C'était une simple fumisterie.) Le pauvre laquais qui lui versait à ce moment devint vert et répandit sur la nappe une partie du liquide : « Vous n'êtes guère adroit, mon ami, fit Vallès, pour un domestique de bonne maison. » En réalité, j'ai toujours été convaincu que Vallès était incapable d'un acte de cruauté. Combien de farouches révolutionnaires comme lui. Les circonstances le plus souvent les entraînent, et une fois partis ils sont forcés d'aller jusqu'au bout.

Vallès était *rat*, bien plus auverpin qu'Auvergnat, et j'ai une lettre de notre ami commun André Gill, qui l'adorait tout en le connaissant très bien, lettre où il raille sa chicherie ; ses façons d'avare choquaient Gill, qui était la générosité même. Je cite une phrase où il dit : « Quant à Vallès, il ne m'inquiète pas. Il doit avoir des sous dans son vieux bas d'Auvergne...» et la lettre finit par ces mots : « Vieux pou, va ! »

A l'encontre de Gill, qui était d'une poltronnerie enfantine, Vallès était brave à ses heures : il eut avec Poupart Davyl un duel, où les adversaires, tous deux d'une maladresse rare, échangèrent quatorze balles ; par hasard, une de ces balles cassa le bras à Davyl et mit fin à ce combat à outrance. Il m'a avoué depuis qu'il détestait les duels et qu'il n'allait sur le terrain que pour avoir ensuite le repos et la tranquillité qu'il rêvait. Je suis convaincu qu'avec vingt mille livres de rente (c'était son chiffre) il eût été le plus paisible bourgeois du monde; et je le répète encore: combien de révolutionnaires comme lui!

Pour en finir avec Vallès, voici une histoire bien authentique qui vous le peindra tout entier. Je lui avais fait gagner à Bruxelles, dans une affaire d'électricité (la lampe Soleil), une somme d'environ trente mille francs; il avait en outre hérité d'une cinquantaine de mille francs, qu'un fanatique de ses œuvres lui avait laissés en mourant. Ces sommes réunies, plus les économies sur les recettes du *Cri du peuple*, en avaient fait un petit capitaliste. Le farouche défenseur du peuple avait son magot. Je m'étais entre temps un peu, je ne dirai pas fâché (il n'y a jamais eu de brouille entre nous) mais refroidi vis-à-vis de lui, à cause d'une petite question de prêt. Vallès n'aimait pas qu'on lui réclamât de l'argent.

Je le rencontrai un soir, boulevard Bonne-Nouvelle, la tête bouleversée, les cheveux hérissés, la bouche tordue; il était furieux, hagard : « Qu'avez-vous, Vallès, lui dis-je ? — Mon cher, ne m'en parlez pas; je suis complètement ruiné, ratissé, nettoyé, rincé comme un verre à bière. — Pas possible! Comment avez-vous fait votre compte ? — Oh ! c'est bien simple, me dit-il: j'avais f... mon argent dans l'affaire Bontoux. Je croyais que c'était solide ça, au moins, les calotins. » Je me tordis littéralement. Il me tourna brusquement le dos en s'écriant: « Oh, je vous reconnais bien là, vous n'êtes jamais sérieux, vous. » En effet, je dois reconnaître qu'il l'était plus que moi.

Vallès me fait penser à une autre personnalité révolutionnaire à laquelle, souvent et assez mal à propos, ma foi, on associe son nom; je veux parler de Louise Michel, que j'ai connue et pour laquelle, quoi qu'on puisse dire, je professe une véritable estime. Certes, je ne suis pas fanatique de *Louise*, comme l'appellent ses amis, et ses théories ne m'emballeront jamais; mais je maintiens que ses intentions sont plus pures que celles de la plupart de ses copains de la révolution. Cette femme, dont les actes apparaissent à beaucoup excentriques et dangereux, n'est pas folle le moins du monde. Au physique, c'est une paysanne au regard franc et résolu; elle est robuste et osseuse, plate comme un homme, avec des cordes au cou et des *abattis* un peu canailles. Pleine de bon sens et même de ruse, elle n'a dans la face, malgré son nez fouinard, aucun indice de méchanceté ; bien au contraire. Gaie, pleine d'humour et de bonhomie, elle aime les gens du peuple comme on aime des petits enfants; de là son horreur et son indignation contre ce qu'elle appelle le *bourgeois*, qu'elle trouve égoïste et impitoyable envers ses pauvres amis.

Je comprends parfaitement qu'elle ait pu inspirer du fanatisme à des miséreux, à des natures simples et droites : je me rappelle avoir vu, dans une réunion populaire, un géant, barbu jusqu'aux yeux, qui s'était jeté à genoux devant elle et lui baisait les mains. Je vous assure que ça n'était pas ridicule.

Pendant que je faisais son portrait pour le Tout-Paris, je la retins un jour à dîner ; il y avait là mon ami Judet, le sculpteur Gaudez et M° Tola Dorian, le poète russe, dont, entre parenthèse, nos petits décadents devraient un peu s'inspirer sous le rapport de la fierté et de l'allure.

Louise Michel, d'abord un peu surprise et effarouchée de cette réunion de visages à elle inconnus, se rassura vite quand elle sut que nous étions tous des artistes ; et, une fois bien chez elle, elle se montra tout à fait intéressante et expansive. Elle nous raconta son histoire, ses voyages, sa captivité en Nouvelle-Calédonie.

Elle avait fondé là-bas une école pour les Canaques, école dans laquelle elle était parvenue à apprendre à ses sauvages élèves à lire, à compter, à chanter, voire même un peu à dessiner. Elle regrettait la *Nouvelle* et manifestait l'idée d'y retourner. « Mais, avait interrompu Gaudez durant le récit, c'étaient des petits Canaques que vous catéchisiez ainsi ? — Non pas, reprit-elle vivement, des gaillards bien bâtis et quelquefois hauts de deux mètres.—Oh ! alors, je m'explique vos regrets, » répartit le sculpteur en riant ; et Louise de rire aussi avec une bonhomie charmante. Elle entendait parfaitement la plaisanterie.

Dans le cours de la conversation, je lui demandai ce qu'elle pensait du partage des biens. Voici ce qu'elle me répondit textuellement: « C'est absurde, car beaucoup de mes pauvres amis vendraient leur part pour un litre et il faudrait recommencer le lendemain ledit partage. — Mais alors, repris-je, pourquoi en parlez-vous dans vos discours? — C'est bien simple, me dit-elle, vous qui êtes artiste vous allez me comprendre : moi aussi, je suis artiste, et les moyens que j'emploie pour arriver à soulager les misérables ressemblent absolument aux vôtres. Je m'explique: quand vous voulez produire un effet, vous agissez par des oppositions parfois violentes et exagérées; de même quand je veux arracher à la classe bourgeoise la moindre concession pour les miens, j'exige *tout*, afin d'obtenir par la terreur un petit quelque chose qu'elle n'accorderait certainement jamais, si on le lui demandait simplement. C'est un os qu'elle jette à la bête féroce pour la calmer quand ses grondements l'avertissent que l'animal pourrait bien l'étrangler. »

En somme, j'avoue que Louise Michel ne me déplut pas du tout.

Mais revenons aux Panoramas : Waterloo fut remplacé à Bruxelles par la bataille d'Ulundi, où le roi des Zoulous, Cettivayo, fut défait par l'armée britannique que commandait lord Chelmford. Ce fut M. Melton Prior, correspondant du *Daly-news*, qui, spectateur lui-même de la bataille au milieu du carré anglais, voulut bien me donner des renseignements sur l'action, qui ne fut en somme qu'une horrible boucherie, comme toutes ces rencontres entre Européens et sauvages. Détail atroce : quinze cents noirs blessés ou prisonniers avaient été achevés ou massacrés par les alliés, *les bons noirs*, comme les appelait sérieusement M. Melton. Il faut tout de même que ces sauvages soient bien braves pour se ruer ainsi sur des remparts de feu qui les broient, comme des grains de café dans un moulin. Quelques-uns, m'a dit M. Melton, se voyant pris par leurs congénères, alliés des blancs, montraient en face de la mort un dédain et une attitude dignes des plus grands héros de l'antiquité ; ce qui ne l'empêcha pas de trouver qu'on n'en avait pas assez tué. Il aurait pu me répondre à ça que c'est le même langage qu'on entend tenir à certains bons bourgeois de France, à propos des égorgements de la Commune. Mon Dieu, comme l'espèce humaine est délicieuse et comme Jésus-Christ a eu tort de se faire tant de bile pour elle !

Je crois pouvoir affirmer en passant, à propos de la façon héroïque dont mouraient les Zoulous, que les primitifs nous sont le plus souvent très supérieurs en courage. L'intrépide voyageur Bonvalot, qui s'y connaît, nous rapporta, à Judet et à moi, un mot digne du Cid, mot qu'il avait entendu dire à un chef afgan. Comme nous examinions un candjar, espèce de long poignard à lame très large dont se servent les montagnards du pays, j'émis l'opinion que la lame était plutôt trop courte : la même observation, interrompit Bonvalot, fut faite par moi à un chef de tribu, qui me répondit avec un geste superbe : « Nous faisons un pas de plus. » Rien de plus beau, de plus noble et de plus grand, paraît-il, que l'allure de ces guerriers qui, plus d'une fois, reçurent et repoussèrent les charges de la cavalerie anglaise, simplement armés de ce poignard et d'un petit bouclier rond.

M. Melton, qui était un Anglais pur sang, vint me rendre visite à Bruxelles. Tout le stupéfia dans mon intérieur : ces immenses ateliers, où il me voyait travailler seul à trois ou quatre panoramas à la fois ; notre installation qui ressemblait, comme il le dit lui-même, à un campement de sauvages ; la présence de Vallès et de Gilles, avec lesquels il déjeuna à ma table le jour de son arrivée ; le sans-façon qui présidait à ce repas servi par ma femme : tout cela l'étonna et le ravit en même temps. J'étais en vareuse ; Vallès en bras de chemise, et Gilles en pétenlaire et chapeau mou. Au moment de se mettre à table, Melton me montra avec embarras une petite valise en cuir qu'il avait apportée et nous avoua ingénument qu'elle renfermait un habit noir et tous les accessoires y attachés.

Vous pensez si l'on s'amusa et si l'habit, resté couché dans la malle, fournit nature à réflexions cocasses, à mes deux compères qui, tout le monde le sait, étaient bien les êtres les plus étranges qu'on puisse inventer. L'Anglais riait à ventre déboutonné ; et il me déclara en me quittant qu'il n'oublierait jamais ce déjeuner-là.

Ça me fait songer à la stupidité des usages et préjugés qui chez des peuples prétendus libres, comme les Anglais et les Américains, enchaînent toute liberté et ne servent qu'à développer la contrainte et la tartuferie et à augmenter l'ennui naturel qu'on éprouve dans ces pays avancés. Tous les Américains et Anglais intelligents que j'ai rencontrés sont d'accord pour trouver que c'est absurde et que ça les gêne profondément ; mais en même temps pas un n'a le courage de s'affranchir : la mode et le *cant* sont leurs tyrans absolus. Et si ça peut vous faire plaisir et vous venger de la morgue des Anglo-Saxons, sachez que le plus souvent ils *s'embêtent* à mourir. Je n'oublierai jamais les têtes sinistres qu'on voit le dimanche à Londres, bâiller aux rez-de-chaussée. Si la reine d'Angleterre venait à mourir, je suis sûr que le prince de Galles apporterait dans ce genre, ou je me trompe fort, de singulières modifications. Je ne me le représente pas bien passant ses dimanches à lire la Bible, ou à chanter des psaumes.

CHAPITRE XV

Après la bataille d'Ulundi, j'exécutai, pour ma Société, *la Vue de Paris, des Buttes Montmartre, le dernier jour de la Commune*. Cette toile fut exposée à Vienne. Je ne vous dirai pas grand'chose de mon voyage, qui fut assez insignifiant, en dehors du parcours de Cologne à Vienne et du pittoresque que l'on peut rencontrer dans ces pays traversés rapidement et des merveilleux bords du Rhin que des gens plus autorisés que moi ont maintes fois décrits.

A Vienne, il ne m'arriva rien de remarquable ni de fâcheux ; si, je me trompe : je tombai du faîte de mon échafaudage roulant, de la hauteur de quatorze mètres environ ; je ne me fis aucun mal ; je dirai presque au contraire ; j'avais une forte migraine que cet accident fit passer tout net. Ce fut mon employé seul, François Wouters, qui eut à souffrir de ma chute : il se cassa un doigt en essayant de me retenir ! Je lui remis son doigt instantanément, de travers du reste, comme beaucoup de docteurs auraient pu faire. J'aime assez la capitale de l'Autriche : les gens y sont affables et bienveillants pour les Français ;

j'ai conservé un charmant souvenir des concerts du soir au jardin du Prater. Après Paris, Vienne est peut-être la seule ville que j'aimerais habiter.

Les Archiducs, que je reçus à l'ouverture de mon Panorama, me parurent bonnes gens, mais parfaitement ordinaires. Le seul personnage intéressant que je rencontrai là-bas fut le peintre Macart ; et encore je dois dire que je le trouvai singulièrement surfait.

De Vienne, je filai vers Madrid, par le Tyrol, Venise, Milan, Turin, la Corniche, en passant par le midi de la France, Marseille, Carcassonne, et le nord de l'Espagne, Barcelone, Saragosse, etc. Rien de particulier en route, sinon des pays splendides avec un temps merveilleux. Jamais je n'ai rien vu de pareil à mon trajet de Gênes à Perpignan le long de la Méditerranée, et c'est assurément le plus beau voyage que j'aie fait. J'arrivai à Madrid, où je trouvai un des administrateurs, M. van O..., l'homme du discours au roi des Belges, qui était venu pour activer les travaux de construction. Le Panorama de « la bataille de Tétuan » était installé *paseo de la Castellana*; je passai là six semaines pour terminer ma toile, qui n'était pas très avancée. Jamais je ne n'ai eu si froid qu'à Madrid; malgré le splendide soleil qu'il y faisait, je me souviens que je pouvais à peine tenir mes brosses en main durant le temps que je travaillai au panorama.

N'était le milieu assez gai dans lequel nous vécûmes, je me serais fortement ennuyé dans la capitale des Espagnes, qui ne manque pourtant pas d'originalité, quoiqu'on n'y retrouve plus guère trace des costumes et des mœurs d'autrefois. Il y a bien encore les courses de taureaux et les danses espagnoles. Du reste, j'eus peu l'occasion d'admirer ces dernières ; et quant aux courses elles me révoltèrent et ne m'inspirèrent que du mépris pour les amateurs de ces spectacles.

Je n'y ai jamais éprouvé qu'un sentiment invariable et un désir absolument fixe : celui de voir éventrer le toréador. En pareil cas, j'eusse applaudi frénétiquement. Je me rappelle qu'un jeune Anglais, sir Richard, qui assistait avec nous à l'assassinat d'un taureau qu'on ne pouvait venir à bout de tuer, fut tellement indigné qu'il se dressa en s'écriant : « C'est la lâcheté de tout un peuple. » Heureusement qu'il ne fut pas compris ; on l'eût écharpé.

A vrai dire, je ne puis, n'ayant habité que Madrid, dire que je connais l'Espagne ; tout le monde s'accorde à dire que c'est Tolède, Valence, Grenade et tout le midi qu'il faut voir. Néanmoins, je puis affirmer que c'est dans ce pays que j'ai rencontré en grande majorité les plus jolies femmes ; elles ont presque toutes de beaux yeux, de beaux cheveux et paraissent admirablement faites.

Quand je fis l'inauguration de la bataille de Tétuan, nous reçûmes le roi Alphonse XII, la reine, les infantes, la princesse des Asturies, Castelar et autres notabilités. A propos de ce dernier, notre directeur, qui était un Français du midi, un gascon de la plus belle eau, eut une altercation avec lui parce qu'il l'avait invité à la même heure que le roi, ce qui faillit donner lieu à une entrevue assez piquante entre ces deux personnages qui n'étaient pas tout à fait des amis. Le roi était arrivé le premier et se promenait avec moi sur l'estrade; on arrêta à temps Castelar qui montait l'escalier. Alphonse XII, qui était de très petite taille, me parut remarquablement intelligent et l'homme le plus simple qu'on pût trouver.

Je n'entendis pas un mot banal sortir de sa bouche, et toutes les questions qu'il me posa, les observations qu'il me fit furent frappées au cachet du bon sens, et marquées du vrai désir de s'instruire des choses qu'il connaissait imparfaitement. Nous causâmes près de trois quarts d'heure et quand il me quitta il me dit : « Monsieur Castellani, je vous remercie, vous m'avez fait tellement de plaisir aujourd'hui que si jamais vous aviez besoin de quoi que ce soit qui fût en mon pouvoir, je vous prie de ne pas hésiter à me le demander. On ne pouvait être plus gracieux. J'eus presque envie de lui répondre : « Votre Majesté serait bien aimable si elle pouvait me faire payer par mes associés. » Malheureusement, je songeai que toutes les influences du roi d'Espagne dans ce cas eussent été inutiles. Je ne tirai donc rien de sa bonne volonté, si ce n'est la croix qu'il me fit remettre par le duc de Sesto. C'est le cas de s'écrier avec le coq du bon Lafontaine :

Le moindre grain de mil serait bien mieux mon affaire.

J'avais dû, en effet, pour arracher à mes commanditaires les quelques milliers de francs d'acompte que je leur demandais sur les fortes sommes qui m'étaient dues, employer les moyens les plus empiriques. Ainsi la veille de notre ouverture, lorsqu'elle était annoncée partout et que toutes les invitations étaient faites, je déclarai que je n'ouvrirais pas avant qu'on ne m'eût versé la somme que je demandais. Il fallut s'exécuter.

Mais je tombai de Charybde en Scylla :

Avant de quitter Madrid, notre directeur, qui était secrétaire général de la banque de..., trouva moyen de me faire verser cet argent, soit trente mille francs, le seul que je possédasse, dans la caisse de ladite banque. Cela, disait-il, devait me rapporter douze pour cent, grâce à des moyens particuliers qu'il avait. La vérité, c'est que j'étais dindonné. Ce fut mon avocat, M. Degreef, un honnête homme celui-là, qui me démontra, par l'irrégularité des reçus, que j'avais été volé.

Il me déconseilla tout procès, la distance étant grande entre Bruxelles et Madrid. J'avais du reste bien inutilement écrit à mon débiteur pour rentrer dans mon capital.

Ce qui m'exaspéra dans cette affaire, ce fut moins la perte des trente mille francs en elle-même (j'en avais perdu bien d'autres) que la façon féline et adroitement canaille qui avait présidé à cette opération : ainsi toutes les prévenances, tous les bons soins, toutes les marques d'amitié qu'on m'avait prodigués dans ce milieu n'étaient que des masquages et préparations destinés à me faire tomber dans un piège.

Je pensai qu'il y aurait plus que de la faiblesse de ma part à laisser passer la chose sans protester d'une façon éclatante; et qui sait? peut-être qu'en abandonnant ainsi les règles de la procédure j'arriverais à un résultat pratique. Plusieurs fois dans ma vie, cette manière de manœuvrer m'a réussi pleinement. Je pris donc le train sans vouloir écouter les conseils de la sagesse.

Arrivé à quelques stations avant Madrid, je prévins télégraphiquement mon homme, M. de L..., de mon arrivée et du but de ma visite.

Je trouvai en descendant du train le fils, un bon et loyal jeune homme, qui m'attendait. Il me dit en hésitant que son père était malade et n'avait pu venir lui-même au-devant de moi ; qu'il était en ce moment, malgré son indisposition, à la banque de...; mais que je le verrais le soir à dîner à la maison où il me proposa de m'emmener séance tenante. Le pauvre garçon paraissait bouleversé; me sentant faiblir, je le remerciai et le quittai brusquement, en lui promettant de venir un peu plus tard faire visite à sa mère. Je me fis directement conduire à la banque. Le secrétaire général était à son cabinet. On m'annonça et j'entrai; il se précipita au-devant de moi la main tendue; je l'arrêtai net : « Pardon, Monsieur, lui dis-je, vous allez avant tout me restituer l'argent que vous m'avez escroqué, ou gare de dessous ! » et je m'avançai sur lui décidé à tout. Il se recula, effrayé, en me disant à voix basse : « Silence ! Je vous en supplie; je vais vous payer. »

J'étais vainqueur; mais je demeurai immobile debout en face de lui, en homme qui ne veut pas perdre son temps. Il sonna, fit appeler un garçon, lui remit un papier qu'il avait griffonné, et au bout de cinq minutes il me compta mes trente mille francs en billets de banque. J'empochai la liasse; et lui tendant la main : « Maintenant, lui-dis-je, M. de L... comment ça va-t-il ? »

Je télégraphiai ma victoire à Bruxelles. Ni ma femme, ni M. Degreef, mon avocat, ne voulaient me croire. Et voilà comment se termina l'affaire.

Une seule chose m'avait sérieusement intéressé à Madrid, c'est le Musée. Je ne vous en ferai pas la description et je ne vous dirai pas, comme beaucoup de Français qui le répètent sur le même ton, que c'est le premier musée d'Europe. Non, je suis convaincu que le premier musée d'Europe, c'est le Louvre, cette ville de chefs-d'œuvre qu'il faudrait plus d'un mois pour visiter; où se trouvent entassés les spécimens de toutes les écoles du monde, non compris ceux des diverses écoles françaises, depuis les primitifs jusqu'aux modernes, en passant par le moyen âge, la Renaissance, Louis XIV, Louis XV, Louis XVI, l'Empire et 1830 ; où la sculpture, l'architecture, la céramique, la mosaïque sont en masse le plus sérieusement représentées ; où enfin, depuis le Musée des antiques jusqu'au Musée de marine, tout est fait pour étonner les yeux et forcer l'admiration. Mais voilà ! pour les voyageurs français il n'y a que l'étranger, chez lequel tout est parfait tout est splendide.

Il semble qu'ils sont surtout jaloux de leurs propres compatriotes. « Vous êtes singulier me disait un Allemand, quand on vous parle d'un Français dont le nom est universellement respecté dans n'importe quel genre, on entend le plus souvent la réponse suivante : « un tel? mais c'est un crétin. » Il avait raison ce Germain. Voyez un peu si les autres peuples sont comme nous : allez un peu débiner les grands hommes de l'Angleterre devant un Anglais, et vous serez bien reçu. Pour John Bull il n'y a qu'une nation, c'est *le* Angleterre; eh ! bien, je ne rate jamais en pareil cas de lui risposter ceci : « Après la France mylord. » Et pour moi, c'est la vérité. Et n'était l'infâme politique, qui nous contamine et nous dévore, je crois, parole d'honneur, qu'il n'y aurait plus qu'un seul pays sur le globe : la France.

Mais la providence, qui n'a pas voulu qu'il en fût ainsi, nous a envoyé le fléau en question, pour nous empêcher de devenir trop grands. « O John Bull! pare-moi celle-là si tu peux. »

Après Madrid, j'eus à exécuter pour la société de Bruxelles trois nouvelles toiles : *l'Assaut de Belfort* pour Paris ; *le Dernier jour de Pompéï* pour Naples, et *le Combat de Palestro* pour Rome. Je les entrepris toutes trois à la fois, en passant tour à tour du tiers de l'une au tiers d'une autre, pour me reposer les idées par la variété du travail. Cette manière de procéder, qui avait déjà stupéfié M. Melton, renversa absolument André Gill, quand il vint me visiter à Bruxelles.

— « Ne trouvez-vous pas, dit-il à Vallès, que cet homme est un monstre ? — Possible, répondit Vallès, mais je constate aussi que j'ai une soif terrible ; qu'est-ce que nous prenons ? » Remarquez que Vallès était loin d'être un ivrogne ; mais il affectait des expressions et des allures plébéiennes qui n'étaient pas du tout dans son tempérament ; il affichait en outre la prétention de boire énormément et de manger comme quatre. Il ne parlait que d'omelettes de douze œufs, pour lui seul, et voulait en tous points avoir des facultés de lion et de bouledogue. En somme c'était un très petit mangeur et un très petit buveur.

Gill fut dès l'abord enthousiaste de mes panoramas et s'alluma à l'idée d'en faire un avec moi. Je lui proprosai *le Tout-Paris* et nous en parlâmes devant Vallès qui approuva le sujet et l'idée. Gill voulait en faire une apothéose des célébrités, dans les nuages, planant au-dessus de la grande cité en perspective. J'étais d'avis au contraire qu'on montrât le Paris réel avec ses boulevards. «Parfaitement, opina Vallès: je veux voir Victor Hugo sur l'omnibus et le gros Sarcey emboîtant le pas à une modiste.» Le projet fut arrêté entre nous et je présentai Gill à ma Société, qui crut voir là une grosse affaire et conclut immédiatement un traité avec nous deux.

On versa comme acompte à Gill sur les travaux à venir la somme de huit mille francs, avec laquelle il mena durant quelque temps une vie de *patachon*. Retourné à Paris, il parla du projet dans tous les cafés et caboulots, et fit la rencontre de Pierre Carrier, un peintre, fils du célèbre sculpteur de ce même nom. Celui-ci lui persuada qu'il n'était pas lié *plus que ça;* et ils se mirent tous deux à lancer l'affaire avec un fracas formidable.

On trouva près d'un million pour le capital. Ils avaient en collaboration fabriqué une esquisse qui fut exposée sur le boulevard, je ne sais plus à quel endroit. Bref, l'affaire, fortement chauffée par la presse, allait se conclure, quand une incartade du pauvre Gill, qui commençait à devenir fou, fit tout rater. J'étais sur ces entrefaites revenu à Paris, retour de Rome; le procédé de Gill m'avait paru roide; j'allai immédiatement le voir à son atelier de la rue d'Enfer; je trouvai là un garçon affolé, qui me tint des discours sans suite, discours où les millions, les réussites colossales, les ateliers gigantesques faisaient une sarabande qui ne nous laissa aucun doute sur son état mental; ma femme, qui m'accompagnait, me dit quand nous l'eûmes quitté : « Je suis bienheureuse d'être dehors; cet homme m'a fait peur; je crains qu'il ne fasse quelque malheur. » En fait de malheur, voici ce qui arriva le lendemain même de ma visite; je tiens le récit de Carrier lui-même. « Nous étions, dit ce dernier, Gill et moi, chez le banquier X...; on venait d'apporter sur la table la somme de trois cent mille francs, que nous devions nous partager. Il ne s'agissait plus que de signer les reçus. Gill prit la plume et compta les billets ; j'étais derrière lui.

« Qu'est cela? dit-il, tout-à-coup d'une façon hautaine en repoussant les papiers bleus, mais c'est un million qu'il faut à Gill! »

J'étais atterré ; je le tirais par son paletot, je le poussais; je le suppliais; il ne m'écouta pas et poursuivit :

« Si vous croyez, Monsieur, qu'on paie Gill avec trois cent mille francs, vous n'êtes et n'avez jamais été qu'un... » ; le mot qu'il prononça est tellement rabelaisien que je ne puis l'écrire ici. Figure du banquier !!!

Inutile de vous dire qu'après cette petite scène le panorama ne se fit pas. Gill, dont la folie allait en augmentant, partit pour Bruxelles où il voulut intenter, sous je ne sais quel prétexte, un procès en dommages-intérêts de plusieurs centaines de mille francs, à ma société ; peu après il devint complètement aliéné et on dut l'arrêter.

A propos de Gill, un mot en passant sur Forain, l'ancien gavroche du grand caricaturiste. Forain m'a paru avoir de l'esprit, mais peu de générosité et d'ampleur.

On cite de lui à propos du pauvre Carolus une anecdote qui ne manque pas de férocité. On avait présenté l'une à l'autre ces deux personnalités parisiennes, comme qui dirait Scipion à Annibal ; à une amabilité Louis XV de Carolus, Forain aurait riposté par ces mots : « Ah ! c'est vous monsieur Durand, Eh bien ! faites-vous toujours de la peinture ? » Il est mauvais comme une petite hyène, cet animal de Forain. La flamberge de Carolus a dû en trembler dans son fourreau. En somme, ce que j'ai trouvé de mieux chez Forain, c'est sa femme.

Mais revenons à mes panoramas de Paris, Naples et Rome, commencés à la fois et prêts à être montés en même temps. Le premier, celui de Paris, fut établi près de la place de la République, à l'angle du boulevard Magenta. Il représentait, je l'ai déjà dit, *l'Assaut de Béford*. Son succès fut considérable dans la presse et dans le public. Malheureusement, l'immense salle de théâtre construite au-dessous du panorama dévora à elle seule treize cent mille francs et ne fut jamais louée. C'était toujours ainsi qu'opéraient mes bons associés.

Après Paris, vint Naples, où j'arrivai au commencement de l'hiver. Le temps tiède, et merveilleusement beau à notre arrivée, se maintint jusqu'au départ. Quel admirable pays où nous pouvions cueillir en plein janvier des oranges sur les arbres. Mon panorama du « Dernier jour de Pompeï » fit grand tapage à Naples ; malgré le voisinage dangereux pour moi du vrai Pompéï, je sortis triomphant de l'épreuve. La critique ne trouva guère à mordre sur l'œuvre au point de vue exactitude et reconstitution. On me reprocha timidement d'avoir exagéré le nombre des maisons avec un étage ; je fus sur ce point défendu par un savant archéologue napolitain, dont j'ai le regret d'avoir oublié le nom.

J'avais naturellement reconstitué l'ancienne mer avec le port et son môle, ainsi que la flotte romaine. La scène qui représentait la fuite des habitants sous la pluie de cendres et de pierres enflammées ne m'attira que des éloges, même des artistes du pays, entre autres du célèbre peintre Morelli, qui eut la gentillesse et la complaisance de me donner une de ses études, pour achever un de mes fonds. J'ai gardé le plus charmant souvenir de cet homme de grande valeur et je désire, si ces lignes lui tombent jamais sous les yeux, qu'il soit bien convaincu de ma grande sympathie et pour l'homme et pour l'artiste. Je fus aidé dans l'exécution de la toile de Pompéï par un jeune Français, M. Baillet, qui est actuellement un de nos meilleurs paysagistes. Baillet est en plus un ami.

Malheureusement, il fut pris par les fièvres et dut nous quitter. Parmi les figures intéressantes que je rencontrai, je dois avant tout citer Garibaldi, alors vieux et près de sa fin; je ne fis que l'entrevoir et le saluer : j'étais en compagnie de son fils Menotti, lequel, on se rappelle, combattit pour nous à Dijon sous les ordres de son père. Garibaldi avait l'air extrêmement cassé et n'était certainement plus que l'ombre de lui-même.

Je n'eus avec lui aucune conversation. En revanche, le jour de l'ouverture du Panorama, je pus entendre à mon aise son plus jeune fils Lelio, le plus joli et vivant galopin, de huit ans, que j'aie rencontré de ma vie, et que son gouverneur ne pouvait faire taire et tenir en place. Le petit diable faillit même se casser le cou en franchissant brusquement la balustrade et se mettant à courir sur les toits des maisons de mon premier plan, qui étaient naturellement d'une construction plus que légère. Heureusement, il n'y eut pas d'accident et l'enfant revint triomphant auprès du gouverneur qui le tança vertement. Je trouvai que cet enfant, avec ses longs cheveux blonds, ses grands yeux bleus, ressemblait d'une façon étonnante à son père, et je suis sûr qu'à l'heure actuelle cette ressemblance doit être frappante.

Nous eûmes là bas pour directeur du Panorama un type singulier, le docteur Aguglia, fils d'un Italien et d'une Française; il passait pour le médecin de ce qui restait de la fameuse Camorra. De fait il connaissait tous les hommes du peuple et quand nous prenions une voiture en sa compagnie et qu'on voulait, comme c'est l'habitude, nous écorcher, il n'avait qu'un mot à dire à l'oreille du cocher et immédiatement l'automédon se contentait du prix le plus modeste.

Il me conduisit dans les coins les plus horribles de Naples, endroits où il eût été imprudent à un étranger de s'aventurer seul. Il était là tout à fait chez lui. Il me montra cet effroyable établissement de la Porte Capuana où sont enfermées comme des animaux et gardées par des sentinelles des femmes demi-nues, appelant les passants, avec des gestes de bacchantes ivres et de folles furieuses.

Aguglia avait un air doux et des façons de sacristain. Il se plaignait toujours de son sort et geignait sur tout. Je me rappelle de lui un mot épique. Comme ma femme lui trouvait l'air, beaucoup plus jeune que l'âge qu'il nous annonçait. « Oh, Madame, répondit-il d'un air accablé, j'ai pourtant bien souffert; songez que j'ai eu dix enfants. »

Quand nous arrivâmes à Naples, j'avais trouvé moyen de me faire voler une magnifique pelisse de fourrure que j'avais rapportée de Bruxelles. Aguglia, à qui je racontai la chose, trois semaines après seulement, me dit : « Quel malheur que vous ne m'ayez pas dit cela plus tôt, je vous l'eusse fait rapporter immédiatement. » Comme vous voyez, c'était un singulier type. Je trouvai aux gens qu'il avait placés à la caisse des allures encore plus cocasses ; je ne sais ce qu'il advint ensuite pour mes associés ; car je touchais au moment où nous allions nous brouiller complètement, et nos rapports devenaient de plus en plus tendus ; toujours pour le même motif.

Je ne puis, avant de quitter Naples, omettre la rencontre que je fis de M. Dagnan Bouveray, pour le caractère et le talent duquel je professe une estime toute particulière. Il est loin de s'en douter. J'ai le plus souvent eu la déveine d'être peu goûté des gens que j'aime (entre parenthèses ça me fait penser que M. de Cassagnac et le grand peintre Gérome sont du nombre). Dagnan, en compagnie de sa jeune femme, mangeait en face de nous à la même table d'hôte, et personne, devant l'attitude modeste et peu encombrante de ce couple, ne se serait douté qu'on était en présence d'une de nos illustrations françaises ; je ne vous dirai rien de lui. Il est connu de reste et tout le monde a vu ses œuvres. J'ajouterai qu'à en juger par sa physionomie, je le crois d'une honnêteté rare. Demandez plutôt à Aublet son ami. En voilà encore un que je garde dans ma galerie de préférés, où je classe ceux dont les qualités de cœur ne gâtent en rien le talent. A Naples, j'eus la malchance de coudoyer Dagnan sans le connaître. C'est lui qui plus tard me parla de cette rencontre, que je me rappelai parfaitement. Sa physionomie n'est pas de celles qu'on oublie.

Naples me remet en mémoire également le nom d'un jeune peintre suisse, Guido Sigriste, dont je fis plus tard la rencontre et avec lequel je me liai. Ce jeune homme, dont le talent a été découvert et mis en relief sur le marché des beaux-arts de Paris par MM. Tedesco, les marchands de tableaux bien connus, m'a raconté que ce fut le *Dernier jour de Pompéi* qui décida de sa vocation ; j'avoue que ça m'a flatté, étant donnée l'intelligence et les facultés de ce jeune artiste de grand avenir.

De Naples, je volai à Rome, où j'avais hâte de terminer le combat de Palestro ; je sentais que mes affaires s'embrouillaient de plus en plus à Bruxelles ; et mon avocat M. Degreef réclamait ma présence là-bas. Au bout de quinze jours, j'étais prêt à ouvrir : la guerre était complètement déclarée entre moi et mes associés. J'avais rempli en temps et lieu tous mes engagements et j'exigeai d'eux qu'ils exécutassent les leurs.

Je ne vous dirai donc rien de Rome, où je ne vis personne et ne nouai aucune relation. Du reste, cette ville, qui m'avait laissé d'assez tristes souvenirs, n'était plus la Rome que j'avais connue autrefois, et n'avait plus pour moi aucun intérêt. Je la quittai avec plaisir et espère bien ne la revoir jamais.

CHAPITRE XVI

J'arrive à une période de ma vie que j'ai pu qualifier de l'ère des procès.

Ma société belge, qui m'était en réalité débitrice de plusieurs centaines de mille francs, renversa les rôles et m'en réclama deux cent mille. J'ai toujours eu horreur de la chicane. Mais j'étais à ce moment dans la situation de certains animaux paisibles qu'on a blessés et acculés. Je mis dans la défensive et la contre-attaque un acharnement dont mes adversaires ne m'avaient pas cru capable. J'eus à Bruxelles avec eux jusqu'à onze procès à la fois; je jouai quitte ou double. Je me rappelle qu'à cette époque, pour aider mon avocat, je passais mes nuits à confectionner des plaidoyers. En même temps, je leur jouai à Bruxelles plusieurs bons tours; entre autres je leurs fis manquer une émission d'Opéra populaire de plusieurs millions.

Je les démasquai et les insultai publiquement; et — chose inouïe — je fus presque absous par le tribunal; c'est-à-dire que ma condamnation au minimum équivalut à un acquittement. Je prévins M. Ritt de l'Opéra, qui s'était laissé engrener dans une grosse affaire avec eux ; et qui m'avoua depuis que, sans moi, ces gens l'eussent peut-être ruiné. Devant mon attitude, et je dois le dire, grâce au talent que déploya mon avocat M. Degreef, ils durent capituler en partie et je recouvrai une portion de ma créance. Ce fut encore M. Degreef, qui tira Ritt d'affaire. J'avais indiqué mon avocat à ce dernier et depuis il m'en remercia chaleureusement.

Non seulement je parvins à me tirer de leurs griffes, mais j'eus encore la satisfaction de les punir en les couvrant de honte et de ridicule.

Je fus en outre, sans qu'ils s'en soient jamais doutés, l'auteur d'une mystification, dont l'un deux, qui est irascible, vindicatif et bigot, doit souffrir encore, et qui doit le faire, quand il y songe, entrer dans de saintes fureurs :

Tant de haine entre-t-il dans l'âme des dévots !

Et dire que ces gens-là espèrent aller en paradis et monter le coup à l'être suprême par leurs simagrées. En tous cas, si j'ai été bien souvent dupe dans ma vie, je me flatte d'avoir toujours porté la guigne aux coquins et je crois qu'il leur eût été toujours préférable de ne pas me chercher noise, si à l'abri, si protégés, si haut placés qu'ils fussent. Un malhonnête homme est toujours dans une situation qui permet à quiconque un peu ingénieux de le faire souffrir et de venger ses victimes.

Je ne puis quitter Bruxelles sans vous parler d'une personnalité des plus sympathiques que j'y rencontrai et qui dernièrement encore se rappelait à mon souvenir ; je veux parler du docteur Golainvaux ; je ne sais à quel degré de célébrité a pu arriver ce chirurgien éminent, cette homme de haute intelligence ? Mais ce qu'il y a de sûr, c'est que c'est un des cerveaux les mieux organisés, une des plus belles et loyales natures que j'aie rencontrées. Des collègues, je me rappelle, lui reprochaient d'être bohême ; possible, mais quel honnête homme et quel philosophe ! il avait beaucoup de l'esprit de M⁰ Genest, mon avocat et ami, un peu mordard mais pas méchant au fond. Il adorait la France, et avait fait ses études à Paris et à Berlin, et il m'affirmait, je le crois sans peine, que nos chirurgiens avaient sur ceux d'Allemagne et des autres pays une supériorité éclatante. « Comment se fait-il, me disait Golainvaux, que votre nation, la plus intelligente du monde, puisse commettre couramment les bévues politiques les plus ridicules ? » Je lui répondis là-dessus ; mais je garde mes réponses pour moi. Salut ! cher docteur ; je ne vous ai pas oublié. Quant aux Belges, je dois dire qu'en général ils ne me déplaisent pas, *savez-vous*, et tout en étant un brin gascons, je les estime braves gens et solides au poste, quoi qu'en disent les Anglais; et j'aurai toujours plaisir à revoir Bruxelles, *sais-tu, Monsieur.*

Enfin me voilà revenu à Paris: je n'y ai pas toujours eu toutes les chances; mais, pour moi, le fait seul d'être à Paris constitue un avoir. On peut être très malheureux ici, mais à dose égale, on l'est moins qu'à Berlin, à Rome ou à Londres. Pourquoi? Je pourrais vous l'expliquer logiquement ; mais ça m'entraînerait hors de mon cadre. Contentez-vous donc de mon affirmation.

Une des plus grandes boulettes que j'aie commises dans ma vie ça été de faire construire ; une autre, ensuite, ça été d'entreprendre, moi peintre et toujours très préoccupé de mon art, des affaires à mon propre compte, affaires qui, faute de surveillance suffisante, me furent toujours très préjudiciables. Il ne suffit pas de savoir trouver des affaires ; il faut ensuite pouvoir leur consacrer tout son temps, pour les faire aboutir et les mener à bien; et, dans ce cas, il faut renoncer au métier d'artiste comme l'a fait carrément mon principal concurrent Poilpot. C'est une abdication à laquelle je ne saurais me résoudre ; et dans ce cas il faudrait que je fusse doublé par un honnête homme qui ne s'occupât que de la partie matérielle de mes entreprises ; mais voilà, cet oiseau rare est difficile à trouver. En attendant, je devais encore être fortement étrillé.

Un ancien camarade à moi, un architecte,

s'était chargé de me construire, dans le parc de Neuilly, un atelier et une maison, sur un grand terrain boisé que j'avais acheté ; cette construction, qui devait me coûter une quarantaine de mille francs au plus, monta à près de cent mille ; et, y compris l'ameublement et le terrain, je dus dans cette affaire débourser environ deux cent mille francs ; ajoutez à cette somme soixante-trois mille francs d'argent prêté à droite et à gauche à d'anciens amis, argent que, moins un millier de francs, je ne revis jamais ; plus une année que je passai à exécuter une immense étoile très coûteuse, *la Mort du prince Louis de Prusse à Iéna*, toile qui fut exposée au salon des Champs-Élysées et que j'offris à la mairie de Neuilly ; tout cela me constitua une dépense d'environ trois cent mille francs, qui eût été fort simple, si les vingt mille livres de rentes sur lesquels je comptais, mon installation payée, ne m'eussent été escamotées. Je dus emprunter au Crédit Foncier.

Jusque-là rien de mal ; mais j'eus ensuite la malheureuse idée d'emprunter au fameux *Crédit des immeubles de France* (Soubeyran, Clerc et Cie) pour édifier à mes frais et exécuter un panorama (le monde antédiluvien) au Jardin d'acclimatation. Ce panorama y est encore, ou plutôt c'est la deuxième édition qui y est encore ; car je dus le refaire complètement à la suite d'un incendie qui avait dévoré la première toile.

J'avais proposé d'abord de remplacer *le Monde Antédiluvien* détruit, par un panorama astronomique dont l'idée m'était venue en lisant les merveilleux ouvrages de Flammarion : il s'agissait de représenter la planète Mars avec ses plantes et ses habitants ; je supposais les spectateurs lancés sur un aérolite rasant cette planète, avec le monde céleste comme vélum, etc., etc. J'avais prié M. Geoffroy Saint-Hilaire d'aller voir le grand astronome pour mettre l'idée sur pied ; mais Geoffroy n'y consentit pas. Je l'ai toujours regretté. Cette reconstitution fut pour moi une véritable ruine ; je pus, du reste, pendant les années que durèrent les procès et chicanes autour de mon œuvre, me rendre compte tout à fait du degré que peut atteindre la canaillerie humaine. Je vous fais grâce des détails de cette histoire qui, de très simple au fond, s'est compliquée devant les tribunaux de façon à embrouiller le plus habile des jurisconsultes ; affaire qui se dénouera comme elle pourra, car j'ai pris le parti héroïque de m'en désintéresser complètement et de laisser hurler la meute qui est à mes trousses. L'origine réelle de cet imbroglio fut, d'une part, l'emprunt au Crédit des immeubles et de l'autre l'intrusion dans l'affaire d'un personnage, ancien failli frauduleux avec lequel mon copain, le brave Desgallais, celui qui avait fait avec moi l'expédition de Philadelphie, m'avait mis en relations. Desgallais, qui connaissait le passé de cet individu, aurait pu se dispenser de me le présenter.

Le pauvre garçon s'est un jour justifié en me disant qu'il avait pensé que ce gredin s'amenderait peut-être et reviendrait à de meilleurs sentiments. Si son action fut conforme à la charité chrétienne, elle a été, il faut l'avouer, bien imprudente à mon égard. A moins qu'il n'ait voulu se venger du fiasco de Philadelphie; mais j'écarte cette dernière hypothèse. Desgallais, qui n'a eu depuis qu'à se louer de moi, est incapable de cette combinaison. Il aurait dû pourtant se rappeler l'histoire, qu'il m'a racontée, d'une certaine *action* laissée sur la table par M⁰ C..., action disparue à jamais. En somme, je ne saurais lui en vouloir et, en y réfléchissant bien, peut-être, comme dans Candide, tout est-il *pour le mieux dans le meilleur des mondes?*

L'expérience définitive, si tant est qu'on l'acquière jamais, ne saurait trop se payer; car elle est le trésor tant vanté des anciens : la fameuse sagesse. Me voyez-vous terminant ma carrière dans la peau d'un des sept sages de la France? Je me demande même quels pourraient bien être mes compagnons de gloire future? (en dehors de mon ami Genest, je ne trouve personne).

Entre temps, car il était écrit que les événements ne devaient pas chômer dans mon existence, il me vint une idée encore plus malencontreuse que toutes les autres : je songeai à remettre sur pied mon projet du Tout-Paris que Gill avait gaspillé. Je pensai qu'il serait peut-être heureux de mettre cette idée à exécution pour l'Exposition universelle de 1889. C'est ici qu'a commencé à se développer, à propos même de ce panorama, ce que je me permettrai d'appeler ma *carrière politique;* et c'est également de cette époque que date le recrutement de la jolie collection d'ennemis que je me suis luxueusement offerte dans tous les clans : catholiques, juifs, républicains, bonapartistes, radicaux, opportunistes, je dirai presque boulangistes, me tombèrent dessus avec ensemble, après m'avoir d'abord acclamé et couvert de fleurs.

Tant il est vrai qu'il est idiot de vouloir montrer la vérité sans costume. Personne ne veut en entendre parler; cette dame n'est pas comme les autres, on la préfère habillée et maquillée. J'eus donc tout à dos : magistrature, clergé, noblesse, et, le boulangisme aidant, je fus littéralement écrabouillé. Depuis l'honnête M. Carnot, jusqu'à l'amiral Lockroy, depuis le critique d'art Wolf jusqu'à de Cassagnac qui me menaça d'exploit d'huissier. Depuis Berger jusqu'à Maindron, le collectionneur; depuis le baron Sellières jusqu'à Deibler (je me rappelle que Mme Deibler, à qui je demandai l'autorisation de portraicturer son époux, exigea vingt mille francs pour me concéder cet honneur. Elle prétendit que ça serait le succès du panorama et que ce portrait à lui seul nous rapporterait plus de cent mille écus. Je passai outre et le peignis tout de même.

Il est vrai que je le remplaçai par M. Constans, qui dans son genre, lui aussi, ne pouvait manquer d'exciter la curiosité), enfin, depuis le schah de Perse jusqu'à Constans, tout le monde me fut hostile. Ah! pour du mouvement et de la distraction je puis dire que je m'en suis offert, sans compter le procès final et la suite, qui dure encore. Je vous conterai cela tout au long et, si vous le permettez, je vous présenterai les personnages de ma collection avec toutes les précautions possibles, de façon à ne pas les irriter et m'attirer de nouveaux désagréments. Étant établi qu'on ne peut changer la nature ni d'un loup, ni d'un renard; ni d'un singe ni d'un crocodile, je pense qu'il est sage de ne pas les aguicher ni les asticoter. Ils s'en vengent tôt ou tard; j'en sais quelque chose.

C'est donc sans les juger ni les apprécier que je vais essayer de faire défiler devant vous quelques-uns de mes spécimens, amis, ennemis et indifférents; de tout poil et de tout acabit; hommes et femmes, tels qu'ils me sont apparus, avec leurs costumes et leurs accessoires. Je ne sais si ça vous intéressera; mais je vous garantis la ressemblance. Comme Pierre Petit, j'opère moi-même et sans retouche. A propos de Pierre Petit, je me souviens que nous eûmes, sur l'estrade même de mon panorama, une prise de bec et de cheveux, ce qui fut plus désagréable pour lui que pour moi, la nature l'ayant de ce côté mieux doué que moi-même. Ce fut lui qui ouvrit le bal. Nos rapports sont tendus depuis cette époque ; je ne sais s'il m'a gardé rancune; moi je ne lui en veux pas du tout. C'était à propos de politique qu'arriva cette terrible affaire, qui fut le prélude de la grande lutte où je devais recevoir tant de horions.

Les ennuis que j'eus à essuyer durant cette période me firent dès d'abord passer à l'état de *hérisson* qui, comme dit la romance maritime, *vient d'avoir des raisons*. Aujourd'hui, Boulanger est mort, Rochefort condamné à perpétuité (ce que je trouve toujours roide) et Constans dans le troisième dessous du Sénat, ce qui est bien sa place. Sans être dans une béatitude parfaite, tant s'en faut, je jouis d'une tranquillité relative, dans les intervalles de repos que me laisse la justice de mon pays; je tâche de cicatriser mes blessures et de vivre en artiste, ne m'occupant que des oiseaux, des fleurs et un peu de la *galette* dont j'ai, comme beaucoup de mes confrères, grand besoin. J'ignore quel peut être le nouveau ministre de l'Intérieur, car, pour sûr, il doit être nouveau; quel est le souverain qui a succédé à l'infortuné Carnot; si nous vivons en république ou sous une monarchie.

Je m'aperçois seulement que tout le monde se parle à l'oreille dans les rues et que les groupes de plus d'une personne se dispersent et s'envolent à l'apparition d'un agent de l'autorité ; on m'a affirmé que c'est à cause des lois nouvelles contre les anarchistes qui infestent la capitale et les départements. Pour moi, je puis jurer sur l'honneur que je ne détiens aucun engin ni explosif dans ma cave. Je suis devenu le modèle des *citoyens*, pardon, des *gens* paisibles.

Mais avant tout, reprenons l'histoire du *Tout-Paris*. Le Tout-Paris, comme en général tous les panoramas, fut monté par une société, composée d'honnêtes gens, cette fois ; mais ayant à sa tête un homme parfaitement brouillon et pardessus le marché plein de prétentions artistiques ; ce qui se rencontre le plus souvent chez les gens qui font des entreprises dans lesquelles les œuvres d'art sont appelées à jouer un rôle. Il en est ainsi pour nos bons experts d'art qui sont tous, à peu près sans exception, d'anciens brocanteurs, marchands de curiosités, encadreurs, tapissiers ou critiques d'art, ce qui est encore pis. Ce que mon nouveau directeur m'a fait souffrir et ce que je lui ai rendu est incroyable. Il était têtu comme un mulet. Il passa plus d'une année à fourrer consciencieusement des perches dans nos roues et à accumuler sur ma voie des obstacles de toute espèce.

Malgré la brutalité de ma résistance à ses fantaisies, il revint à la charge jusqu'au bout sans trêve ni relâche ; et pourtant c'était un brave homme. Le prix que j'avais demandé et le tant pour cent de bénéfice sur les entrées m'avaient été accordés sans difficultés. C'était en somme une affaire qui se présentait sous de bons auspices; et malgré les tiraillements avec mon directeur et mes quelques centaines de modèles, mâles et femelles, j'allais bien me tirer de ce formidable travail, le plus considérable qu'un homme seul ait pu jamais entreprendre (huit cents personnages connus circulaient sur ma scène).

J'allais, dis-je, m'en tirer, quand deux circonstances inattendues vinrent troubler nos affaires. Berger, enthousiaste de ma toile, m'avait formellement promis que je serais *seul* et admirablement placé. Un concurrent puissant, M. Isaac Pereire, vint réduire subitement cette promesse à néant et prendre la place qui m'avait été donnée. Après avoir essayé de m'évincer complètement, on me relégua à l'Esplanade des Invalides, à une des extrémités mortes de l'Exposition.

Ce changement de situation exaspéra mes commanditaires qui, à partir de ce moment, arrêtèrent les dépenses les plus nécessaires. Je fus réduit à exhiber une œuvre incomplète. Nous n'eûmes ni accessoires, ni faux terrains, ni rien de ce qui est absolument indispensable pour produire ce qu'aime le public : le trompe-l'œil et l'illusion. Mais tout cela eût pu encore s'arranger, quand un autre projectile vint m'éclater dans les jambes.

Je vais, si vous le voulez bien pour la clarté, interrompre mon récit et vous mettre sous les yeux quelques extraits des principaux journaux qui vous montreront, d'une part, ce qu'était mon œuvre et de l'autre vous donneront une idée de la mobilité des jugements humains ; car vous pourrez, en regard de ces articles plus qu'élogieux, mettre l'unanimité des éreintages de la presse gouvernementale, aussitôt que la politique vint s'en mêler, et il vous sera facile de constater, pour une fois encore, comme disent les Belges, que ça ne fut pas le lapin qui commença.

PANORAMA « LE TOUT-PARIS »

Extraits des journaux

Le Figaro (23 février 1889)

Une des grandes attractions de cette Exposition si curieuse qui est installée sur l'Esplanade des Invalides sera assurément le panorama de M. Castellani, le « Tout-Paris ».

M. Castellani a eu l'excellente idée, en effet, de grouper dans ce panorama toutes les célébrités parisiennes vivantes. Comme centre, il a choisi le terre-plein de l'Opéra. Le visiteur, placé au centre de ce terre-plein, a donc autour de lui l'Opéra, le Grand-Hôtel, la place, les Cercles qui l'entourent, les rues du Quatre-Septembre et de la Paix, le boulevard des Capucines et, comme fond, l'immense avenue qui se termine au Louvre. C'est là que se meuvent les personnages du panorama; nul endroit ne pouvait être mieux choisi dans ce Paris brillant et bruyant pour mieux représenter la vie parisienne dans son ardeur, sa vigueur et sa fièvre.

Aussi le coup-d'œil est-il très curieux : attablés devant le Café de la Paix, on voit quantité de députés qui attendent l'heure du Parlement ; devant eux passent, incessants, les hommes politiques d'hier ou de demain, les actualités, les personnalités du jour, tout ce qui a un nom, tout ce qui a un titre, tout ce qui a un rang dans ce monde extra-parisien qui comprend à la fois le faubourg Saint-Germain, les belles-lettres, l'armée, la finance et les arts. *Le peintre de cette œuvre importante ne s'est préoccupé ni des |coteries, ni des partis,* il a fait l'union de toutes les coteries et de tous les partis, ce qui est mieux : M. Boulé y coudoie la duchesse d'Uzès, et le général Boulanger (1) M. Spuller. Les personnages sont étonnants de ressemblance et leur groupement est parfait dans cette liberté du plein air.

Le Petit Journal (7 juin 1889)

L'idée si originale qu'a eue le peintre Castellani de grouper dans un même cadre toutes les personnalités du monde parisien a séduit au plus haut point les visiteurs de l'Exposition qui se portent en foule au panorama de l'Esplanade des Invalides.

Ce qu'on admire surtout, c'est la façon artistique dont M. Castellani a traité un sujet qu'il était très difficile de ne pas rendre banal et monotone. Les mille ou douze cents personnages qui composent *le Tout-Paris* sont mis à leur place, et si quelques détails sont volontairement négligés, c'est pour mieux faire ressortir les grandes lignes de l'œuvre.

(1) On sait que le général Boulanger a dû être supprimé.

Les visiteurs remarquent également beaucoup l'extérieur du panorama et le beau fronton dû à M. Gaudez.

Jean de la Tour.

Le Gil-Blas (10 mars 1889)

Hier, dans l'après-midi, S. A. R. le prince de Galles, le gardénia à la boutonnière, est allé visiter le *Panorama de Tout-Paris*, où il a été reçu par l'auteur, l'excellent peintre Castellani.

Le prince de Galles s'y est rencontré avec le colonel Lichtenstein, aide-de-camp du Président de la République.

Au moment où le prince allait remonter dans son coupé, lord Lytton, ambassadeur d'Angleterre, arrivait pour le saluer. Après quelques instants d'entretien, ils se sont séparés.

Le Panorama qui, on le sait, représente les célébrités parisiennes, groupées avec beaucoup d'art et de goût sur la place de l'Opéra, juste en face du *Gil-Blas*, est en voie d'achèvement.

Il constituera une des plus curieuses attractions de l'Exposition.

Le Gil-Blas (10 avril 1889)

Je ne sais pas si vous êtes comme moi, mais j'ai un faible pour les Panoramas. Chaque fois que j'en rencontre un sur ma route, je le visite coûte que coûte.

C'est ainsi qu'hier je suis entré chez Castellani, qui termine en ce moment celui qui va figurer à l'Exposition. C'est vraiment fort curieux, et il a bien fait d'appeler ce panorama *Tout-Paris*, car tout Paris y figure.

On y voit, pêle-mêle: Rochefort, Jules Ferry, Arthur

Meyer, Drumond, Déroulède, Barbey d'Aurevilly, de Douville-Maillefeu, Stevens, Gervex, l'intrépide steeple-chaser Charles Leb..., le général Boulanger, l'amiral Aube, Yvan de Wœstyne, Jules Guérin, Cornély, baron de Vaux, Gyp, Mme Adam, Gounod, Garnier, E. Blavet, Spuller, Floquet, A. Scholl, Périvier, Magnard, de Rodays, René d'Hubert, Edmond Magnier, le général Gallifet, le prince de Sagan, miss Ada, Gaillard, Freycinet, la duchesse d'Uzès, le maréchal de Mac-Mahon, le général de Charette, Henner, E. Lebey, de Talleyrand, Roll, etc.

Le côté demi-mondain est représenté par les jolies femmes connues dans le monde de la haute vie.

Le Rappel (12 mars 1889)

A l'Esplanade des Invalides, le *Panorama du Tout-Paris* est en pleine voie d'achèvement.

Ce qui ressort avant tout de cette œuvre, c'est l'étonnante expression d'activité et de vie qui anime tout l'ensemble de la composition ; les personnes vont, viennent, se saluent ; des voitures défilent au grand trot, un omnibus s'arrête sur un signe d'un promeneur ; il y a même un gardien de la paix qui arrête un jeune gamin.

Sur tout cela, une lumière largement répandue, une lumière blonde de soir d'été, avec des lointains tout frissonnants d'une brume dorée.

Citer les noms, même les groupes, serait impossible ; près de deux mille personnages sont disséminés tout autour de l'immense toile.

C'est un tour de force qu'a exécuté là M. Castellani, car lui seul a travaillé à cette colossale entreprise. « Il n'y a pas un coup de crayon, nous disait-il, pas un coup de brosse que je n'aie donné moi-même : voilà un an et demi que je travaille ! »

Le Siècle (11 mars 1889)

Hier, le prince de Galles a voulu revoir le *Panorama du Tout-Paris*, et y choisir lui-même sa place : « Mettez-moi, a-t-il dit à M. Castellani, à côté de M. Berger, qui est mon ami. » Il va sans dire que l'artiste va s'empresser de donner satisfaction à l'illustre visiteur, qui a promis de revenir.

Étaient présents : lord Lytton, ambassadeur d'Angleterre ; le colonel Clark ; M. Lee, secrétaire de l'ambassade ; le général Henrion-Berthier ; le colonel Lichtenstein ; Mme Galitzine ; Mlle Dufrane, de l'Opéra, etc.

Ce qui a particulièrement surpris le prince, c'est que cette œuvre immense soit de la main d'un seul artiste.

Le National (21 septembre 1888)

L'exposition universelle de 1889 ne manquera pas de panoramas. Mon ami Maurice Harel vous présentait dernièrement celui de MM. Gervex et Stevens, qui sera consacré aux grands hommes du siècle, et j'ai visité hier celui de M. Castellani, qui rassemble autour de la place de l'Opéra toutes les célébrités parisiennes vivantes. On annonce, d'autre part, que MM. Poilpot et Jacob, qui sont aussi des spécialistes du genre, se préparent, de leur côté, à entrer en ligne. Cela nous fait donc, jusqu'ici, trois panoramas sur la planche, sans compter celui dont on jouira du haut de la tour Eiffel.

De tous ces panoramas — sauf ce dernier, bien entendu — le plus important sera sans contredit le second, qui est en réalité le premier en date, puisque c'est le projet du peintre Castellani qui a été adopté tout d'abord. Et ce sera aussi très probablement le premier terminé, si j'en juge d'après les morceaux achevés qu'il m'a été donné de voir hier, à Neuilly, dans l'atelier du boulevard Eugène.

Le peintre lui-même nous en a fait les honneurs avec une bonne grâce charmante. Castellani est un homme d'une quarantaine d'années, de taille moyenne, les yeux bleus, la barbe grisonnante, la physionomie ouverte et franche qui séduit au premier abord. En dépit de son nom italien et de son état civil qui le fait naître à Bruxelles, il est Français, n'en doutez pas, et même Parisien. Naturalisé d'ailleurs, depuis longtemps, il a prouvé pendant la guerre de 1870 jusqu'à quel point il poussait l'amour de sa patrie adoptive.

Mais il suffit de l'entendre parler cinq minutes pour se convaincre de son droit de cité au boulevard. Nul mieux que lui ne pouvait mener à bien la tâche qu'il a entreprise et qui est précisément de grouper sur ce boulevard nos célébrités littéraires, artistiques et mondaines. Pour présenter au monde entier le véritable Tout-Paris, il ne fallait rien moins qu'un artiste aussi répandu en même temps qu'un panoramiste de premier ordre.

Panoramiste, Castellani l'est plus que tout autre et sa réputation, à ce point de vue, n'est pas à faire. Depuis quinze ans, à Paris, en province ou à l'étranger, il n'a cessé de brosser des panoramas, avec une activité infatigable ; la Belgique, l'Italie, l'Autriche, l'Amérique elle-même possèdent ses œuvres ; dans dix ans, s'il continue de ce train, on en trouvera partout, en Chine, en Australie, en Russie, près du pôle ; il en couvrira la terre.

Notez en passant que Castellani travaille seul et vous aurez une idée de la vigueur physique qu'il doit déployer. Mais il se préoccupe peu du côté matériel de ses travaux. Il cherche surtout à rester artiste. Il y parvient toujours, non sans effort, et c'est ce qui fait sa supériorité incontestable. Le panorama qu'il prépare pour l'Exposition de 1889 le prouvera une fois de plus.

La conception en est fort originale. Le spectateur est censé se trouver au milieu du refuge de la place de l'Opéra, carrefour unique au monde et bien fait pour servir de décor et de cadre à l'exhibition de nos célébrités. Jetons un coup d'œil sur le morceau en cours d'exécution.

Nous sommes en face la partie du boulevard des Capucines qui commence au café de la Paix. L'ensemble du tableau est exact ; mêmes voitures sur la chaussée, même foule sur les trottoirs. Mais au lieu de passants quelconques, j'aperçois le président de la République dans son landau, en compagnie de M. et Mme Wilson ; un peu plus loin, je reconnais MM. Floquet, Henri Maret, Anatole de la Forge, Meissonier, Detaille, Zola, Sarah Bernhardt, Arthur Meyer, Berger, etc., etc., etc. ; des acteurs, des journalistes, des députés, des sculpteurs, des sénateurs, des musiciens, tout ce qui a un nom connu, depuis le vénérable M. Chevreul jusqu'à Mlle Rosita Mauri, de l'Opéra, depuis M. Gragnon, le préfet de police, jusqu'à M. Deibler, le bourreau.

Et ces gens-là vont et viennent, se croisent, se saluent, descendent de voiture, entrent au café, achètent leur journal au kiosque ou font l'aumône à la femme aux deux jambes de bois. Rien de préparé, à première vue ; le grouillement ordinaire de la vie parisienne à quatre heures de l'après-midi !

Comme vous avez pu voir en tête de ces comptes rendus, je ne m'étais en aucune façon (c'est *le Figaro* qui le dit) préoccupé ni des coteries ni des partis. Il a fallu toute la mesquinerie et la mauvaise foi qu'on apporte généralement dans ces luttes, pour découvrir dans mon panorama des côtés subversifs. J'avais, comme je l'ai dit, eu déjà assez de désagréments avec mes modèles eux-mêmes, sans vouloir m'en créer de nouveaux avec la politique. Car si vous croyez qu'il est commode de contenter dans une scène un millier de personnages, vous vous trompez fortement. La plupart demandent à être seuls, de face et au premier plan ; et encore exigent-ils qu'on supprime les voisins à une distance de 1 kilomètre à la ronde. Je préfère, me disait M⁰ C... de l'Opéra, disparaître complètement de votre toile si la *créature* qui passe près de moi ne va pas se promener un peu plus loin. Comment, me disait un homme répandu dans le monde, vous mettez la princesse de S... à côté de X... Mais vous ne savez donc pas ?... J'ai une lettre de Mme Adam qui se plaint violemment de ce que (c'est un journal farceur qui avait écrit cela) je l'aie mise au bras de Wolf ; ce qui n'était pas vrai. On comprend du reste sa mauvaise humeur si cela eût été. Puis c'est Séverine qui ne veut pas de rouge dans son costume ; Bergerat qui entend qu'on lui ôte sa pipe et qui prétend que ça peut lui faire du tort auprès du beau sexe international ; Périvier qui se trouve trop beau et de Rodays qui n'est pas content parce que Magnard est derrière eux (bien sans intention, ma foi) ; Judet qui veut se brouiller avec moi parce que je l'ai mis à peu près tout seul dans ma composition à cheval et trop en vue ; Marinoni qui s'oppose à ce que je descende Judet de son poulet d'Inde et qui vou-

17

drait au contraire que je le costume en Apache, sous prétexte que c'est un sauvage.

J'interromps ma liste pour vous présenter mon ami Judet, le grand Judet, comme on l'appelle ; car il est haut et droit comme un peuplier, souple et nerveux comme un félin ; et entre parenthèses je ne donnerais pas cher de la peau de Carolus, si elle était au bout de son épée ; mais passons sur ce détail.

Judet est un des cerveaux les mieux organisés, les plus logiques, les mieux trempés de son temps. Sorti le premier de la grande école normale, il fut d'emblée un révolté, un peu à la façon de Vallès, dont il n'a du reste ni l'égoïsme ni les instincts bourgeois. Homme du Nord, de tempérament et un peu de race ; prudent, ferme et brave ; loyal et aimant le beau et l'ample jusqu'à l'enthousiasme, il est particulièrement taillé pour la grande lutte, les grandes choses ; et si Dieu lui prête vie, ce qui ne saurait manquer, car il est robuste, vous m'en direz des nouvelles. Je pourrais en raconter long sur son compte ; mais il n'aime pas qu'on s'entretienne de ses affaires, et de mon côté je ne tiens pas à avoir d'histoires avec lui. Donc qu'il vous suffise de savoir que c'est un monsieur, un gars, un artiste et un patriote de la plus belle eau ; un qui n'a rien à voir avec les saligots de la politique moderne ; je ne dirai pas un pur ; on connaît trop les purs : tous tartufes ou pleutres.

Mais ne nous emballons pas; on pourrait m'accuser de le voir avec des yeux d'ami. Il est en effet mon ami, mais comme nous ne nous ressemblons pas du tout, je crois pouvoir le bien juger. Il y a même entre nous une chose que je ne lui pardonne pas et qui nous sépare : il se figure qu'il aime Wagner, dont moi j'ai une sainte horreur. Il prend pour Wagneriennes les idées poétiques sur lesquelles ce Teuton s'est lourdement assis, après les avoir *empruntées* aux splendides ballades du Nord et les avoir mélangées de choucroûte et de chair à saucisse allemande... Enfin on n'est pas parfait et, nonobstant ce vice, Judet est sans conteste une des têtes de colonne de la phalange de ceux auxquels on ne barre pas la voie.

Le Directeur du *Petit Journal,* qui s'y connaît et n'aime pas laisser traîner les perles, n'a pas raté l'occasion de se l'associer. Pas bête, M. Marinoni. En somme, je souhaiterais sincèrement que la France eût une douzaine de Judet; nos bons voisins ne seraient peut-être pas satisfaits, mais peu importe. Donc avis à ceux qui cherchent des hommes. Je m'arrête parce que j'ai peur de dépasser le but et que je ne veux pas, vis-à-vis de moi-même, donner à Judet des idées de supériorité dont il pourrait abuser. Ah! mais... Qu'il gouverne les autres tant qu'il voudra, mais pas moi, mille sabords !!! comme dirait l'Amiral Lockroy ; *n'en faut pas.*

Je ne puis non plus résister à l'envie de vous dire un mot de de Rodays, à propos de Marinoni, auquel un personnage alors tout puissant me reprochait d'avoir donné une trop belle place : « Eh bien ce gros-là, m'avait dit de Rodays en me montrant le Directeur du *Petit Journal*, pourrait, s'il le voulait bien, lui faire baiser son c... » Que ne l'a-t-il fait ? Cela m'eût été bien agréable.

Cette idée de baisement bizarre, évoquée par de Rodays, me fait songer qu'il y avait représentées, dans mon panorama, quantité de charmantes personnes qui eussent pu à leur gré nous en faire faire autant, ce qui tendrait à prouver que l'espèce humaine est bien facile à humilier. N'est-ce pas, Gerveix ? Il me semble entendre Miss Clifford s'écrier *shohing !* et Gyp s'esclaffer. En somme je les défiede me prouver que je ne dis pas la vérité.

Je poursuis ma nomenclature : Gerveix n'est pas content parce que je l'ai fait ramassant le mouchoir d'une jolie demi-mondaine (il y a vraiment des gas qui ont trop de chance, et qui se plaignent encore), Madame Poilpot me fait une scène parce qu'elle trouve que j'ai fait son mari trop laid ; elle prétend à côté de cela que Jules Cheret est trop beau et n'a pas l'air assez militaire. Paulus aurait voulu être en empereur romain ; Carolus en spadassin, avec un cadavre à ses pieds. Quant à M. de Cassagnac, il parle tout simplement de m'envoyer du papier timbré, à cause de la couleur de son gilet; mon ami Xau me menace de témoins, je ne sais vraiment pourquoi. Dans le Tout-Paris en général on me prêta des intentions que je n'avais pas. Exemple :

Duez, qui est malin comme un singe, prétendit que j'avais représenté Henner avec les allures d'un cordonnier en vieux reportant son ouvrage. Il me reprocha de ne pas avoir fait son chapeau assez gras. Peut-on dire! Duez se trompe évidemment s'il croit que j'aie jamais eu en quoi que ce soit l'intention de ridiculiser un maître assez habile pour avoir pu peindre (c'est Henner lui-même qui, dit-on, s'en est vanté) une de ses meilleures têtes en moins de vingt minutes, dans une chambre entièrement privée de lumière (il est vrai qu'on lui avait laissé charger lui-même sa palette au jour, et disposer d'avance sa toile, son tabouret et tous ses ustensiles). N'empêche, disait Henner, que je défie Bonnat, Puvis, Carolus, Bouguereau et aucun des bonzes les plus malins de l'Aréopage, d'en faire autant. Personne n'osa relever le défi si ce n'est Carolus, qui parla d'envoyer des témoins à Henner. L'affaire n'eut pas de suites. (Henner voulait se battre au tire-pied.) On ne peut décemment pas blaguer un tel maître. Enfin le président de la République lui-même, le bon, l'honnête M. Carnot, me dépêche mon ancien et joyeux compagnon de captivité, le colonel de Lichstenstein réclamant pour son patron le premier plan ou la suppression radicale. Mais, le plus terrible de tous, ce fut M. Constans qui, très satisfait de sa place du reste (il était seul, de face et au premier plan), ne demandait pas qu'on le changeât; mais me prenant par la douceur d'abord, puis par la force ensuite, prétendait m'obliger à enlever le général Boulanger, lequel était, je l'affirme, beaucoup moins bien placé que lui-même ; ce fut l'avis de Jules Ferry, de Rouvier et de ses collègues qui trouvèrent tous la fantaisie ridicule. Je cédai à peu près à tout le monde (je suis si bon enfant), excepté toutefois pour le portrait du Général.

Je dois ajouter aussi que, si beaucoup furent mécontents de leur situation, dans ma galerie, quelques-uns furent enchantés. Le bon Daubray entre autres ne me cacha pas sa satisfaction.

Je l'avais perché sur un impérial d'omnibus, d'où il s'esclaffait en voyant accourir Paulus essoufflé. Pas content du tout ce dernier ; il aurait voulu, je l'ai dit, être représenté avec une attitude napoléonienne, *en César déclassé.*

Le brave Chincholle, qui est certes un de mes meilleurs amis, fut presque sacrifié par moi et parut néanmoins heureux de sa place. Depuis. chez ce brave cœur, le journaliste a repris le dessus. Il m'a cru blessé à mort et m'a un peu délaissé. « Ça n'est pas gentil, Chincholle ! En plus, tu t'es trompé, *ma vieille branche.* Je suis en vie, bien en vie, et le vainqueur, ne t'y trompe pas, ça sera moi. Il y eut aussi l'ami Clovis Hugues et sa splendide compagne, qui se montrèrent tout à fait reconnaissants. J'allais oublier le prince Roland Bonaparte et le jeune peintre Karageorgevich de Serbie ; et M. Verillon donc, l'héroïque commissaire de Neuilly, qui est demeuré mon ami, par-dessus la politique. Il y a tout de même des gens *chics* dans toutes les classes. Mais j'y songe, j'allais commettre un acte d'ingratitude envers deux ennemis politiques, M. Rouvier d'une part, qui fut on ne peut plus gracieux avec moi et alla même jusqu'à trouver ridicule la prétention qu'eut Constans de faire enlever le général Boulanger du Panorama ; d'autre part M. Floquet, auquel il arriva une assez drôle d'aventure dans mon atelier même. Je recevais, ce jour-là, quantité de visiteurs admis à voir une portion de la toile qui représentait des scènes ou personnages pouvant personnellement les intéresser. Le général Boulanger et M. Floquet s'étaient présentés presque ensemble ; j'avais dû me hâter de faire passer l'un de ces messieurs par un escalier de service. « Je ne veux à aucun prix me trouver nez à nez avec cet animal-là, avait dit le Général. »

Floquet, accoudé sur une balustrade, ayant derrière lui une quinzaine de personnes qui le connaissaient toutes, Floquet m'exprimait sa satisfaction et, *moins sa canne*, se reconnaissait admirablement ; tout à coup entre avec fracas un camarade à moi, paysagiste, plus que sans façon, parlant haut et ne mâchant pas son opinion sur les gens et les choses : « Ah ! très bien, les fonds ! de l'air, de la profondeur ! etc... Mais, lui-dis-je « le fond m'est assez égal ; et les personnages ? Comment les trouves-tu ? Oh! les personnages ! Je m'en f... Pardi, je les connais, tes têtes, je vois bien d'ici la *gueule* à Floquet. »

Tout le monde éclata. Le président de la Chambre s'était retourné brusquement et se trouvait nez à nez avec mon paysagiste, qui, reconnaissant l'original, se confondit en excuses. M. Floquet du reste rit beaucoup de l'affaire et consola le pauvre garçon.

CHAPITRE XVII

Voici l'histoire détaillée de l'aventure Boulanger, qui fit du bruit et eut des suites déplorables pour moi ; aventure que je n'ai pas pardonnée à M. Constans, lequel de gaieté de cœur me fit un tort matériel et moral, simplement pour contenter une fantaisie, et parce qu'il était le plus fort. Je reçus un matin la visite de M. Berger ; malgré son manque de parole, nous étions restés en bons termes (je dois vous dire que M. Berger avait accepté depuis plus d'un an mon esquisse avec tous ses personnages, y compris Boulanger, qu'il était loin de détester et qui à cette époque était tout puissant). « Vous savez, mon cher ami, me dit-il, qu'il y a un nouveau ministère ? — Ah ! fis-je, que diable voulez-vous que ça me fasse ? — Permettez ; ça fait beaucoup : il va falloir apporter quelques modifications à votre œuvre. Il va y avoir certains personnages à enlever, d'autres à ajouter. D'abord on ne veut plus entendre parler du Général ; et, si vous voulez m'en croire, profitez de l'occasion qui est excellente pour vous ; il y va de votre avenir, de votre fortune. » Je remerciai M. Berger, mais je refusai net d'obtempérer à son invitation. J'avoue que j'eusse fait la même résistance si le général vainqueur eût voulu m'obliger à effacer Carnot ou Constans. Je dois reconnaître également que j'étais l'ami de Boulanger. Il y avait donc deux raisons pour que je ne me prêtasse pas à cette suppression. C'est à la suite de cette scène que les ordres et les menaces m'arrivèrent successivement du ministère de l'Intérieur. Je résistai.

Voici une lettre que Chincholle publia dans le *Figaro*. Cette lettre lui avait été communiquée par le Général à qui je l'avais adressée :

« Mon Général,

« Une histoire comique !... Ne s'est-on pas avisé en haut lieu de vouloir vous supprimer dans le Panorama *officiel du Tout-Paris*... Tout au moins, a dit M. Berger, enlevez-lui son uniforme. Que dirait le Président de la république ?... etc., etc. Bref ça ne peut rester ainsi...

« Le lendemain, nouvelle ambassade ; c'est du Ministère, paraît-il, qu'on réclame...

« Cette fois, mon Général, j'ai répondu m...! et j'attends.

« Veuillez agréer mes salutations les plus respectueuses.

« C. Castellani, *peintre.* »

La lutte était engagée avec le tout-puissant ministre.

Un journal du 5 mai 1889 s'exprime ainsi à propos de cet incident :

LE PANORAMA CASTELLANI

On sait que plusieurs panoramas nouveaux ont été installés en vue de l'Exposition universelle de 1889. De ce nombre, il convient de citer celui de M. Castellani, situé à l'esplanade des Invalides, et représentant, sous ce titre générique, *Tout-Paris*, les personnages les plus en vue, parmi lesquels figure, tout naturellement, le général Boulanger.

Le gouvernement fit faire auprès du peintre plusieurs démarches, en vue de lui faire supprimer la figure du général.

Le général Boulanger, apprenant ces démarches et ne voulant, à aucun prix, être la cause d'un conflit où les intérêts artistiques du panorama auraient à souffrir, écrivit aussitôt à M. Castellani, en lui disant d'accéder aux exigences de nos gouvernants.

M. Castellani ne voulut pas céder cependant, et maintint la figure à la place et au rang où il l'avait peinte.

En présence de cette attitude, le gouvernement informa le peintre que son œuvre ne serait pas autorisée et que le panorama serait fermé.

Devant cette décision, qui était la ruine pour les entrepreneurs de cette exhibition, M. Castellani a écrit la lettre suivante au général Boulanger.

« Mon Général,

« Il paraît qu'il est impossible de vous voir à Paris, même en peinture: ni le public français ni le public étranger ne comprendront que le gouvernement me fasse une affaire d'État parce que je vous ai donné votre place naturelle dans mon panorama *le Tout-Paris*. Il trouve sans doute que vous n'êtes pas assez connu ou que vous l'êtes trop.

« Moi, qui ne fais pas de politique, je n'ai pas compris davantage.

« Et pourtant, depuis trois mois, je suis constamment sommé de vous sacrifier par ordre supérieur.

« Je vous ai prévenu déjà de ces tracasseries répétées (je ne les prenais pas au sérieux), d'ailleurs, en me remerciant de ma fermeté, vous m'aviez formellement invité à ménager, en cas de force majeure, les intérêts de mes commanditaires.

« Aujourd'hui, le ministre prend la peine de décréter une mesure héroïque : il ferme mon panorama jusqu'à ce que votre portrait en soit retiré.

« Je ne juge ni la décision ni les motifs qui la dictent; je ne tiens même pas à la trouver ridicule ou féroce : chacun appréciera. Je veux seulement vous dire, mon Général, que je cède, non pour obéir à un ordre tyrannique, mais à vos désirs et à votre volonté deux fois formulée de ne troubler par aucune résistance l'ouverture de l'Exposition.

« Veuillez, mon Général, recevoir l'assurance de mes sentiments dévoués et respectueux.

« CASTELLANI. »

Au reçu de cette lettre, le général Boulanger a envoyé à M. Castellani une dépêche, lui disant :

« Faites ce qu'exige le gouvernement. Ne vous occupez pas de moi; ne vous occupez que du succès de votre entreprise. »

Hier, le panorama du *Tout-Paris*, ouvert à quelques privilégiés de la presse, fermait ses portes à quatre heures pour *cause de travaux*, — il est à peine terminé, il faut le dire, — et M. Castellani, profitant de la solitude, effaçait la figure de M. le général Boulanger.

Ce qui est un comble, dans ce panorama de *Tout-*

Paris, savez-vous qui remplacera le général Boulanger?

— Le schah de Perse !

Un panorama de *Tout-Paris*, c'est-à-dire des Parisiens dont on parle le plus en l'an de grâce 1889, et où ne figure pas le général Boulanger, est, — quelle que soit notre opinion, convenons-en, — un panorama qui ne répond ni à son nom ni à son but. S'il y a, en effet, un Parisien dont on parle, c'est du Général.

Hier, des Américains visitaient un autre panorama, et, après avoir bien regardé, ils demandèrent au gardien :

— Mais où est donc le général Boulanger ?

Ils ne concevaient pas, en effet, qu'un de ces spectacles pût se passer du Général.

Ce trait est la caractéristique de la question.

Puisqu'on parle beaucoup, en ce moment, des droits de l'homme, nous demanderons à la République sur lequel de leurs dix-sept articles elle a basé la mesure qu'elle vient de prendre contre M. Castellani ? Est-ce pour assurer la trêve qu'elle nous promet, et surtout qu'elle nous demande, qu'elle commet cet acte arbitraire ? S'imagine-t-elle aussi supprimer le général Boulanger en supprimant son image des panoramas ?

Un véritable 93 en effigie !

B. LOUSTALOT.

Ce ne fut pas tout ; j'avais, *avec l'approbation de Berger*, substitué à la figure du Général, celle du schah de Perse, qui se trouvait par cela même en commerce criminel avec Turquet et autres du groupe ami de Boulanger. Nouvel émoi ; nouvel ordre de Constans d'avoir à effacer le schah de Perse. Cette fois je tins bon et me refusai mordicus à effacer la figure en question. Après de vaines démarches auprès de mes confrères qui tous rejetèrent avec indignation la proposition de remanier ma toile à l'endroit incriminé, on trouva un saligot, le nommé L..., qui voulut bien se charger de cette besogne. On fit même garder le panorama par des agents pour m'empêcher d'entrer pendant que ce misérable opérait. Je poursuivis de mes justes réclamations le ministre qui avait eu le toupet de faire ainsi *tripatouiller* l'œuvre qui portait ma signature. Je le harcelai sans relâche et sans trêve durant toute la période pendant laquelle il tint la France sous son fouet et plus d'une fois, je m'en flatte, j'ai fait rire la galerie à ses dépens. Je me rappelle entre autres une certaine *nature morte*, composée d'un immense saucisson et autres accessoires qu'on prétendit emblématiques; ce tableau lui valut dans tous les journaux d'Europe une publicité dont il se fut certes très bien passé. Je me défendis pourtant d'avoir eu vis-à-vis de Constans toute idée malveillante et je lui écrivis la lettre suivante qui resta sans réponse.

Neuilly-sur-Seine, 30 avril 1890.

Monsieur le Ministre,

Vous voyez en moi un homme bien perplexe et bien désolé.

Modeste, comme tous mes confrères en art, je ne demande que le silence, l'ombre et l'oubli.

Je voudrais peindre pour les petits oiseaux.

Mais non : journalistes, critiques d'art, membres du jury et autres gens malfaisants semblent se donner le mot pour me sortir de ma quiétude; on m'empoigne, on me tiraille, on me dépiaute. Je suis dans la situation du Saint-Antoine des vieilles légendes ; c'est une véritable sarabande qui tourne autour de moi; tout y est, sauf, hélas ! les jeunes personnes traditionnelles qui accompagnent toujours le vénérable saint.

Mais tout ceci serait peu de chose pour moi, car j'ai de la résistance et de l'estomac.

Ce qui est beaucoup plus sérieux, c'est le rôle politique qu'on voudrait me faire jouer.

Je ne puis plus toucher une brosse, sans qu'aussitôt j'entende hurler à mes oreilles : Ah ! Boulanger ! ah ! Constans ! c'est de la peinture politique, etc., etc.

Parole d'honneur, c'est exaspérant.

Une fois pour toutes qu'on sache bien que je me moque de la politique. Je veux seulement la paix et le repos. Je ne tiens pas du tout à me mettre mal avec les gros bonnets, qui, pour un oui, pour un non, vous font fourrer un homme à la Bastille, sans crier gare.

Ils sont bons, les journalistes ! C'est leur métier à eux d'aller en prison ; mais moi je suis un homme essentiellement libre et je tiens à garder ma virginité de ce côté.

Aussi, monsieur le Ministre, je viens supplier Votre Excellence de ne pas croire un mot de tout ce qu'on écrit sur mon compte et sur mes intentions.

On expose en ce moment à la salle des Capucines un de mes tableaux intitulé « nature morte ». Il paraîtrait que vous êtes visé dans cette toile ; que j'y ai peint des objets qui rappellent des souvenirs désagréables pour vous ; on veut faire croire que je suis un homme malavisé, dangereux, subversif.

Plutôt que d'écouter ces racontars, venez voir vous-même ; et vous serez bientôt convaincu qu'il n'y a de ma part aucune intention maligne à l'endroit de Votre Excellence.

Entre nous, monsieur le Ministre, le plus malin de nous deux, ça n'est certes pas moi.

Je suis convaincu que si vous me faites l'honneur d'accepter mon invitation, vous ne vous en repentirez pas, et je vous prie, dans tous les cas, d'agréer l'expression de mes sentiments de reconnaissance pour la latitude qui m'est encore laissée de circuler librement sur les boulevards. Je n'en abuserai pas, soyez en sûr.

J'ai l'honneur d'être, de Votre Excellence le bien dévoué serviteur,

Ch. Castellani, *peintre*,
Boulevard Bineau, 99, Neuilly-sur-Seine.

J'écrivis en outre durant cette période une quarantaine de lettres rendues publiques, lettres dans lesquelles je réclamais justice au ministre de l'Intérieur lui-même. Voici quelques-unes de ces épîtres qui pourront vous donner une idée de la façon dont j'articulais mes plaintes et révendications. (N'oubliez pas que ces lettres furent écrites en pleine période boulangiste, au moment où la lutte était le plus âpre et du temps où M. Constans était un Dieu pour ceux qu'il avait sauvés.)

Monsieur le Ministre,

Il y a quelque temps que je n'ai eu l'honneur de correspondre avec Votre Excellence. Pourtant soyez sûr que je ne vous oublie pas. L'idée de vous communiquer mes impressions m'avait à peu près quitté.

Vous êtes si négligent quand il s'agit de me répondre.

Je continue à suivre d'un œil curieux vos exploits dans l'arène politique ; et si je n'y applaudis pas, je dois vous dire que je suis de plus en plus étonné, j'allais dire émerveillé. Je vous trouve tout à fait extraordinaire.

J'assistais dernièrement à une séance de Bidel, le dompteur ou plutôt l'abrutisseur de lions ; et sauf votre respect, monsieur le Ministre, je ne pouvais m'empêcher d'établir une analogie entre cet industriel remarquable et Votre Excellence, à cette différence près que l'un dompte des lions et vous le peuple ; assurément pour moi le plus fort des deux n'est pas Bidel. Vos exercices à vous sont bien autrement dangereux que les siens. Je ne parle pas de la cage parlementaire ; là tout est apprivoisé et bien nourri ; mais la grande cage ! celle du peuple, voilà qui est dur à affronter. Méfiez-vous, monsieur le Ministre ; ici plus l'animal a l'air soumis, plus il est prêt à regimber ; et un beau matin vous pourriez parfaitement vous réveiller en capilotade. C'est du reste votre affaire et c'est un simple avertissement que je me permets de donner à Votre Excellence. Au fond, je l'avoue, je ne puis m'empêcher de caresser l'idée de voir le dompteur étranglé ; et j'attends patiemment, à l'instar de l'Anglais d'Eugène Suë, le moment où vous feriez un faux pas. Ça n'est certes pas charitable, mais que voulez-vous ; on n'est pas parfait ; c'est affaire de tempérament. Ceci dit, prenez bien garde, les plus malins y ont été mordus. A votre place, je sais bien ce que je ferais. Je me retirerais avec mes économies et je céderais simplement l'affaire à un autre ; au petit père Freycinet, par exemple, qui en grille d'envie. Veuillez croire, monsieur le Ministre, que c'est la sympathie seule qui me fait parler de la sorte ; il serait vraiment dommage pour vous de servir de pâture au monstre. Veuillez agréer l'assurance de, etc.

Ch. Castellani,
Peintre,

La lettre suivante fut adressée par moi au ministre après un voyage qu'il avait fait à Marseille. Pendant qu'il traversait cette ville la foule l'avait hué et lui avait lancé des ordures. De même à Lille.

Monsieur le Ministre,

Je n'ai l'habitude ni de piétiner sur les morts, ni de tomber sur les malades ; mais vous m'avouerez qu'à moins d'être Jésus-Christ en personne il m'est difficile d'oublier vos aménités et les abus de force que vous avez commis à l'égard d'un pauvre diable d'artiste, comme moi. Vous me permettrez donc de prendre une revanche, bien innocente d'ailleurs, et de vous conter un peu vos mésaventures. Comme je vous le disais dans une précédente lettre, je me suis tordu à votre réception de Marseille, réception à laquelle j'ai assisté ; eh bien hier à la Chambre j'ai positivement jubilé en examinant votre binette déconfite : ah ! dame, vous n'en meniez pas large à votre banc ; et les airs goguenards avaient disparu ; bref, le spectacle que vous m'avez donné m'était bien doux au cœur. Merci de cette consolation, qui, j'espère, ne sera pas la dernière. Je veux du reste, en réponse, vous donner un humble avis : Allez-vous-en, monsieur le Ministre ; après Marseille, vous avez eu Lille : après Lille, vous en verrez bien d'autres ; je crois au système des compensations et c'est on ne peut plus juste. Pour moi, qui n'ai jamais *coupé* dans votre affaire, je vous ai toujours considéré comme un simple veinard ! Vous avez joué sur la rouge, gare à la série des noires. Ceci dit, je vous renouvelle mon conseil : lâchez l'affaire et allez planter vos choux, si tant est que vous aimiez le jardinage ; ou bien, si vous préférez, rentrez dans le commerce ; vous vous y entendez pas mal. Pour mon compte, sans avoir jamais eu l'idée d'accrocher votre peau dans mon atelier, je vous avouerai que je n'ai aucune tendresse pour vous ; et, plus vite vous déguerpirez, plus je serai content. Allons, ne me refusez pas cette satisfaction, que vous me devez bien, et croyez toujours à mon profond dévouement.

Charles CASTELLANI,
Peintre.

P. S. — Est-ce que vous avez sérieusement l'idée de refourrer Lafargue en prison ? Si oui, je crois charitable de vous prévenir que c'est encore un four ; réfléchissez-y, et ravisez-vous ; il n'est que temps.

C. C...

Voici quelques autres lettres :

Monsieur le Ministre,

Vous devez me trouver bien bon enfant de chercher à vous démontrer que vous suivez une mauvaise route ; et, de mon côté, en réfléchissant un peu, je songe que je pourrais employer mieux mon temps qu'à chercher à vous faire changer de peau. En effet, dans l'histoire des peuples, on a pu rencontrer de rares despotes qui se sont assagis et ont cherché à capter la confiance des nations qu'ils avaient d'abord violentées et dépouillées; mais c'étaient des natures fières, chez lesquelles, malgré leurs méfaits, un sang généreux avait coulé ; et chez eux le sentiment du beau, du noble s'était toujours mélangé à leurs actions même les plus brutales.

Pour vous, monsieur le Ministre, ça n'est malheureusement pas le cas; votre vaillance ne s'est jamais exercée que contre les faibles; et l'idée d'un combat à armes courtoises n'a jamais dû entrer dans votre cervelle de roublard prudent. Je vais plus loin : il y a souvent chez le bandit, qui arrête au hasard sur la grande route, une espèce de crânerie qui donne à ses forfaits un parfum d'héroïsme. Chez Votre Excellence, rien de pareil : vous aimez à surprendre ou plutôt à faire surprendre votre ennemi pendant son sommeil.

Votre grand art consiste à compromettre les autres, sans vous engager vous-même; vous tenez énormément à votre peau; et, à une époque où la *prudence* est devenue une force, votre réussite n'a rien d'étonnant. Vous avez, avec justesse, pensé que vos contemporains étaient en majorité accessibles aux transactions les plus viles; et le proverbe, qui dit que l'argent ne sent pas mauvais, a été carrément par vous mis en action. Ah! monsieur le Ministre, vous êtes fort dans votre genre! et vous pouvez vous vanter d'avoir donné au pays un rude mouvement à reculons; nous sommes loin des vertus françaises tant vantées jadis, le désintéressement, la chevalerie, l'honneur; jolies blagues aujourd'hui, hein?

Et la République? cette pauvre République, quel rôle vous lui faites jouer! A quelle prostitution vous la condamnez! Dans quels bouges et par quel monde vous la faites fréquenter, tutoyer!

Non décidément, j'avais la berlue quand je songeais à vous convertir. Vous êtes trop vieux, monsieur le Ministre; on n'empêchera jamais un ivrogne qui a passé la soixantaine de boire de l'alcool même frelaté; et on ne contraindra jamais un vieux noceur à avoir des sentiments de pudeur et de délicatesse. On peut leur faire jouer la comédie; car eux aussi désirent, à votre instar, s'affirmer comme *gens très bien;* mais examinez-les de près, et vous les verrez bientôt, pour employer une métaphore de l'Eglise, retourner à leur vomissement.

Tout ceci, monsieur le Ministre, est, bien entendu, une figure; et je n'ai en aucune façon l'intention d'offenser Votre Excellence; j'entends seulement, et vous êtes de mon avis, qu'on n'a jamais pu faire d'un chat qu'un chat et de Rollet, etc., etc.

C'est toujours avec un nouveau dévouement, monsieur le Ministre, que j'ai l'honneur de vous présenter mes salutations respectueuses.

Charles CASTELLANI.

1er décembre 1891.

Neuilly-s.-Seine.

Monsieur le Ministre,

Vous vous demanderez peut-être pourquoi je m'entête à vous écrire étant donné le peu de cas que vous faites de ma prose.

Eh bien! chez moi, il y a une raison : je suis superstitieux et je crois aux talismans; on ne m'ôtera jamais de l'idée que vous devez porter la veine, et ce, à cause de votre ancienne profession, profession pour laquelle je n'ai, du reste, aucun mépris, étant donné le nombre de braves gens qui l'exercent, l'ont exercée et l'exerceront encore honorablement.

Aussi ne pouvant, ni ne désirant vous toucher de la main, je tâche d'établir entre vous et moi une communication quelconque qui me fasse participer à cette bienheureuse chance, laquelle, tout le monde le sait, s'attache volontiers à ceux qui ont manipulé le produit que vous savez. (M. Constant avait été à la tête d'une affaire de vidange.)

Ceci établi, je vous écrirai encore longtemps, en dépit du peu d'empressement que vous mettez à me répondre. Nous avons, en outre, certain petit compte à régler ensemble et vous pouvez penser que je ne l'oublie pas.

Je profiterai de cette manie de correspondance pour vous présenter quelques avis ou vous faire quelques questions. Ainsi, je me permettrai, pour aujourd'hui, de vous demander, comment il se fait que vous, homme éminemment adroit, vous ayez laissé passer, il y a trois semaines environ, dans le *Petit Journal*, une réclame que je qualifierai de maladroite.

En effet, dans une gravure d'un de ses suppléments illustrés, cette petite feuille vous représente debout, ayant vos collègues assis en rang d'oignons derrière vous; il semble, en regardant ce dessin, que vous n'avez qu'un pas à faire en arrière pour vous asseoir sur Freycinet; en dehors de Rouvier, qui paraît vouloir protester par son attitude, tous les autres ont, pour employer une expression un peu triviale, l'air complètement *assis*.

Je crois que c'est exagéré, monsieur le Ministre; un peu de modestie ne messied pas à la vraie supériorité, et si vous avez, dans votre for intérieur, l'idée arrêtée de vous *asseoir* sur vos collègues, ne le faites pas voir aussi carrément. M. de Freycinet, entre autres, pourrait bien vous en garder une dent, et il n'est pas bête, M. de Freycinet. Je vous conseille de vous en méfier.

Je ne sais pas non plus jusqu'à quel point cette attitude impériale, qu'on vous donne dans l'image en question, n'est pas faite pour offenser notre illustre président.

« Bref, un peu plus de modestie dans le triomphe; c'est tout ce que je me permets humblement de recommander à Votre Excellence.

Là-dessus, monsieur le Ministre, je souhaite que le dieu Mercure vous ait en sa garde.

CHARLES CASTELLANI.
peintre.

Neuilly-s.-Seine, le 14 décembre 1891.

Monsieur le Ministre,

Si je ne craignais de manquer au respect qu'on doit à un homme qui occupe votre situation, je vous dirais, à l'instar du poète : « Constans, cesse d'être ministre, ou je cesse d'écrire. » Mais d'une part ça ne serait pas convenable, et de l'autre je n'ai pas l'habitude de tutoyer les gens que je ne connais pas ; et, si je deviens moi-même ministre un jour, en dehors des jeunes et jolies personnes qui se présenteraient à mon cabinet, je ne souffrirais pas qu'on jouât du *tu* avec moi. Aussi me contenterai-je simplement de dire à Votre Excellence : allez-vous-en, monsieur le Ministre. La profession a sans doute bien des charmes ; mais il ne faut jamais se gaver des bonnes choses. Vous avez bu à la coupe du triomphe ; passez le verre à un autre. Il y a assez d'assoiffés qui tirent la langue autour de vous : demandez plutôt à mon ami Lockroy, qui en dessécherait, si ça lui était encore possible. Je vous parle de Lockroy, parce que nous avons été copains et que j'ai toujours ma petite idée sur lui, s'il redevenait ministre ; mais hélas ! comme on dit dans le monde, *je crois qu'il peut se fouiller*. Du reste tout cela vous intéresse peu ; ce qu'il y a de certain et d'indiscutable, c'est le soulagement qu'apporterait votre départ, non seulement autour de vous, mais surtout dans les masses profondes du peuple, que vous paraissez chérir si particulièrement.

Vous êtes évidemment un excellent ministre, si je

m'en rapporte aux fricoteurs du Palais-Bourbon et aux éclopés du Luxembourg ; vous avez ce qu'on appelle de la poigne ; et vous eussiez été admirable en agent de la Centrale. Vous excellez particulièrement à confectionner une élection. Quant à votre popularité, elle peut, sans contredit, rivaliser avec celle de Ferry ; mais je vous le redis, tout a une fin ; et les plus beaux tours deviennent fades, à force d'être répétés. Changez donc d'exercices : un peu de vie privée vous ferait du bien et à nous aussi.

Certainement, si ces sages conseils pouvaient être entendus de Votre Excellence, j'aurais rendu un grand service au pays ; et j'aurais peut-être dans l'avenir des chances pour compter sur une grande reconnaissance de votre part ; quand ça ne me vaudrait qu'un bureau de tabac pour mes vieux jours, je n'aurais pas tout à fait perdu mon temps.

Maintenant, comme j'ai déjà eu l'honneur de vous le dire, je crois de mon devoir de vous communiquer tous les avis qui me paraîtront utiles, tant en matière politique qu'en matière administrative, choses dans lesquelles, sans trop me vanter, il m'est impossible d'être inférieur à Yves Guyot ; par conséquent, il ne serait peut-être pas mauvais pour vous de tenir un peu compte de mes avertissements, avertissements que, du reste, j'ai l'intention de ne pas vous ménager.

Veuillez, je vous prie, monsieur le Ministre, croire à la continuité de mon dévouement.

Charles CASTELLANI,
Peintre.

Monsieur le Ministre,

Me ferez-vous la grâce de répondre à une simple question ? Combien pensez-vous que le régime actuel puisse encore durer, même en tenant compte du crescendo de l'avachissement public et de l'aplatissement de la représentation nationale? Car enfin rien n'est éternel en ce monde, si ce n'est, me direz-vous, la stupidité et la lâcheté des foules : mais même, avec ces deux éléments bien combinés, est-il possible que l'état de choses présent puisse se perpétuer ? Evidemment non ; et, si fort que vous soyez, je doute que vous puissiez résister longtemps aux assauts que la partie saine et virile de la nation est décidée à livrer à cette fameuse forteresse que vous avez construite ou plutôt consolidée avec les appétits et les convoitises de la partie malsaine du pays.

En effet, que vois-je autour de vous, grouillant et vous faisant garde d'honneur : anciens chefs de la Commune et du mouvement révolutionnaire, aux crocs usés ; vieilles défroques de généraux ; bourgeois affolés ; enfin, juifs et cléricaux, enlacés dans un accouplement bizarre ; tout ce qui compose le cloaque parlementaire, tout cela rampant, visqueux, immonde.

Croyez-vous que ce soit avec de pareils éléments que vous pourrez donner confiance à un pays dont le cœur est encore vivant et plein des souvenirs de sa grandeur récente ? Croyez-vous que les gens qui pensent comme moi, que la lutte est préférable au déshonneur, voudront jamais faire leur soumission à un régime de corruption et d'abêtissement, comme celui que vous avez, non pas inauguré (tous les éléments en existaient avant vous), mais bien consolidés, assis ? Croyez-vous, dis-je, que nous vous laisserons sommeiller en paix sur ce fumier ?

Certainement non : un jour les écuries d'Augias seront nettoyées ; et alors, monsieur le Ministre, vous vous souviendrez de mes avertissements. Pour l'heure, vous êtes évidemment le maître, et, sans flatterie, vous êtes plus fort que tous ces misérables, qui vous ont aidé à égorger le boulangisme, dont le plus grand, le seul crime est d'avoir été vaincu.

Qu'attendez-vous, maintenant, de ces instruments usés ? Si vous êtes vraiment l'homme intelligent qu'on dit, faites-le voir ; la partie vous est belle : au lieu de tenter d'étrangler la République ; au lieu de fouler sous votre talon vainqueur la partie virile du pays, devenez républicain véritable ; et, en place de la réprobation et du mépris qui vous attendent, tâchez, avant de finir, de conquérir l'estime des honnêtes gens ; en un mot, faites un effort vers le bien. Autrement, monsieur le Ministre, le châtiment est là qui vous attend. Vous aurez beau rire dans votre barbe de ma prédiction, au fond, je suis sûr que vous n'êtes pas tranquille; vous êtes trop doué pour ne pas savoir que je dis vrai.

Allons ! un bon mouvement, et je mettrai volontiers mes rancunes personnelles de côté pour vous aider dans cette œuvre de réparation et d'assainissement.

Je suis, avec respect, de Votre Excellence, le bien dévoué serviteur.

Charles CASTELLANI,
Peintre.

Neuilly, le 22 janvier 1892.

Monsieur le Ministre,

J'étais loin, en vous écrivant ma dernière lettre, de prévoir que les événements allaient me donner aussi formellement raison; et quand je vous qualifiais de *roublard prudent*, je ne savais pas si bien dire.

De fait, en refusant le cartel de M. Laur, vous venez de perdre l'unique occasion de montrer à vos ennemis qu'à la rigueur vous pouviez encore trouver dans vos veines quelques gouttes de vieux sang gaulois.

Je m'attendais à vous voir, à mon grand regret, je

l'avoue, obligé d'accorder à Laur, que vous aviez frappé par derrière, la réparation qui lui était due. Mais, hélas ! votre bonne prudence de Toulouse ne vous abandonnera jamais : rageur, mais *coglione*, comme disent les Italiens.

Vrai, monsieur le Ministre, si j'avais l'honneur d'appartenir au beau sexe, je vous regarderais d'un singulier œil.

Quant à nous autres, du sexe fort, nous sommes vraiment peu flattés de cette attitude d'un concitoyen ministre. Que diable ! prenez des jupons, alors ! Et encore, permettez, je connais nombre de citoyennes qui n'hésiteraient pas une minute à troquer les leurs pour une culotte, si leur honneur était vraiment en jeu. Il est vrai que pour vous ce mot *honneur*, si français pourtant, est absolument vide de sens. Par conséquent, je n'insiste pas, etc., etc.

Je supprime la dernière partie un peu violente de cette lettre qui me valut un avertissement d'un ami que j'avais à l'Intérieur, avertissement qui me donnait à comprendre qu'il me pendait au nez six mois de prison si je continuais ainsi à manifester mes sentiments à l'égard du Ministre.

Je n'écrivis plus qu'une lettre à Constans ; ce Ministre du reste tomba peu à près, pour ne plus se relever ; il fut encore plus lâchement abandonné par ses plus chauds partisans que ne l'avait été Boulanger.

Monsieur le Ministre,

Enfin ! Vous voilà donc sur le point de prendre dans l'histoire contemporaine la place qui vous est due.

Dans cinquante ans on racontera à nos neveux stupéfaits qu'à la fin du xixe siècle, sous la République dite opportuniste, un particulier de Toulouse, répondant au nom de Constans, après avoir subi toutes les condamnations, échappé à toutes les galères, a pu, aux applaudissements d'une Chambre et d'un Sénat étrangement composés, gouverner la France ou plutôt la piller à son aise, avec l'appui des juifs, sous l'œil bienveillant du Président Carnot, dit l'aimable, et aux applaudissements d'une bourgeoisie effrayée, que ce nouveau Rocambole rassurait en la rançonnant. Et, chose extraordinaire et toute nouvelle, ce singulier potentat, auquel on aurait pu supposer un tempérament de grand fauve, n'était pas même un corbeau, une fouine au point de vue du courage : méchant et poltron, agressif et fuyard... pardon, monsieur le Ministre, mais j'interromps, pour vous faire remarquer que ce n'est pas moi qui vous dis toutes ces choses, c'est l'histoire qui parle. A Dieu ne plaise que je me permette de vous apostropher de la sorte ; comme je vous l'ai maintes fois répété, je me ferai toujours un devoir de respecter les forts ; et sans tenir à ma peau autant que vous, c'est-à-dire jusqu'à commettre des vilenies pour la conserver, je ne veux pas me faire d'affaire avec les ministres.

Je continue donc à vous raconter respectueusement ce que pourra dire l'histoire, ou plutôt j'aime mieux, comme à l'ordinaire, essayer de vous conseiller ; j'ai encore des illusions sur vous et je me dis que peut-être, à l'extrémité, comme les moribonds avec le prêtre, vous voudrez bien entendre un dernier avertissement : vendez votre bien, distribuez-le aux pauvres et demandez pardon à la République de tous les tours infâmes que vous avez pu lui jouer, en supposant que vous lui en ayez joué (soyons prudent).

Maintenant, il ne serait pas mauvais de tâcher de

démontrer à tous comme quoi vous avez toujours été indignement calomnié; de nous prouver que vous n'avez jamais été chassé d'aucun parquet, que vous n'avez jamais connu Baratte, jamais reçu de ceintures, de pots-de-vin, etc., et qu'enfin vous êtes un brave à tous crins et que malgré votre fuite en Égypte, ou plutôt en Suisse, vous êtes tout prêt à pourfendre ce satané petit Laur, lequel grille de se confectionner des caleçons avec votre précieuse enveloppe.

Voilà, monsieur le Ministre, qui serait bien pour finir. Autrement, je vous le dis en vérité, vous serez à jamais, non pas déshonoré (on ne peut pas enlever les cheveux à un chauve), mais bien bafoué, berné, sifflé même, surtout par vos fidèles amis; par ceux que vous avez sustentés, nourris de votre lait et de vos bons principes; lesquels bons amis, une fois à terre, n'auront rien de plus chaud que de piétiner votre cadavre et traîner votre charogne sur une claie, ce que je ne vous souhaite pas : je suis de mœurs douces et je trouve que le corps d'un ennemi mort peut quelquefois sentir très mauvais. Tâchez donc, pour une fois, comme disent les Belges, de m'écouter. C'est la sagesse qui parle par ma bouche.

J'ai toujours, comme par le passé, l'honneur d'être le dévoué serviteur de Votre Excellence.

Charles CASTELLANI,
Peintre.

P. S. — Je vous ai aperçu il y a quelques jours dans la rue; mon Dieu, comme vous êtes décartonné, monsieur le Ministre!

CHAPITRE XVIII

La chute de Constans, je le répète, fit assister à un spectacle encore plus odieux que celle du général Boulanger. Les vainqueurs, qui devaient tout à cet homme, ramassèrent les insultes dont nous, ses ennemis, l'avions abreuvé pendant la lutte, et les lui lancèrent à leur tour à la figure. Je l'avais bien un peu prévu; mais je croyais que l'ingratitude avait des limites. Je mets ici de côté tout esprit de parti et je déclare hautement que M. Constans, que je déteste cordialement, est de beaucoup supérieur à tout ce qui l'a entouré et acclamé. C'est, du reste, cet odieux spectacle qui pour jamais m'a dégoûté de la politique! Quant au rôle du peuple dans tout ceci, il a été parfaitement caractérisé par un mot que j'ai entendu dans une assemblée presque anarchiste de Montmartre, assemblée à laquelle j'assistais en curieux déjà fort désabusé. Un orateur parlait du *lion* populaire, débitait là-dessus les phrases creuses et sonores que tout le monde connaît; il fut brusquement interrompu par la voix d'un *soûlot* qui se trouvait au fond de la salle : « Le peuple, c'est une *vache !* » Toute la salle se mit à rire.

Maintenant, je vais, si vous le permettez, vous dire quelques mots de ma campagne boulangiste ; il s'agit d'impressions personnelles, bien entendu. Parlons d'abord du Général et des incidents qui me mirent en relation avec lui. Je n'entends faire ici ni sa critique ni son éloge ; ce sont simplement, je le répète, des impressions, des récits que je vous soumets :

Ce ne fut pas à propos de politique que je fis connaissance avec Boulanger, mais bien à propos de peinture. J'avais exécuté pour un marchand nommé Brame, qui me l'avait demandé, un tableau moyen-âge représentant en grandeur naturelle un capitaine d'aventures attablé dans une auberge. Cette composition, intitulée *le Spadassin*, ne fut pas livrée par moi à M. Brame, pour des raisons que je n'ai pas à dire ici. Exposée avec grand succès au coin de la rue du Helder, elle me valut dans la presse plusieurs articles très élogieux. Le général Boulanger alors ministre de la Guerre, avait acquis cette toile et l'avait offerte à Saumur pour être placée dans le salon d'honneur de l'école. C'est là qu'elle est encore aujourd'hui. J'allai remercier le Général, qui me fit un accueil des plus gracieux. J'eus une seconde occasion de le revoir ; voici dans quelles circonstances. Lors de l'incident Schnœbelé, croyant à l'imminence de la guerre, j'avais adressé au ministère une demande d'engagement, faisant valoir mes états de service, sans toutefois réclamer mon grade. Je fus, au bout d'une quinzaine, mandé à la place Vendôme, où on m'annonça que le ministre de la Guerre me réintégrait purement et simplement dans mon grade de capitaine. J'allai à nouveau présenter mes remerciements au ministre, et cette fois j'emportai de lui une impression que les événements n'ont pas sensiblement modifiée. Ce qui m'a le plus frappé, dans le Général c'est une égalité d'humeur incroyable, qui ne s'est jamais démentie, aussi bien dans la bonne que la mauvaise fortune ; une mémoire prodigieuse des faits et des gens et une crédulité un peu enfantine dans la bonne foi de tout le monde. Quoiqu'il ne manquât pas de finesse, tant s'en faut, il n'eut jamais l'instinct qui fait démêler le charlatan de l'honnête homme et le comédien de l'homme sincère. Très simple d'allures, communicatif et sympathique, il devint facilement la proie des faiseurs et des rastaquouères. C'est sa loyauté et sa foi dans les hommes qui l'ont perdu. Quand il fut bien convaincu de la traîtrise et de la lâcheté humaines, il se suicida tranquillement, préférant, comme il le dit lui-même dans sa dernière lettre, *rentrer dans le néant*. C'était peut-être un fataliste et un joueur, mais pour sûr un honnête homme.

Si j'avais un reproche à lui faire, ça pourrait être d'avoir manqué d'envergure, et encore non; en réalité, son vrai tort, c'est d'avoir été vaincu. Et il serait le seul homme auquel depuis que le monde est monde on n'ait pas reproché sa défaite. Oui, l'espèce humaine est ainsi; elle n'a jamais pardonné les chutes; pas plus celle d'Annibal que celle de Napoléon; pas plus celle de Boulanger que celle de Constans. Nous sommes comme les loups, nous dévorons nos morts et nos blessés. Après Rochefort et le grand patriote Déroulède, l'homme qui le plus sincèrement aima le Général, c'est assurément moi, et je suis resté de ceux qui ne l'ont pas abandonné, même mort. Mais je m'aperçois que, malgré mes résolutions de ne pas politiquer, je m'embarque tout doucement dans cette galère; et, de parti pris, j'aime mieux de suite renoncer à vous parler des faits de cette époque, qui n'eurent rien de glorieux ni d'un côté ni de l'autre; époque où des deux parts manifestèrent surtout des déchaînements d'appétits et d'ambitions malsaines. Dans cette lutte, où la calomnie et le mensonge furent les armes le plus souvent employées, je fus littéralement piétiné, dépouillé, meurtri; et, plus j'y réfléchis maintenant, plus je suis convaincu que c'est tout ce que je pouvais récolter de cette aventure, où je m'étais jeté à corps perdu et par pur patriotisme. Depuis, la route m'a été impitoyablement barrée et je paie cruellement un dévouement sincère et désintéressé. Mais c'est égal, j'ai une satisfaction que peu d'hommes de la génération actuelle sauraient se procurer : quand, le matin, je jette les yeux dans mon miroir je suis sûr de n'avoir pas devant moi une tête de J. F. J'ajouterai que tout ne fut pas mauvais pour moi dans le boulangisme, et si je rencontrai quelques flibustiers et rastaquouères, j'eus aussi l'occasion de me lier avec plusieurs personnalités intéressantes et honorables : au premier rang, je dois citer Laur et sa charmante femme, dont j'ai pu apprécier en plusieurs circonstances la haute intelligence et les sentiments délicats. Je me rappellerai toujours une conversation dans laquelle Mme Laur me reprocha avec douceur et fermeté ce qu'elle appela ma férocité à l'endroit d'une certaine catégorie de citoyens. Certes, ses paroles, pleines d'humanité et de raison ne furent pas perdues pour moi.

Je nommerai encore notre grand poète national, le loyal Déroulède ; Laisant, cet homme de cœur et de science ; mon ami Karl Rosa le paysagiste ; Castelin, ce bon, ce brave Castelin, qui a fini par découvrir que nous avions les mêmes ascendants ; en voilà un qui doit avoir du vif argent sous la peau. Andrieux, le grand avocat ; quel artiste admirable ! et d'autres dont les noms ne me viennent pas sous la plume.

J'ai omis, après la tentative faite par l'impératrice mère d'Allemagne pour attirer à Berlin les peintres français, j'ai oublié, dis-je, de vous parler du rôle que je jouai dans cette affaire. Ce fut moi qui attachai le grelot, comme le prouve la date de la circulaire adressée à mes confrères et à plusieurs journaux. Les protestations de mes collègues ne vinrent qu'ensuite. Comme vous pourrez voir, ma lettre, énumère les motifs même pratiques qui s'opposaient à l'envoi de nos œuvres dans la capitale de l'empire Allemand :

Neuilly, le 22 février 1891.

Messieurs et chers Confrères,

Je suis peintre et, de plus, j'ai été capitaine de volontaires en 70, blessé et fait prisonnier durant la campagne ; j'ai donc doublement le droit d'avoir une opinion dans la question qui se pose actuellement : à savoir, si l'on doit Exposer à Berlin ? Voici mon avis.

Si, une fois la guerre terminée, les Allemands, comme nous avions l'habitude de le faire, nous autres Français, avec les nations vaincues, nous avaient généreusement tendu la main, j'eusse été des premiers à oublier les blessures faites par un loyal ennemi.

Mais loin de là, la haine et l'idée de l'anéantissement complet de notre patrie a toujours hanté l'esprit de nos vainqueurs ; et depuis vingt ans, un travail acharné dans ce sens n'a cessé d'exister de l'autre côté du Rhin : non content de nous avoir arraché nos provinces, extorqué des milliards, cet implacable ennemi a poursuivi fiévreusement, sans relâche, sur le marché de la paix, nous faisant partout la concurrence la plus déloyale, rêvant l'anéantissement de notre industrie, de notre commerce, a poursuivi, dis-je, son œuvre de destruction ; détachant de nous, un à un, avec persévérance, nos alliés les plus naturels ; nous isolant en Europe et nous tenant constamment et longtemps sous le coup de la menace ; rejetant toujours insolemment nos avances quand il s'agissait des fêtes de la paix, que nous organisions à Paris (témoin, tout récemment encore, le hautain refus d'envoyer à notre Exposition universelle). Aujourd'hui, subitement, les mêmes adversaires impitoyables, voulant faire pièce au seul allié qui nous reste, la Russie, dont ils rêvent l'abaissement, et pour empêcher la réussite de l'Exposition de Moscou, organisant une contre-Exposition à laquelle ils s'empressent de nous inviter.

En vérité, il semble qu'un vent de démoralisation et d'anéantissement a soufflé sur notre malheureux pays : non seulement on ne rejette pas avec indignation les offres offensantes de nos ennemis, mais encore nous voyons des artistes en nom, des hommes de valeur, sur la poitrine desquels brillent des signes où sont écrits les mots Honneur et Patrie s'empresser de répondre à l'invitation des Allemands et se déclarer prêts à collaborer à l'œuvre faite en haine de nos seuls amis.

Sans doute je ne suis pas diplomate, et certaines finesses de la politique peuvent m'échapper ; mais je suis Français et, comme tel, je ne saurais oublier les insultes et la dureté de nos vainqueurs. Je ne veux pour le moment me souvenir que du mot du conventionnel Bazin : « La république ne fait pas la paix avec un ennemi qui occupe son territoire. » Qu'on nous rende l'Alsace, et nous exposerons à Berlin tant qu'on voudra.

Ch. Castellani, *peintre*.

P. S. — Pour les artistes, s'il en est, que la seule considération commerciale pourrait déterminer, j'estime également que c'est une faute : il ne faut pas déplacer le marché des arts qui s'est toujours tenu à Paris.

Depuis je n'ai pas changé d'avis, bien au contraire,

Pour en finir avec le malheureux Général, je vais vous citer deux anecdotes qui vous édifieront sur son compte. J'entrais un matin sans me faire annoncer, rue Dumont-Durville, pour terminer un bout de portrait, destiné à mon *Tout-Paris*. Je trouvai le Général debout, rouge et frémissant de colère. Je ne l'avais jamais vu ainsi; il avait devant lui un personnage connu, le nommé L..., un de ceux-là qui vécurent longtemps de la caisse nationale et qui décampèrent vivement quand la dite caisse fut vide, quittes à porter leurs services à l'ennemi, qu'ils devaient ensuite trahir de la même façon.

Je n'avais de la conversation qui finissait entendu qu'un mot et aperçu qu'un geste; le mot était : « Alors, prenez ma montre! » et de la main le Général indiquait un chronomètre posé sur sa table de travail. Le personnage en question sortit mécontent, l'oreille basse. Dès l'abord, j'avais fait un pas en arrière pour me retirer : « Restez, me dit Boulanger, vous n'êtes pas de trop. Après ces gens-là, ça fait plaisir de voir des figures comme la vôtre. Vous voyez, ajouta-t-il, l'homme qui sort d'ici? Eh bien! je gage qu'il va de ce pas courir au ministère de l'Intérieur. » Il disait vrai. J'ai même su depuis qu'il avait trahi son nouveau maître. (Je vous l'avais bien prédit, monsieur Constans.)

Voici l'autre anecdote : c'était le surlendemain des fameuses élections (tout Paris s'était prononcé pour Boulanger).

J'étais dans le cabinet du Général, au ministère de la Guerre. Je l'avais, lui toujours frais et alerte, trouvé ce matin-là triste et fatigué. « Vous paraissez soucieux, mon Général, lui dis-je? Oh! reprit-il, il y a de quoi : savez-vous ce qu'on m'a proposé, ici même, pas plus tard qu'hier au soir? — Quoi donc? fis-je. — De faire un coup d'État... — Oh! oh !... ça vous était peut-être facile ? Et qu'avez-vous répondu, mon Général ? — J'ai répondu *qu'entre moi et le peuple français il n'y aurait jamais un Deux-Décembre* ». J'allai au Général et lui serrai la main.

J'ai beaucoup réfléchi depuis.

J'allais oublier le récit d'une aventure comique, récit que je tiens du Général, lequel, à ses heures, aimait à rire. Le héros de cette aventure fut le nommé N..., que je ne veux pas désigner autrement. Je ne vous ferai pas non plus son portrait qui n'a rien de séduisant. Disons simplement que N... est de très petite stature, un peu bombé et qu'il a pour le beau sexe un goût que j'approuverais parfaitement s'il se montrait un peu plus généreux.

N.., qui avait fait partie d'une de ces troupes qu'on entretenait à l'effet de porter la bonne parole à travers l'Europe, se trouvait en tournée à Madrid. La bande avait été bien accueillie par le comité républicain de l'endroit et, après une journée de discours et de festins, s'était vue, comme distraction complémentaire, et finale, pilotée et présentée dans une de ces maisons hospitalières dénommées de *préférence*, sans doute parce que N... les préfère aux autres; N... après avoir lestement gravi les escaliers qui devaient le conduire au 7me ciel, était redescendu soucieux et comme à regret. Ses camarades l'attendaient depuis longtemps dans le salon de conversation, ayant hâte d'aller se reposer des fatigues de la journée. N... s'avança vers la dame qui faisait les honneurs de la maison en esquissant le mouvement d'un homme qui cherche son porte-monnaie ; la dame l'arrêta d'un geste gracieux : « *e el comitado che a pagao.* » N..., comprenant du coup que c'était *à l'œil*, s'écria subitement en se tournant vers ses compatriotes : alors, attendez-moi encore une minute, je remonte. (*Se non e vero e ben trovato.*)

CHAPITRE XIX

A la suite de la résistance que j'avais, à propos du *Tout-Paris*, opposée aux ordres du ministre, toute la presse officielle m'était tombée dessus à bras raccourcis ; ma toile, qui avait été d'abord acclamée, fut sifflée, et tous ceux qui l'avaient trouvée un chef-d'œuvre, depuis Berger jusqu'à Antonin Proust, se détournèrent avec horreur ; mes commanditaires eux-mêmes, afin d'avoir un prétexte pour ne pas me payer, me firent éreinter dans les quelques journaux qui étaient à leur dévotion. Il était difficile de pousser plus loin la maladresse. La lutte était engagée entre mes associés et moi. Je n'avais rien à espérer de ce conflit ; je le constatai dès l'apparition des hommes d'affaires, experts et autres vermines convoqués à cette curée. Mon traité me donnait trente pour cent sur les recettes brutes, en dehors du paiement de la toile, laquelle ne me fut même pas entièrement soldée. J'aimai mieux transiger à tout prix plutôt que d'entretenir ces oiseaux de proie, chacals et hyènes qui s'étaient abattus sur nous. Je perdis là environ une cinquantaine de mille francs. Ce petit désastre s'était compliqué d'un autre. Mon panorama du *Monde Antédiluvien* brûla. Je dus en grande partie refaire cette toile à mes frais, malgré l'assurance faite par le Jardin, qui se contenta de sauver ses intérêts, sans s'occuper des miens. M. Puvis de Chavannes, qui avait accepté d'être arbitre pour moi, montra une faiblesse déplorable et inexplicable. Après m'avoir assuré de son intention de défendre cette œuvre, que parmi les experts lui seul avait vue et *admirée* (c'est le mot qu'il employa lui-même), il céda sur tous les points et se contenta de toucher ses honoraires qui s'élevèrent à une somme assez ronde. Ici, et à propos du *Monde Antédiluvien*, se place une anecdote que je vais vous conter dans toute sa sincérité. Il s'agit encore de M. Puvis (j'espère que lui, qui aime la réclame, ne se plaindra pas de moi). Je l'avais invité à visiter ma toile et il s'était rendu à cette invitation.

En mettant le pied sur ma plate-forme, il fit un geste d'étonnement : « Grandiose ! imposant ! extraordinaire !... » clama-t-il, manifestant son enthousiasme par toutes les exclamations en usage dans le vocabulaire de l'admiration. A l'entendre il n'avait jamais rien vu de si beau. Tout *gobeur* que je suis, je ne laissai pas d'avoir une certaine méfiance. « Pardon, interrompis-je brusquement, pardon, mon cher maître, est-ce que vous ne vous f... pas de moi ? » Il se fâcha tout rouge et me déclara que je lui faisais injure en doutant de sa sincérité ; qu'il n'avait pas le sens critique et aucunement l'habitude de dissimuler ses impressions. « Et en somme, me répéta-t-il, vous n'avez pas le droit de douter de ma bonne foi. » Vous pensez si je buvais du lait et si je mis de l'empressement à m'excuser. Je ne demandais qu'à le croire. « Mais alors, cher maître, lui dis-je, vous me considérez comme votre égal et me voilà passé grand artiste ? » Que répondre à cela ? Il était pris. Nous sortîmes du reste les meilleurs amis du monde ; à tel point qu'il me proposa de me mener à son atelier du parc de Neuilly, sanctuaire où il n'admet guère de profanes. J'acceptai, cela va sans dire. En route, je voulus lui rendre en éloges la monnaie de sa pièce, mais malgré tous mes efforts je me sentis très inférieur à lui dans le maniement de l'encensoir: je lui parlai de ses œuvres, qu'à vrai dire je ne connaissais qu'imparfaitement et par quelques morceaux vus au Salon, comme par exemple *Pauvre pêcheur* ; de ces morceaux, qui avaient fait tordre toute une génération et hérissé tout un jury, le même qui fonctionne encore aujourd'hui et l'a couvert de fleurs après l'avoir accablé de pommes cuites. Je dus lui paraître un peu froid. « En somme, qu'avez-vous vu de moi, » interrogea-t-il ? Mon embarras croissait : « Mon Dieu, répondis-je à tout hasard, *le Panthéon.* » Je mentais comme un arracheur de dents. Je tâchai en vain de m'échauffer là dessus.

Heureusement nous arrivâmes à l'atelier. Je regardai de tous mes yeux des œuvres commencées et de grandes esquisses, genre Flandrin, suspendues à la muraille, et je ne trouvais vraiment prétexte à aucun enthousiasme sincère, quand tout à coup j'aperçus en me retournant, à hauteur de cimaise, une toile de trois ou quatre mètres en long sur un mètre cinquante environ en hauteur, toile très faite, très soignée, bien composée et vraiment digne d'attirer les yeux dans le genre : « C'est très beau, m'écriai-je en toute sincérité. Qu'est-ce que c'est que ça?... »

« Je vous y pince à mon tour, s'écria Puvis : c'est *le Panthéon.* » J'étais pris comme un chat dans un collet; mais le désespoir, comme il arrive souvent, me donna une présence d'esprit et une agilité étonnantes : « Comme c'est bizarre, continuai-je sans hésitation, la différence de taille m'avait complètement dérouté : en effet je reconnais tout : les mules, les personnages... » et fiévreusement je me mis à détailler les beautés de l'œuvre sur l'œuvre elle-même ou plutôt sur l'esquisse qui avait été parachevée; et tout en pérorant, je me disais avec inquiétude, sentant le malin artiste immobile et silencieux derrière moi : « si par hasard ça n'était pas *le Panthéon?* » Je ne sais s'il *coupa dans mon rattrapage;* il en eut l'air du moins et nous nous quittâmes dans les meilleurs termes.

Je revenais par les allées du parc, en songeant à ma maladresse, quand je heurtai le grand Duez, un bon ami celui-là, mais enfin comme tous les autres défendant son os avec acharnement. « Vous avez l'air préoccupé, me dit-il en m'abordant. Carolus vous aurait-il envoyé ses témoins ? — Non, mon cher, fis-je, c'est bien plus grave que ça ; il vient de m'arriver avec Puvis une histoire qui m'embête ; » et je lui contai l'affaire tout au long. Il s'éloigna en pouffant de rire : « Justement je vais de ce pas chez lui, s'écria-t-il, et *tu* penses si je vais lui dire deux mots de l'aventure. — Si vous faites cela, lui criai-je, nous sommes brouillés à mort. » Je suis certain que c'est la première chose qu'il a dite à Puvis en entrant chez lui. Quels pipelets et quels rossards que ces peintres !

Je ne sais si Puvis m'a gardé rancune ; mais ce qu'il y a de sûr c'est que dans l'affaire du panorama du Monde antédiluvien il a singulièrement défendu mes intérêts, et plus tard il m'a joué au Champ-de-Mars un tour que j'ai de la peine à lui pardonner. Puisque nous en sommes aux peintres, je dois vous avouer que j'ai une dent contre eux en général ; je parle des mâles bien entendu, et j'excepte les femmes auxquelles, je l'ai déjà dit, quand elles sont un brin jolies surtout, m'est avis qu'on doit accorder tous les honneurs, récompenses, croix, médailles et autres colifichets qui passionnent la gent artistique.

Oui j'ai une dent contre mes collègues, et une rude encore. Je finis par les trouver presque aussi insupportables que les bourgeois, dans un autre genre; et on peut hardiment déclarer qu'après les acteurs et les poètes la gent la plus ridiculement prétentieuse c'est assurément celle de mes confrères; il y a bien les journalistes, qui, pour employer l'argot moderne, se *gobent* terriblement; mais ça n'approche pas des peintres. Ceux-ci sont à peu près tous convaincus dans leur petit for intérieur que le globe terrestre cesserait subitement de tourner sur son axe, s'ils disparaissaient de la surface de cette planète.

Voyez-vous d'ici Caracolus trépassant. Quelle calamité ! Que deviendrait *la pâte ?* Cette pâte qui a fait dire et écrire tant d'âneries ; la pâte qui a toujours ses fanatiques, sérieusement convaincus que la valeur d'une œuvre picturale doit surtout consister dans l'épaisseur de la couche qui recouvre la toile. Je vous accorde donc, à propos de mes confrères, qu'ils sont insupportables au point de vue pose et prétention ; à tel point qu'ils en perdent, eux innocentes et amusantes gens au fond, toute idée de sens commun et de bonne foi. Ils ont de plus la déplorable habitude de se grouper et de se rechercher, tout en s'exécrant, de se congratuler tout en s'égratignant comme de véritables harpies. Il ne manquait plus que l'entrée des femmes dans leurs cénacles. A l'heure présente, c'est tout à fait complet au point de vue potin. Heureusement tout n'est pas désagréable dans ce milieu mouvementé et concierge ; ou plutôt les désagréments ont quelques compensations sérieuses ; car, il faut le reconnaître, les peintres ne manquent pas de galanterie et ne sont pas ennemis de la douce gaîté, laquelle gaîté, en poussant un peu, arrive rapidement à ce que le vieux Faust appelle « la folle orgie et du cœur et des sens », ce qui ne saurait, en général, déplaire à ces dames, de quoi du reste je n'entends pas les blâmer, respectueux que je suis de la liberté et des goûts de chacun.

En somme, ce monde-là serait très amusant s'il n'était pas si férocement *débineur*.

Il vaut assurément mieux, quand on est artiste soi-même, fuir les confrères comme le choléra ; on paie trop cher l'agrément qu'on peut éprouver en leur compagnie. Pour mon compte, j'évite soigneusement les *boîtes* à peintres, les clans de peintres, les pays, les hôtels, les *bouchons* à peintres ; et quand j'aperçois soudain au détour d'une route, au milieu d'une campagne riante ou sauvage, l'éternel et banal parapluie blanc, lequel pullule maintenant comme les champignons vénéneux, mon cœur se serre : *la nature est attristée*. Dire que c'est par bandes, par régiments, par hordes qu'on les voit maintenant circuler sur les routes du globe, juchés sur des vélocipèdes, sac au dos, avec des costumes de brigands calabrais, des mines farouches, des airs dangereux ; pas plus méchants au fond que des grenouilles ; j'oubliais un signe distinctif : à peu près tous décorés ou sur le point de l'être. Que faire contre cette invasion de tziganes de nouvelle espèce ? Je demanderais volontiers le massacre, mais ça n'est guère pratique ; et puis, que deviendrions-nous, seuls, face à face avec l'affreux bourgeois ? Ne les tuons donc pas encore.

En somme, messieurs les peintres ! je ne saurais trop le répéter, après les bourgeois, les hommes politiques (je ne parle pas des magistrats derrière lesquels on devrait toujours brûler du sucre), vous êtes les citoyens les plus dignes de tous les châtiments.

Voilà, cher lecteur, ma manière de voir à propos des deux cent cinquante mille hommes et femmes de génie qui, actuellement, font la gloire de notre beau pays.

Vous me trouverez peut-être bien féroce et bien impitoyable pour mes collègues de la palette. Eh bien ! c'est comme cela ; et, à côté, je vais vous prouver combien est grand chez moi le sentiment de l'équité : je suis prêt à leur reconnaître quelques qualités qui pourraient peut-être compenser leurs insupportables défauts qui résultent d'une effroyable vanité.

L'artiste est loyal par tempérament. Généreux et brave, il est disposé, jusqu'à la naïveté, à croire le bien ; l'enthousiasme, qui en fait souvent un *gobeur*, est en même temps un sûr garant de son honorabilité, qui subsiste quand même, malgré le frottement des rastaquouères et intrus, accourus de toutes parts dans notre corporation. En cette misérable fin de siècle, les sentiments chevaleresques se sont conservés chez nous ; rien n'est fréquent parmi les artistes comme de voir des unions avec des jeunes filles sans dot, *ni espérances*.

Allez donc chercher les mêmes exemples de désintéressement dans la bourgeoisie, le commerce, la magistrature et autres milieux, où la cupidité est toujours le mobile de tous les actes de la vie. Le sentiment de l'honneur n'est pas mort chez les artistes, et le jour où il disparaîtrait, soyez sûr que le glas de la décadence aurait sonné pour l'art et très probablement pour la patrie. A côté de nous, certaines professions ont beau s'affubler des noms d'*honorables*, *respectables* et autres qualificatifs destinés à leur rendre une considération perdue, c'est affaire jugée par le tribunal public. Je me souviens de la réponse d'un peintre de mes amis à son notaire, qui appréciait sévèrement certaines négligences de son client, ajoutant sentencieusement que les artistes, à force de légèreté, arrivaient parfois à manquer *de délicatesse* ; sur ce mot par trop risqué, mon ami riposta : « Pardon, monsieur le notaire, j'ai toujours entendu dire qu'il y avait au bagne plus de notaires que de peintres. »

En examinant avec soin dans notre société moderne les professions et situations diverses, il est facile d'établir des comparaisons qui ont toujours été à l'avantage des artistes, des savants, des militaires; c'est surtout dans ces carrières *peu argentées* que s'est réfugié ce qui reste de droiture, de sentiments élevés et de cœur ; on trouve encore là des gens dévoués, ayant une foi et un idéal de justice et d'humanité, n'adorant pas rien que l'argent, capables enfin de vrais sentiments de délicatesse; et c'est en France, la terre des arts, malgré les progrès envahissants de la cupidité et de l'égoïsme, qu'il est encore permis à un pauvre d'avoir de l'esprit, des sympathies, des amis, et de pouvoir juger un millionnaire. Demandez donc pareille chose à un Anglais ou à un Américain : ça serait une énormité; on ne vous comprendrait même pas; là-bas on peut être grossier, bête, canaille, du moment qu'on est riche, on est estimé : « Un tel vaut tant de millions de livres ou de dollards, » et ces grands peuples tombent à genoux devant les sacs d'écus. Chez nous autres Français, on regimbe ; on est même trop souvent enclin à n'avoir pour le riche que des sarcasmes et à ne lui trouver que des travers ; c'est un peu la vengeance du pauvre. Néanmoins, tant que notre race gardera ce sentiment, qui n'est pas toujours juste, il y aura de la ressource.

En France, on considérera toujours comme un imbécile un homme qui se vante d'être riche ; et les artistes, en ce genre, sont les plus fiers et les plus indépendants des Français. On a souvent dit que nous avions l'amour des distinctions honorifiques extérieures, du ruban ; c'est vrai, mais pas plus qu'autre part. Même en Amérique, j'ai pu constater qu'à certains jours de fête tous, s'ils le pouvaient, s'accrocheraient des casseroles sur la poitrine ; du reste, ce bon pays des hommes libres n'est que la terre classique du *humbog*, des dentistes et des charlatans.

Si les artistes deviennent jamais malhonnêtes, ce sera certainement en bande et par le mélange avec les philistins organisateurs de leurs églises ; individuellement ils resteront honnêtes. Donc, qu'ils se méfient des associations.

De même, pourquoi la magistrature actuelle jouit-elle d'une abominable et méritée réputation ? (Il y a cependant, à n'en pas douter, des membres très honorables dans ce corps constitué.) C'est, à mon avis, parce que c'est devenu une vaste corporation dont les intérêts sont associés et dont l'indépendance est nulle ; de là, la gangrène qui s'est propagée parmi les magistrats comme la gale dans une bergerie parmi les brebis ; la corruption a empoisonné nos juges tout comme nos parlem... hum ! n'allons pas plus loin, nous n'aimons pas la politique. Néanmoins, à propos de la magistrature, ne vous semble-t-il pas que cette corporation, au point de vue de la forme et de l'aspect, est bien en rapport avec son caractère?

Est-il quelque chose de moins grand, de moins imposant, de plus comique que l'aspect d'un tribunal? Pour ma part, je n'ai jamais pu considérer un magistrat en costume sans songer à un singe, et je n'ai jamais pu regarder un singe sans penser aux plus vilains des péchés capitaux. Il ne faut rien moins que l'omnipotence effrayante de ces gaillards-là pour calmer chez moi une gaieté qui pourrait me coûter cher.

Cette affreuse profession de magistrat ne peut, à mon avis, qu'abaisser le niveau intellectuel et endurcir le cœur; depuis le procureur général jusqu'à l'huissier, jusqu'au bourreau, c'est tout un pour moi: malfaiteurs et compagnie ; ils valent le plus souvent moins que leurs clients.

Les gens de finances ne me ragoûtent guère et ne valent pas beaucoup plus au point de vue scrupules, mais au moins ils n'ont pas l'aspect grotesque et sinistre des autres ; on peut rire avec eux et ils entendent la plaisanterie à ciel ouvert; le bourgeois lui-même a un air *rondouillard* et bon enfant qui rappelle, quand on ne songe pas à son égoïsme, les petites saucisses de Francfort épanouies dans la choucroûte. Oui, Citrouillard est quelquefois réjouissant malgré ses ridicules. Pet-de-Loup est ridicule, mais terrible et vindicatif ; il n'entend pas être *blagué*.

Mais, que diable, me direz-vous, viennent faire ici les magistrats ? C'est juste ; mais si vous saviez ce que ces gens-là m'ont fait souffrir ! Les noms seuls de Justice et de Tribunal me font dresser les poils du dos. Mais revenons aux artistes et, pour vous faire rire un brin et vous reposer de mes accès de bile, permettez-moi de de vous narrer une petite mésaventure inhérente au métier, mésaventure arrivée à mon ami Roll, qui est pourtant un homme heureux, paisible et ayant par tempérament l'horreur des potins; tant il est vrai que personne n'est à l'abri de quoi que ce soit et que tout le monde est exposé à tout :

Je passais un jour près de l'atelier que Roll occupait boulevard de Clichy, au rez-de-chaussée, quand je l'aperçus en personne sur le pas de la porte de cet atelier ; il me parut légèrement troublé. Je m'approchai : un rassemblement, qui avait l'air de se dissiper en riant, était encore en partie devant l'atelier. J'abordai Roll en le questionnant sur ce mouvement et sur son apparente émotion. « Mon cher ami, fit-il, en me faisant entrer et en refermant sa porte derrière lui, il vient de m'arriver quelque chose de bien étrange : figurez-vous que j'avais cherché pour mon tableau des « *nymphes dansant autour de Silène* », un type d'homme gros et apoplectique, et j'étais tombé sur un admirable cocher de fiacre, faisant tout à fait mon affaire.

Je l'avais abordé et lui avais proposé vingt francs pour venir poser à mon atelier. Nous avions pris rendez-vous pour aujourd'hui matin. Ce matin, donc, à heure dite, arrive mon animal de cocher, armé de son fouet et couvert de sa houppelande. Aussitôt entré, je lui enlève son chapeau, le fouet et le manteau. L'homme me regarde avec étonnement. « Maintenant lui dis-je : déshabillez-vous. — Comment, fit-il stupéfait, me déshabiller? — Oui, repris-je, déshabillez-vous.—Ah ça ! mais, riposta le cocher, pour qui me prenez-vous? — Mais, crus-je devoir ajouter, je vous paierai bien. » Sur ce : *je vous paierai bien*, le cocher, pourpre de fureur, bondit sur son fouet et ses affaires : « Bougre de coc... ! se mit-il à hurler écumant, si tu ne m'ouvres pas ta porte et de suite je t'assomme dans ta boîte. » Je m'empressai d'ouvrir et l'homme se précipita dehors en m'accablant d'injures et d'imprécations, ameutant les passants et leur contant que j'avais voulu le déshonorer, attenter à sa pudeur, etc. Je ne suis pas patient, ajoutait Roll, qui en effet n'a pas froid aux yeux, mais que faire en face de cet idiot? Heureusement une partie du public comprit l'affaire et commença à se moquer de lui. Il y a beaucoup de peintres dans le quartier, et on sait ce que c'est que des modèles; un des spectateurs donna des explications au cocher qui n'y comprit rien et s'en alla un peu ahuri et en maugréant ». En somme, l'aventure n'était que comique et je finis par consoler Roll, qui retrouva un autre Silène moins pudibond et en fit le chef-d'œuvre que tout le monde connaît.

Toujours à propos de peintres : je vous ai dit plus haut que Puvis m'avait fait un mauvais tour. Voici ce qui était arrivé à la suite de l'histoire du 2ᵉ salon dit du Champ-de-Mars dont tout le monde à peu près ignorait les statuts et qui s'était donné simplement comme le pendant de l'autre salon, celui des Champs-Elysées : beaucoup d'artistes, n'ayant jamais été repoussés d'aucune exposition, s'étaient présentés là, histoire de varier. Moi qui connaissais le fond de l'affaire et la composition du comité fondateur, je ne me serais jamais risqué si M. Puvis de Chavannes ne m'y eût incité après avoir vu mes toiles. J'avais émis, étant donnée la composition du jury, qui m'était plutôt hostile, l'idée de la possibilité d'un refus ; mais je fus rassuré par un mot de Puvis, mot que je me rappelle encore : « Il faudrait qu'ils aient la berlue ». J'y allai donc carrément et je fus flanqué à la porte à *l'unanimité*. Inutile de vous dire que je protestai et sans mon ami Aublet qui s'interposa, j'eusse parfaitement giflé l'homme d'épée Caracolus qui, en sa qualité de président de jury et président de cercle d'escrime, me représentait le champion le plus intéressant de la bande. Seulement, je me suis aperçu depuis qu'il est tout à fait impossible de le traîner sur le terrain, et j'y ai renoncé. Quant à **Puvis**, il m'a affirmé qu'il avait tout fait pour me faire accepter, mais qu'il s'était heurté à une animosité acharnée. J'ai bien voulu le croire ; mais, en pareil cas, j'eusse été plus énergique que lui. Du reste j'ai oublié cette affaire et je n'en veux plus à personne. Les peintres sont les peintres et Peladan est leur prophète.

Pendant que je vous entretiens des artistes, je songe que j'ai à vous dire quelque chose qui est absolument pour moi du domaine des Beaux-Arts, quoique d'aucuns prétendront sûrement qu'il y a dans mes intentions une idée de politique, cette machine pour laquelle je vous renouvelle volontiers mes sentiments de dégoût et de mépris.

Ceci bien établi, permettez-moi de vous déclarer que... j'adore Rochefort, lequel je considère comme un délicat, un distingué, un chevaleresque ; n'ayant jamais menti, jamais fait faux bond à ses convictions de grand artiste et de philosophe ; un écrivain, Français jusqu'au bout des ongles, ayant l'horreur de la routine et de la convention, étant par conséquent la bête noire de ses confrères bourgeois.

Ces sentiments que tous les hommes de goût partagent avec moi (demandez plutôt à la spirituelle et charmante Gyp), ces sentiments, je le répète, étrangers à l'abominable politique, dans le domaine de laquelle on ne saurait rencontrer ni bon sens ni bonne foi, et où on ne peut guère s'aborder que le couteau à la main, l'escopette en bandoulière, ou un bol de vitriol sous la pèlerine de son mac-farlane, sans compter les chaussetrapes et embûches de toutes sortes sans cesse tendues sous les pas.

Ces sentiments, dis-je, à l'égard du grand écrivain, ne sont pas discutables ; et, au risque de me faire écrabouiller par les trembleurs et les prud'hommes du *monde*, je me hâte de conclure, et voici ma conclusion :

Comment se fait-il qu'à notre époque de soi-disant lumières et de civilisation, dans des milieux qui se disent amoureux des Arts et Belles-Lettres, comment se fait-il qu'on ne soit pas unanime à demander pour un artiste de cette trempe, pour un Français de cette valeur, le droit de circuler librement sur le boulevard de la Madeleine ou des Italiens, endroits qui, certes, sont encombrés de toute espèce de gens ?

Pourquoi ? Je vais vous le dire, et ce, en mettant de côté toute idée de parti : c'est que les boulevardiers, ces Athéniens modernes, ont, comme leurs devanciers, la haine et l'horreur du talent qui dépasse certaines limites. Ce sont moins, soyez-en persuadé, ses ennemis politiques que ses rivaux en art qui sont impitoyables pour Rochefort. Je ne suis du reste pas inquiet de l'issue de cette lutte homérique d'un seul homme contre une meute enragée et jalouse, et je maintiens qu'il en sortira vainqueur; et ma foi, étant donné qu' « aucun chemin de fleurs ne conduit à la gloire », je suis presque tenté d'envier l'héroïque situation de ce champion extraordinaire, de ce terrible redresseur de torts, de ce nerveux, que le nombre même ne saurait accabler, et qui, s'il succombait, ne saurait succomber que l'épée à la main.

Ne m'en voulez-pas, chers confrères en art, de cette boutade. Je suis sûr qu'après réflexion vous serez tous de mon avis. Vous êtes artistes, vous aimez le beau et le bien, vous êtes sensibles à toute idée vraie ou juste, enfin, l'animosité de parti ne saurait, en ce cas, j'espère, vous égarer.

Je viens donc, au nom des arts et de la justice, vous prier de faire vos efforts dans les milieux où vous rayonnez, pour acclimater l'idée qui consiste à faire rentrer au milieu de nous un des plus illustres représentants de la pensée française, lequel ne saurait être ni plus ni moins redoutable ici qu'à Londres, ni plus ni moins subversif, ni plus ni moins révolutionnaire. Du reste, je me tue d'ajouter, de répéter, de jurer que la politique n'a rien à voir là-dedans, et je défie à quiconque de me prouver qu'il n'y aurait pas bénéfice pour le Paris lettré, pour la France artiste, à ravoir chez elle cet illustre enfant, qui n'a d'ennemis que des littérateurs médiocres, jaloux d'un nom qui est populaire du *Spitzberg* à la *Terre de Feu*.

Qu'en pensent mes amis Duez, Roll, Detaille, Poilpot, Roybet, etc. ?

Laissez-moi (c'est toujours du domaine des Beaux-Arts), à propos de la manière dont se donnent ou s'obtiennent les récompenses au Salon, vous mettre sous les yeux un document assez curieux ; et je vous promets d'en finir avec mes bons amis les peintres qui, je l'avoue, prennent vraiment trop de place dans notre société française de la fin du siècle. Il s'agit d'une lettre que je reçus d'un des membres du jury les plus influents, au sujet d'un grand tableau que j'avais exposé au Salon des Champs-Élysées (la Prise de la porte de Son-Tay). Je dois vous dire que de ma vie je n'ai fait auprès des camarades ou amis, que j'ai eus dans la place, aucune des démarches nécessaires pour obtenir soit une mention honorable, soit la place de membre de l'Institut. Outre que ces procédés me paraissent humiliants et peu dignes, je les trouve parfaitement déloyaux. J'avoue que j'ai été quelquefois *pistonner* des amis ou copains ; mais, pour mon compte personnel, c'est une autre affaire, je suis vierge de démarches au point de vue des choses honorifiques. Est-ce à dire que je méprise les récompenses en elles-mêmes ? Assurément non. Elles me tenteraient comme les autres si elles étaient attribuées au mérite. Mais comme il est avéré par maints exemples, que nous pourrions tous citer, qu'elles sont le plus souvent obtenues par la camaraderie, la faveur, ou même sont le prix d'actes quelquefois honteux, j'ai une bonne fois dit adieu à ces sortes de distinctions, distinctions dont, je le dis sans vergogne, si j'en avais le pouvoir, je comblerais les personnes de l'autre sexe. Mais j'oublie le document que je voulais vous présenter. Il s'agit, je vous l'ai dit, d'une lettre que voici :

2 juin 89.

Cher Monsieur,

Ci-jointe ma photographie faite dans mon atelier.

J'aurais voulu en même temps pouvoir vous féliciter pour la récompense au Salon que vous méritez selon moi et selon les 15 autres qui ont voté comme moi : en tout 16 voix. C'est donc pour une autre fois ! Recevez, cher Monsieur, l'assurance de mes meilleurs sentiments.

LANSYER

J'ajoute un mot d'explication : je m'étais, un peu au hasard, quand j'avais exécuté le *Tout-Paris*, adressé à une quarantaine de peintres en nom, pour leur demander des portraits pour les faire figurer dans ma galerie des contemporains. Tous avaient répondu à l'appel. Parmi eux se trouvaient *seize* membres du jury, pas un de plus, pas un de moins. Aussi, comme vous avez pu voir, j'avais obtenu *seize* voix; ce qui indique suffisamment qu'il m'eût été facile, en complétant mon stock par quelques noms de plus, pris dans l'aréopage, d'obtenir la récompense tant convoitée. Je n'y avais pas songé. Je dois même ajouter que c'est ma femme (les femmes ont des finesses que nous n'avons pas) qui pensa, au reçu de cette lettre, à compter le nombre de mes invitations faites dans la liste des membres du jury.

Je ne suis décidément pas né pour la diplomatie.

Si je ne vous entretiens plus des faits et gestes de la gent artistique, laquelle devient plus nombreuse que les grains de sable des bords de la mer depuis l'invention et les perfectionnements de la photographie, laissez-moi vous parler un peu du corps constitué à qui les beaux-arts et les artistes servent de prétexte à profits, honneurs, et situations dans la société actuelle. Il s'agit de l'administration des beaux-arts, laquelle, entre parenthèse, ne m'a pas en odeur de sainteté et m'a plus d'une fois barré la route ; ce qui prouve qu'on doit toujours dire le contraire de ce qu'on pense, si on veut faire ses affaires. J'ai en plusieurs circonstances commis l'imprudence de signaler l'inutilité, le côté funeste de cette mécanique qui fonctionne au grand détriment de l'art et des artistes. Je retrouve entre autres là-dessus deux lettres publiées dans la « Simple revue », lettres qui, je pense, vous édifieront sur le compte des officiels en matière d'art :

Neuilly-sur-Seine, le 2 février 1889.

Mon cher ami,

Si j'étais quelque chose, ou plutôt si j'avais un pouvoir quelconque dans l'administration qui a la prétention de diriger les Beaux-Arts, je commencerais par demander la suppression pure et simple de ladite administration qui, en se faisant entretenir grassement au détriment des artistes, n'est vraiment utile qu'à elle-même : tout le monde connaît cette armée de parasites qui, non contente de dévorer annuellement les trois quarts et demi du budget des Beaux-Arts, se croit encore sérieusement obligée de réglementer et régénérer l'art, et emploie ses loisirs à écrire sur l'esthétique des livres étranges, dont l'élucubration amène à la longue les auteurs à occuper des postes lucratifs et honorifiques, et répand dans l'esprit du public les idées les plus fausses. Qui ne se souvient, pour ne citer qu'un exemple, de la *Grammaire Artistique* de M. Charles Blanc, le frère de celui qui avait du talent ?

Eh bien ! le père Charles Blanc n'a pas été seul à écrire des énormités à propos des Beaux-Arts : presque tous ceux qui se sont essayés en cette matière ont erré joyeusement ; ils ont à peu près tous enfourché le même dada, qui consiste à déifier le métier. Je me souviens d'une certaine histoire où le grand Balzac, parlant d'un sculpteur, accordait son admiration à la taille du marbre ; il ignorait que le plus souvent l'artiste ne s'occupe pas par lui-même de ce travail qu'il confie à des ouvriers spéciaux ; cet écrivain de génie croyait naïvement que le talent consistait dans la difficulté du faire ; il semblait ne pas se douter que tout le monde peut apprendre à manier le ciseau, voire même le pinceau et l'ébauchoir, et que l'habileté en ce genre n'est rien ou plutôt est peu de chose, si elle n'est doublée de la conception.

Mais alors, me direz-vous, où sont les connaisseurs ?

Ah ! nous y voilà. Eh bien, les connaisseurs, il n'y en a pas ; ou plutôt tout le monde l'est, dans la mesure de ses facultés et de l'éducation qu'il s'est faite à soi-même, sans le secours des lunettes des autres. Un jeune homme qui choisit sa fiancée s'y connaît aussi bien que M. Wolf ou M. Sarcey, et n'a certes pas besoin de leurs avis ; de même s'il s'agit d'un beau cheval ou d'un beau site. Je ne parle ici, bien entendu, que des qualités extérieures pouvant sauter aux yeux de tous les gens bien équilibrés. On ne me fera en plus jamais accroire qu'un homme qui juge bien un spectacle de la nature est inapte à en juger la reproduction. La vérité, c'est que le plus souvent cette reproduction est fausse et conventionnelle, et qu'il faut pour la goûter une éducation spéciale, qui arrive le plus souvent à oblitérer nos sens ; à preuve, les changements de goût successifs, nos modes et affublements grotesques, nos préjugés ridicules qui, suivant les temps et époques, se modifient et font toujours la loi du moment. Bref, si j'osais vous donner un conseil, je vous dirais : jugez franchement avec vos yeux, en essayant de bien les ouvrir ; et, dussiez-vous vous tromper d'abord, donnez hardiment votre opinion, en essayant de la formuler clairement, au lieu d'emprunter les opinions toutes faites de gens qui ne vous valent ni au moral, ni au physique. Je veux parler ici des soi-disant dilettanti, des anémiés, des affaiblis, et surtout des charlatans experts en la matière, qui ont mille raisons pour vous égarer et vous maintenir en dépendance.

Si vous permettez, cher ami, la suite à une autre fois.

A vous très cordialement.

Charles Castellani.

Courbevoie, 23 février 1894.

Mon cher ami,

Et les experts ! en voilà une catégorie sur laquelle il y aurait long à dire, sans oublier les conservateurs de musées, leurs congénères. Auvergnats, Hébreux, anciens marchands de chiffons et de ferraille, ces hardis personnages finissent par se signer à eux-mêmes des brevets de capacité, que tout le monde accepte naïvement. D'aucuns sont attachés spécialement aux tribunaux et chargés en matière d'art de trancher les différends ; différends qu'ils entretiennent le plus longtemps possible, sous le prétexte fallacieux de conciliation ; en réalité, pour augmenter le nombre de ce qu'ils appellent, en argot de justice, des *vacations*, vacations qu'on leur paie au poids de l'or.

Ces braves gens, qui, je crois, sont assermentés, trompant indignement les artistes et le public, sont et ne sauraient être que d'une ignorance crasse en la matière. Car où diable auraient-ils appris à *s'y connaître*, comme ils disent ; comme si le métier de bric-à-brac qui s'exerce à la salle Drouot ou dans les officines des marchands de tableaux pouvait en quoi que ce soit faire l'éducation d'un type né pour le trafic. Eh bien ! mes chers collègues, ce sont ces types-là qui sont nos maîtres, et nous sommes bel et bien leurs esclaves, grâce à une paresse et une fausse dignité qui nous empêchent de nous occuper nous-mêmes de nos affaires.

Il ne faut pas oublier qu'avec nos travers et nos manies, qui peuvent faire souvent sourire, nous sommes, dans tous les cas et à tous les degrés, à mille piques au-dessus de ces oiseaux-là, que nous devrions tenir à distance comme des laquais, au lieu de les traiter en égaux, quelquefois en supérieurs. C'est, hélas ! l'éternelle histoire de l'exploiteur et de l'exploité ; le premier est effronté ; le second, timide. Le temps est proche où ils vous prieront de leur laisser signer vos œuvres. Ça se voit déjà dans les arts qui touchent à l'industrie ; et c'est docilement accepté par nombre de gens de valeur. C'est le renversement de l'honnêteté, de la justice, du sens commun ; c'est le vol, c'est l'anarchie.

Pour en revenir aux experts proprement dits, je leur refuse non seulement toute compétence, mais je les déclare d'absolue mauvaise foi ; s'il en était autrement, ils n'exerceraient pas un pareil métier, métier qui ne saurait nourrir son homme qu'à la condition d'embrouiller les affaires et de soutirer, aux deux parties, le plus d'argent possible.

J'ai, plusieurs fois et à mon corps défendant, eu affaire aux experts ou arbitres, et, chaque fois, j'ai pu observer leur même déloyal manège, consistant à persuader aux deux adversaires, à part, qu'ils ont raison et qu'ils auront certainement gain de cause ; le malheureux artiste, qui tombe dans le panneau, est bien heureux s'il peut s'en tirer avec sa culotte. C'est exactement comme en justice ; exactement comme dans la fable de l'Huître et des Plaideurs.

Pour les conservateurs chargés d'achats dans nos musées, tout le monde connaît leurs exploits ; chacun est au courant des bourdes qu'ils commettent chaque année.

Voici une anecdote qui touche l'un des plus célèbres dans le genre : Un paysan du Midi ayant rencontré sous sa pioche plusieurs petits magots en terre cuite, remontant à l'époque romaine, les apporta, sur le conseil d'un lettré du pays, à M. D..., du Musée de C..., à Paris.

Celui-ci en fit d'emblée l'acquisition, et recommanda au paysan de tâcher d'en découvrir d'autres et, le cas échéant, de les lui apporter ; celui-ci bouleversa inutilement son champ et eut, en désespoir de cause, l'idée géniale de s'adresser à un voisin, potier de terre ou fabricant de briques qui, sur ses indications, lui confectionna une série de petits bonshommes dans le même goût, qu'on fit soigneusement *mariner* dans la terre, après les avoir un peu écorniflés. Ces magots furent accueillis avec le même enthousiasme par M. D... et les amis, connaisseurs ou amateurs de son cercle. On en parla dans le monde archéologique et on prépara, à nos frais bien entendu, des vitrines destinées à contenir ces sculptures qui, grâce au procédé employé par le rusé paysan, s'augmentèrent de nouveaux spécimens de plus en plus intéressants. Tout allait bien quand le potier eut la malencontreuse idée de confectionner un petit Napoléon et de le fourrer dans un autre stock expédié à Paris. Le grand collectionneur ahuri mit le paysan à la porte et brisa sa collection ; tout y passa, authentiques et faux.

Il aurait pu certainement en tirer parti auprès des vrais amateurs ; mais c'était, par hasard, un honnête homme. Du reste, pour finir sur ce chapitre, je mets en fait qu'il y a à l'entour des choses de l'art autant de canailles et d'imbéciles qu'en politique et ça n'est pas peu dire.

O dindons ! ô amateurs ! vous serez donc éternellement plumés !

Au revoir, cher ami ; Dieu vous garde des connaisseurs !

Ch. Castellani, *peintre*.

Ces lettres m'ont valu des reproches et mots amers d'anciens camarades vivant dans le fromage administratif ; et tout dernièrement encore j'ai eu la preuve qu'il n'était pas bon d'être vrai. Mais, que voulez-vous, c'est plus fort que moi ; j'ai une malheureuse nature. Il m'est impossible de faire risette aux saloperies humaines. Je ne suis certes pas exempt de défauts et je ne pose pas au puritain ; mais l'injustice et le mensonge me révoltent ; et je ne vois que ça autour de moi. J'ai eu tout dernièrement l'occasion de frotter un monde qui m'était peu connu ; la noblesse et le clergé. Je caressai un instant l'illusion que peut-être chez ces adversaires je rencontrerais un reste des vieux sentiments chevaleresques que je regrette tant ; mais point : déchus, je les ai trouvés usés jusqu'à la corde ; encore poseurs, mais retors et roublards comme les autres. Voilà ce que j'ai vu dans ce clan. A part quelques belles natures qu'on peut rencontrer par ci par là, exemple un petit curé des environs de Paris, ancien zouave pontifical, un honnête homme, celui-là, dont la loyauté et la lucidité d'esprit m'ont vraiment empoigné ; à part M. de Charette, ce beau et loyal soldat que tout le monde connaît, et encore j'ai un reproche à lui faire, à part deux ou trois autres comme de Morès, j'ai, comme partout, rencontré peu de véritables honnêtes gens ; c'est partout la même avidité, le même intérêt personnel, l'égoïsme qui domine. La soif d'argent prime tout ; c'est une maladie, une peste, une lèpre qui s'étend sur la société moderne. Que dire en effet de cette France au pouvoir des panamistes ? Mais pas de politique. Je ne veux pas compromettre ma liberté que je trouve déjà assez réduite et entravée.

CHAPITRE XX

Mes derniers travaux, tout comme *le Monde Antédiluvien* du jardin d'acclimatation, ne me furent guère lucratifs. Ici, je dois le dire, je n'eus qu'à me louer de mon associé, un homme simple et droit, pourquoi ne pas le nommer, M. Foubert, ancien entrepreneur de constructions, un honnête homme sous une apparence un peu rude et peu communicative. Nous eûmes dès l'abord, à cause de nos différences de tempéraments, des chocs ; mais tout s'arrangea comme entre braves gens qui ont le sentiment de la justice. Si j'insiste sur la personnalité de mon associé à Montmartre, c'est que j'ai rarement rencontré chez un homme, un Normand, s'il vous plaît, une aussi grande finesse mêlée à une aussi grande droiture. C'est encore chez les robustes enfants du peuple qu'on peut trouver les vrais hommes. Ce sont ces gas-là qui ont fait les Hoche, les Marceau, les Charette et *tutti quanti*. Aujourd'hui être enfant du peuple, j'entends du peuple sain et robuste de nos campagnes, c'est la plus belle des noblesses. Ceux-là ont encore du sang sous la peau.

Le Panorama *des Zouaves pontificaux au*

combat de Loigny (Patay) représentait un des épisodes les plus glorieux de la triste campagne de 70. Là, sous la conduite du colonel de Charette une poignée de héros arrêta, durant plusieurs heures, les efforts d'un ennemi victorieux et dix fois supérieur en nombre. J'ai vu dans la petite église de Loigny l'ossuaire où reposent mêlés et confondus les squelettes de ces martyrs de la patrie et moi qui ne suis guère religieux, j'ai mis un genou en terre devant ces nobles dépouilles. En fait de mort, je ne demande que celle-là.

Dans le panorama de Patay, grâce toujours à l'abominable esprit de parti, je finis par me brouiller avec le meilleur et le plus brave de la bande, le général de Charette ; mais j'ajoute qu'ici c'est le général qui eut tort. Jugez plutôt. Au combat de Patay, à côté des zouaves pontificaux, une autre troupe de volontaires, les francs-tireurs de Tours, commandés par un ancien maître d'armes le capitaine Hildebrand, ainsi qu'une poignée de colons venus de Blidah, s'étaient joints aux zouaves et avaient, comme ces derniers, fait plus que leur devoir. Le nombre de leurs morts et le témoignage de M. de Charette l'attestent. Que ce fût, oui ou non, réglementaire, ces braves gens portaient avec eux un drapeau tricolore, que les survivants ont conservé comme une relique (leur lieutenant, M. de Montmignon, blessé grièvement à ce combat, m'a envoyé la photographie de ce drapeau ainsi que celle du porte-drapeau blessé également). M. de Charette parut mécontent de voir l'étendard aux trois couleurs flotter à côté de la bannière du Sacré-Cœur. Il tenta de me le faire enlever. Il m'affirma, et je le crois incapable de mentir, qu'il ne l'avait pas vu. Voyant qu'il ne réussissait pas à me persuader, il essaya de me le faire diminuer. En fin de cause, pour ne pas le fâcher tout à fait, je lui promis *sur l'honneur* de faire quelque chose dans ce sens ; et en effet j'en enlevai un *millimètre*. En somme, j'avais tenu ma parole. Il prétendit, m'a-t-on rapporté, que c'était *du jésuitisme* (le mot est drôle dans sa bouche, mais je n'en garantis pas l'authenticité). Voilà pourquoi nous sommes en froid avec le dernier noble.

L'*Assaut de Jérusalem par les Croisés*, toile également exposée à Montmartre, m'attira aussi quelques désagréments, avec le clergé cette fois. Je n'avais pas cru nécessaire, dans cette page d'histoire, de tenir compte de l'intervention de saint Georges, sous la forme d'un cavalier lumineux, montrant la route aux soldats d'Occident. Si j'eusse accepté cette légende, le titre de ma composition était à changer complètement : ça devenait la *prise de Jérusalem par St Georges*, lequel, étant donnée sa toute puissance, pouvait parfaitement se passer des croisés. Mon Dieu, j'ai réfléchi depuis qu'ici j'ai peut-être eu tort : l'affaire est tellement ancienne ; et puis il est parfaitement possible que, dans ce temps de foi, les Français aient réellement cru voir le saint dans les nues ; et en somme cela eût contenté tout le monde, sans préjudice pour personne. Une autrefois je n'y regarderai pas de si près. Le Panorama de Jérusalem me remet en mémoire une petite aventure que j'eus à Montmartre, pendant que j'exécutais cette dernière toile ; j'ai retrouvé le fait divers.

Drame rue Lamarck

Hier matin, vers 11 h. 1/2, le nommé Jean Bessière, séparé depuis quelque temps de sa femme à la suite des mauvais traitements qu'il ne cessait de lui faire supporter, s'est rendu chez sa mère, 39, rue Lamarck, où s'était réfugiée sa femme et lui a tiré trois coups de revolver ; elle a été blessée à l'épaule et au bras droit.

Bessière est un alcoolique. C'est même une des raisons pour lesquelles sa femme avait résolu de le quitter, il avait passé la nuit passage de l'Élysée-des-Beaux-Arts avec une femme de mœurs légères et était allé, avant de commettre le crime, sur la tombe de son enfant à Saint-Ouen.

L'assassin a été arrêté par notre ami le peintre Castellani, qui n'en est pas à son premier acte de courage.

Il est écrit que j'aurai toujours des aventures.

Le dernier travail important exécuté par votre serviteur a été le combat de Dogba, au Dahomey. Le principal épisode de la toile est la *Mort du commandant Faurax*. On me chercha à propos de cette œuvre toute patriotique une querelle assez ridicule. Le frère du commandant, qui est carrossier à Lyon, et faisait partie d'une combinaison panoramique rivale de la nôtre, s'avisa, avant l'ouverture de l'Exposition lyonnaise, de vouloir nous faire supprimer le nom de Faurax écrit à l'entrée de notre Diorama. Il nous menaça, M. Foubert et moi, des foudres de la justice. Je répondis à ses menaces par la circulaire suivante, qui eut un certain succès dans le public de l'endroit.

On nous communique la note qui suit :
« Tout le monde connaît le commandant Faurax ; et sa mort glorieuse a consacré à jamais, non seulement à Lyon, mais dans la France entière, la mémoire de ce héros. La gravure, la peinture, la sculpture ont reproduit ses traits ; bref, il appartient à l'histoire.

« Mais voilà ! il a un frère modeste qui n'entend pas qu'on entretienne plus longtemps le public des exploits de son aîné ; craignant, peut-être, qu'on le confonde avec lui-même (il est, lui aussi, commandant... de la territoriale). Ceci établi, M. Faurax (c'est du carrossier de qui nous parlons) a menacé le peintre Castellani, qui s'en...... comme d'une guigne, d'un exploit d'huissier si l'on n'enlève pas *illico* le nom de Faurax dont le carrossier est, paraît-il, le seul propriétaire. Pourquoi, pendant qu'il y est, n'enverrait-il pas ses témoins à l'artiste ? Ça serait encore plus comique. Il paraît que M. Faurax (le carrossier), est un escrimeur à la fois pointilleux et redoutable (genre Carolus); si par hasard le sang allait couler, ce serait d'un mauvais augure pour l'Exposition lyonnaise. »

P. S. — Le peintre Castellani n'a vraiment pas de veine ; il reçoit à l'instant de Behanzin un télégramme qui lui enjoint de ne pas exposer la silhouette de son frère aux yeux du public.

Cette fois, la chose est plus grave. Behanzin est décidé à faire égorger le peintre dans le cas où celui-ci n'obéirait pas.

Cette fois au moins, j'ai eu raison devant notre fameuse justice et le carrossier a été débouté de sa demande.

Mais ce ne fut pas tout : après la mort du malheureux M. Carnot, j'eus une autre histoire bien plus désagréable. Les braves patriotes, qui, sous prétexte de venger le meurtre commis par un Italien, se mirent à tort et à travers à saccager les maisons italiennes et autres, s'étant avisés qu'avec un nom terminé comme le mien je devais être un compatriote de Machiavel, voulurent incendier mon Diorama. La troupe arriva à temps pour nous sauver d'un désastre.

Elle dut garder l'établissement deux jours durant. Cette fois, j'espère, avec la plus mauvaise volonté du monde, on ne saurait me taxer d'imprudence.

Il me reste maintenant à vous raconter mon dernier acte de rébellion ; je m'étais insurgé contre la fantaisie étrange d'un de nos dilettanti les plus distingués, M. le ministre de l'Intérieur, Constans, qui eut la prétention formidable de nous ingurgiter de force la fameuse musique de

Wagner. Je laisse à propos de cette musique les opinions libres; mais je n'entends pas qu'on m'empêche de la siffler. J'ai contre Wagner, qui a tant bavé sur la France, deux motifs d'animosité : 1° je déteste l'homme (je passerais encore là-dessus), mais, ce qui est plus grave, je déclare que sa musique m'embête et, en ceci, je ne partage pas les goûts des *dilettanti* du jour; ou, si vous aimez mieux, je n'ai pas suffisamment de poésie dans l'âme pour m'élever jusqu'aux régions où le maître allemand convie ses nouveaux initiés.

Chaque fois que j'ai essayé d'atteindre ces cimes nébuleuses, l'air m'a manqué, et quand je n'ai pas bâillé ou dormi, j'ai récolté une bonne migraine. Je ne crains pas d'avouer mes impressions, et je préfère certes confesser mon manque de goût plutôt que d'affecter l'enthousiasme de commande manifesté par les cinq sixièmes des amateurs de bon ton. Dussé je passer pour un barbare, je déclare franchement que je trouve la musique Wagnérienne aussi ennuyeuse et aussi vide que la peinture du père Puvis. Ce dernier est assurément la preuve vivante de la moutonnerie du public; public qui, devant les mêmes œuvres, et à peu de distance, s'est esclaffé et pâmé d'admiration tour à tour. Il en est de ces questions comme de la crinoline, cette machine grotesque créée pour déformer les femmes, machine destinée malgré tout à faire encore florès à la première occasion. Il n'y a rien à faire contre cela et Panurge est éternel.

Après tout, il vaut encore mieux entendre Wagner que les inepties des *décadents* ou des *déliquescents*, et je préfère voir un mur enluminé par Chavannes aux dessins orduriers qui s'étalent journellement sur nos boulevards.

Pour en revenir à la musique de Wagner, en dehors des maux de tête et de la lassitude qu'elle me donne, certainement je suis obligé d'avouer qu'elle me fait éprouver par-ci par-là des sensations qui rappellent les caresses énervantes que procurent certaines drogues; quelque chose en moins énergique, comme les extases du hatchi, de l'opium, etc. Je sors d'une audition de Wagner fatigué, usé, ramolli du cerveau. Je défie de faire jaillir de ce brouillard musical aucune idée, aucun enthousiasme, aucun élan. Je m'explique les excentricités, le déséquilibrement, la folie du pauvre roi de Bavière. Je suis presque tenté de croire que la Providence, en laissant s'introduire en Allemagne ce genre d'harmonie fin de siècle, a voulu ennuager davantage les lourds cerveaux germains et nous aider à prendre notre tour de revanche.

Quant aux Français qui se laissent, je ne dirai pas emballer, mais assoupir par la sirène aux yeux glauques et aux cheveux filasse, je les plains de tout mon cœur; je leur conseille sérieusement de prendre des fortifiants et d'éviter à tout prix ce genre de pamoison, *qui n'aboutit pas*, sous peine pour eux d'anémie cérébrale. Malheureusement, la raison n'a pas de prise sur les monomanes.

Et dire que tout cela nous a été imposé en même temps que les courses et les combats de taureaux, lesquels, après avoir soulevé la réprobation universelle, se sont acclimatés tranquillement, tout comme les scandales financiers de ces jours-ci et un tas d'autres malpropretés.

Je disais donc que ce fut mon dernier acte d'insurrection. Durant les trois soirées qu'à duré la manifestation, j'ai fait ce que j'ai pu. J'ai reçu consciencieusement horions et coups de poings dans les côtes; je fus même, le 3e jour, sauvé de l'assommade complète par des amis, qui, fortuitement, se trouvaient dans un bar anglais, situé à peu près à un des angles de la place de l'Opéra : nous étions chargés à fond par les agents, quand les amis en question me happèrent au passage et m'attirèrent violemment à eux dans l'établissement.

J'avais rencontré quelques instants auparavant Galli et Bazire de *l'Intransigeant*; ils étaient comme moi indignés de la faiblesse de la population. Pendant que j'opérais ainsi au dehors, des copains, sous la conduite de l'ami Vervoort, que vous connaissez tous, menaient le boucan dans l'intérieur de l'Opéra, qui, pour la circonstance, avait été garni de policiers et d'Allemands. Malgré tous mes efforts, je n'avais pu parvenir à pénétrer dans le sanctuaire. Je m'étais donc contenté de manifester à la porte. J'eus la veine de m'en tirer sain et sauf. Je me suis bien juré depuis de ne jamais me mêler à ces sortes de manifestations, où les gens se laissent assommer sans se défendre.

En somme, les foules sont aussi lâches que féroces à l'occasion. Ça a été ma dernière épreuve et je suis bien résolu, si c'est possible, à ne plus me mêler désormais des affaires qui ne sont pas les miennes. Les choses d'art sont suffisamment intéressantes pour occuper et passionner un homme intelligent; et l'amour du beau chez un artiste doit primer tout sans exception. Y a-t-il une profession plus attrayante, plus vivante, plus noble que la nôtre? En revanche, connaissez-vous quelque chose qui soit à la fois plus bête, plus plat, plus odieux, plus répugnant (je ne trouve pas d'expression assez puissante pour traduire mon mépris) que la prétendue science qu'on appelle « la Politique »? Non, n'est-ce pas? Nous sommes d'accord; et cependant nous sommes tous plus ou moins forcés de mordre à belles dents dans cette moderne pomme, qui est loin de valoir l'ancienne. Il y a des légions de gens qui vivent de la politique, comme d'autres de la prostitution; et il semble que, dans notre société moderne, les professions de corsaire, de routier, de malendrin ont été remplacées par le métier de politicien, qui est à la fois moins dangereux et plus lucratif ; et dont le mérite consiste simplement à savoir profiter des boulettes qu'on commet soi-même, en faisant croire à de puissantes combinaisons; et à savoir avaler sans sourciller toutes les injures et tous les mets qu'on vous présente, quelque dégoûtants qu'ils soient.

Je frémis, quand je songe que dans notre profession même, ouvertement ou en secret, on est obligé de s'inquiéter, de s'occuper de cette horrible machine, qu'on appelle la politique ; soit pour, soit contre, il faut, bon gré mal gré, marcher, attaquer ou se défendre ; à moins de s'abriter derrière une prétendue philosophie ou un égoïsme féroce, ce qui est le cas, la plupart du temps, de ceux qui ne s'en mêlent pas.

Cette manie de politiquer est tellement entrée dans nos mœurs que les différents clans des artistes ont fini par se constituer en sociétés dénommées diversement et bizarrement : intransigeants, radicaux, opportunistes, révolutionnaires, anarchistes, etc., etc.; et, entre parenthèse, à l'heure présente, c'est le clan, dit opportuniste, uni à l'administration et à l'État, qui l'emporte sur toute la ligne ; à lui les commandes, la bonne *galette*, les plaques et cordons; et, avouons-le : les beaux salons et le monde *chic*, sans compter le patronage et la protection de personnages trop connus pour qu'on ait besoin d'en faire l'éloge : MM Constans, Antonin Proust, Eiffel, Berger, etc., etc., tiennent volontiers la tête de ce mouvement artistique. Le groupe en question, composé des officiels, des repus, des satisfaits et de leurs clients, menace de s'éterniser au pouvoir, lui et ses copains de l'administration, et veut, à l'imitation de nos gouvernants, conserver *ad vitam æternam*, ou au moins de père en fils jusqu'à la quatrième génération, ce qu'on a pittoresquement appelé *l'assiette au beurre*, assiette autour de laquelle ses adhérents montent la garde comme des tigres. Ces braves gens, *beati possidentes*, sous forme de comités, se moquent même de leurs partisans, qu'ils bernent par des encouragements et des promesses, et auxquelles ils jettent de temps en temps un os à ronger, pour calmer les affamés, ou un bout de ruban pour satisfaire les glorieux.

Voilà à peu près, en art, la physionomie du groupe triomphant, dit opportuniste.

Et les autres groupes, que font-ils, durant ce temps? Ah dame ! pas contents, ceux-là ! Ils jurent, grimacent, maigrissent à vue d'œil et conspirent.

Et l'art, au milieu de ces luttes ? L'art passe évidemment au second plan. Avant d'être artiste, on doit aujourd'hui être homme d'affaires. Il faut être terriblement trempé, terriblement convaincu pour oser marcher de l'avant, en face de pareils obstacles semés, comme à plaisir, par le hasard, la mauvaise foi, l'ignorance et la cupidité, sur la route qu'ont à parcourir les vaillants, les sincères, les amis de la lutte.

Eux aussi, sont forcés de faire de la politique défensive contre les pirates des pouvoirs existants, sous peine de se voir réduits à l'ilotisme par ces vainqueurs d'une nouvelle espèce, vainqueurs sans prestige, sans grandeur, arrivés là pour la plupart à force de culbutes, de discours et souvent de petites infamies.

Pour mon compte, j'ai toujours refusé de m'enrôler avec ces triomphateurs et d'accepter le collier; je fais mon deuil de leurs festins, et « ne voudrais pas même à ce prix un trésor », comme dit le loup de Lafontaine. En voilà un animal que je comprends (c'est du loup que je parle); et je compte bien, à moins que le gâtisme ne s'empare de moi sur mes vieux jours, ne jamais me mêler aux tondeurs, écorcheurs et larbins de toute espèce qui accaparent pour leur compte et la patrie et les arts.

Ceci établi, examinons de sang-froid la situation qui m'est faite, et qu'elle soit le résultat du hasard ou de ma volonté, tâchons d'en tirer le meilleur parti. Ma vie, telle qu'elle m'apparaît après l'avoir étalée et analysée, me semble avoir été trop décousue, trop heurtée, étant donné le milieu moderne; et cette révolte éternelle contre cette société, dont je fais forcément partie, a-t-elle réellement le sens commun? Eh bien! de sang-froid à moi-même je réponds : non. Cette poursuite du rêve irréalisable et de l'idéal est insensée sans doute. L'imagination est une belle chose, mais c'est un don des plus dangereux : on l'a dit avec raison : c'est la folle du logis ; elle embrasse tout, sans s'embarrasser des moyens ; elle franchit tout sans calculer les distances, sans voir les abîmes ; elle fait quelquefois de l'homme un héros, ou un demi-dieu ; mais toujours un malheureux et un martyr. Ce cheval indompté, cet admirable coursier de sang ne peut être utilisé qu'avec des précautions infinies, bridé, sellé et bien en main ; et gare encore à ses emballements terribles qui renversent les plus solides cavaliers. Bref, je n'entends pas ici ne chanter que les soi-disant vertus domestiques et bourgeoises, qui sont souvent bien misérables à examiner de près, mais je pense qu'entre don Quichotte et Prud'homme il y a des moyens termes. Il est dans les professions de poète ou d'artiste assez d'occasions qui permettent de donner de temps à autre carrière à l'hippogriffe, pour pouvoir satisfaire les cervelles les plus brûlées. Un peu de logique à l'occasion, et les imaginatifs ne seront pas les plus mal partagés. Ces réflexions, qui me flottent depuis longtemps dans le cerveau, un peu à l'état diffus, se sont brusquement condensées à la suite d'un entretien que j'eus tout à fait par hasard, il y a peu de jours, avec mon concurrent l'ami Poilpot. Comme je lui annonçais mes mémoires qui allaient paraître sous peu et la façon dont je parlais de lui-même : « Vous, me dit-il, vous avez trop d'imagination. » J'aurais pu lui répondre avec plus de logique et de vérité encore : « Et vous, cher ami, ne sauriez vous en plaindre; car, si je ne me trompe, vous avez fortement puisé à cette source dont vous me reprochez l'abondance. » Certes, Poilpot a été beaucoup plus pratique et plus habile que moi, et en cela je ne saurais le blâmer. Mais ce que je puis lui affirmer, c'est que j'ai été plus capable d'affection et de sympathie pour lui que lui pour moi. En somme, il est plus *fin de siècle que moi*. L'art de faire tirer aux autres les marrons du feu ne manque pas de pittoresque ; mais à coup sûr il manque de noblesse et de grandeur. Les imitateurs seront quand même inférieurs aux inventeurs. Merci ! dans tous les cas, cher ami, pour votre mot de l'autre jour. C'est le premier service sérieux que vous me rendez : oui, vous avez raison : j'ai trop d'imagination. Mais aussi, j'ai de la volonté et saurai y mettre ordre. (Entre parenthèse, comment se porte celui que *vous avez baptisé le brave des braves* ?) Ça n'est pas l'imagination qui le tue, celui-là.

Dans cette nouvelle incarnation que je rêve et que je vais certainement tenter, je n'entends en aucune façon modifier (cela serait impossible) ma manière de voir vis-à-vis des hommes et des choses; je veux simplement tenter d'apporter dans ma conduite l'élément *prudence*, que j'ai par trop dédaigné ou négligé jusqu'ici. Mais comme en somme la vérité est *une*, et comme disait mon maître Yvon « la vie est un composé de devoirs », je ne veux pas substituer aux emballements d'autrefois l'égoïsme féroce à la mode aujourd'hui. Tout en reconnaissant que la prudence n'est pas seulement *la mère de la lâcheté*, et qu'on peut sans honte la consulter quelquefois, vous me permettrez de vous dire que je me sens encore en mesure de sacrifier tout à mon pays, aux miens et voire à quelques amis très rares; et pour ce qui est de ces derniers, ni les divergences d'opinion, ni les torts même ne sauraient modifier mes sympathies à leur égard. Ces sentiments-là font partie intégrante de moi-même; on ne saurait ni m'en louer, ni m'en blâmer; je suis né avec et je mourrai avec.

Maintenant, en ce qui touche ma situation personnelle qui est loin d'être brillante, je veux vous faire encore quelques confidences, les dernières : jamais je n'ai été plus robuste, plus vivant, plus entreprenant qu'à l'heure présente; et cette chasse à courre qui m'est faite par une bande de coquins, s'appuyant sur la justice du pays, me laisse plus qu'indifférent ; j'ai pris un parti héroïque : je laisse aller la meute, me contentant de temps à autre de me retourner vers ceux qui me serrent de trop près et de leur envoyer en pleines tripes des coups de boutoir qui leur donnent à réfléchir. J'espère même toucher bientôt à une période où la plupart de ces Nemrod fourbus seront forcés de s'arrêter dans les fossés du chemin; et, qu'ils y prennent garde, c'est moi qui ne leur ferai pas de quartier.

Charles CASTELLANI, *peintre*.

Courbevoie, le samedi 8 septembre 1894.

La suite à vingt ans d'ici.

P. S. — Je ne puis, en terminant ce livre, que j'ai dédié à la gracieuse comtesse de Martel, me dispenser de la remercier de tout mon cœur de l'accueil que j'ai trouvé à son aimable foyer, foyer, où la loyauté, l'intelligence et le courage semblent se donner la main. C'est non seulement cette noble famille que j'aime, mais je le dis sérieusement, tout ce qui l'entoure et l'approche; car je n'ai rencontré dans ce milieu que des visages sympathiques. C'est une maison d'honnêtes gens : depuis Anatole France jusqu'à Maurice Barrès, depuis ce frondeur de Genest jusqu'à M. Faure, notre président actuel. A propos de ce dernier, je me trouve stupéfait de faire l'éloge d'un tout-puissant. A qui la faute? A Gyp, évidemment.

Je pourrais vous parler de l'écrivain, de l'auteur, du narrateur, de l'artiste qu'est Gyp. Mais ça serait bien inutile et ne changerait rien à votre opinion sur cette admirable femme.

Ch. C.

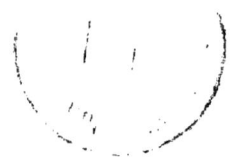

LISTE DES NOMS

CITÉS DANS LE PRÉSENT VOLUME

Mᵐᵉ Langer (comtesse Lætitia).
Charles de Lesseps.
Ed. Lockroy.
Cardinal Antonelli.
de Hohenlohe.
Sellier (prix de Rome.)
Delaunay, id.
Bizet, id.
Comte de Marciano.
Edmond About.
Général comte de Goyon.
Paul de Kock.
Oudinot (verrier).
Steinheil, id.
Meissonnier, peintre.
Adolphe Yvon, id.
M. Devinck.
Jules Cheret.
Rajon, aquafortiste.
Cᵗ Buisson (l'auteur du feu à la course).
Bastien-Lepage.
Gaudez (sculpteur).
Louis Noir, romancier.
Jules Vallès.
Général Clément-Thomas.
Ulric de Fonvielle.
M. de Montbé (général saxon).
M. de Susbielle (général français).
Gambetta.
Trochu, général.
Colonel de Lichtenstein.
Comte de Robault.

Poupard Davyl.
Olivier Métra.
Le poète G. Mathieu.
André Gill.
Deloye, sculpteur.
Dufour, peintre.
Adrien Moreau, id.
Poilpot, id.
B..., procureur.
Puvis de Chavannes.
Le roi Léopold.
Bonvalot.
Ernest Judet.
Louise Michel.
Macart (peintre).
Alphonse XII.
Castelar.
Menotti Garibaldi.
Garibaldi.
Lelio Garibaldi.
Dagnan-Bouvret, peintre.
Morelli, peintre napolitain.
Duez, id.
Aublet, id.
Berger.
Deibler.
Carnot.
Wolf.
Marinoni.
Mᵐᵉ Adam.
M. de Cassagnac.
Bergerat.
Constans.
Le prince de Galles.

Henri Rochefort.
Général Boulanger.
Henner, peintre.
Floquet.
Roll.
Pierre Petit.
le Docteur Golainvaux (de Bruxelles).
Guido Sigriste (peintre).
Chincholle.
Périvier.
de Rodays.
Gyp.
Miss Clifford.
Antonin Proust.
M. de Charette.
Marquis de Morès.
Tedesco, marchand de tableaux.
M. Faure, président.
Carolus Duran.
Forain.
Melton Prior (correspondant anglais).
Les Archiducs d'Autriche.
M. Degreef (avocat belge).
M. Ritt, de l'Opéra.
M. Dreyfous (éditeur).
M. Desgallais (peintre).
Fernand Xau.
Lord Lytton (ambassadeur d'Angleterre).
Gervex, peintre.
Duchesse d'Uzès.
Floquet.
Mlle Galitzine.
Naquet.
Isaac Pereire.
Peladan.
Wolf.
Wagner.
Lansyer, peintre.
Baron Sellière.

Roi d'Araucanie.
Detaille.
Pierre Carrier.
Paulus.
Daubray.
Séverine.
Me Genest Avocat.
Paul de Cassagnac.
Jules Ferry.
Rouvier.
Bonnat.
Bouguereau.
Wagner.
Paul Déroulède.
M. Tola Dorian (princesse Metchersky).
Vervoort.
Bastien Lepage.
Capitaine Roland (des francs-tireurs de la Presse).
Flore O Square.
Nussard, officier de cavalerie.
Maindron (collectionneur).
Jacob, peintre.
Les frères J..., de Bruxelles.
Les frères B..., de Bruxelles.
Lord Chelmfort.
Commandant Faurax de Lyon.
Prince Karageorgevitz (de Serbie).
M. et Mme Clovis Hugues.
Verillon (commissaire de police).
M. Maurice Barrès.
Anatole France.
M. Luquet d'Epernay.
M. et Me Laur.
Déroulède.
Laisant.
Castelin.
Andrieux.
Flammarion.
Etc.

Poitiers. — Imp. BLAIS, ROY et Cie, 7, rue Victor Hugo.

DÉSACIDIFIÉ A SABLÉ
EN : 24 OCT. 1991

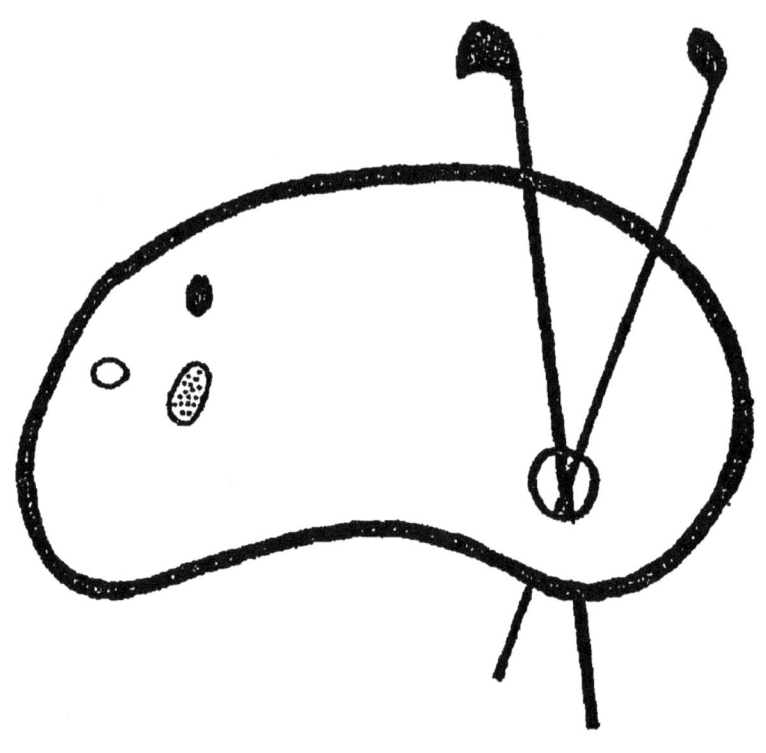

ORIGINAL EN COULEUR
NF Z 43-120-8

www.ingramcontent.com/pod-product-compliance
Lightning Source LLC
Chambersburg PA
CBHW052237220526
45471CB00001B/78